"十三五"高职高专改革与创新精品规划教材系列

江苏高校青蓝工程优秀教学团队开发

服务外包管理与实务

主编 李瑞丽 沈 婧

 苏州大学出版社
Soochow University Press

图书在版编目(CIP)数据

服务外包管理与实务/李瑞丽,沈婧主编. — 苏州：苏州大学出版社,2019.9
"十三五"高职高专改革与创新精品规划教材系列
ISBN 978-7-5672-2907-5

Ⅰ.①服… Ⅱ.①李…②沈… Ⅲ.①服务业—对外承包—中国—高等职业教育—教材 Ⅳ.①F726.9

中国版本图书馆 CIP 数据核字(2019)第 158355 号

服务外包管理与实务

李瑞丽 沈 婧 主编

责任编辑 方 圆

苏州大学出版社出版发行
(地址：苏州市十梓街1号 邮编：215006)
丹阳兴华印务有限公司印装
(地址：丹阳市胡桥镇 邮编：212313)

开本 787mm×1 092mm 1/16 印张 16.5 字数 381 千
2019 年 9 月第 1 版 2019 年 9 月第 1 次印刷
ISBN 978-7-5672-2907-5 定价：45.00 元

苏州大学版图书若有印装错误，本社负责调换
苏州大学出版社营销部 电话：0512-67481020
苏州大学出版社网址 http://www.sudapress.com
苏州大学出版社邮箱 sdcbs@suda.edu.cn

编写人员名单

主　编　李瑞丽　沈　婧

编　者　（按姓氏笔画排序）

王　霞（萨瑟兰全球服务有限公司）
纪橡梓（苏州工业园区服务外包职业学院）
杜　茜（苏州工业园区服务外包职业学院）
李瑞丽（苏州工业园区服务外包职业学院）
沈　婧（苏州工业园区服务外包职业学院）
周　律（苏州工业园区服务外包职业学院）
廖晨竹（苏州工业园区服务外包职业学院）

随着"互联网+"战略的实施,服务外包产业与信息服务业、制造业、批发零售业、交通运输业、能源业、金融业、卫生健康业等垂直行业将开展深度融合,跨界人才的培养和供给成了服务外包产业面临的重要课题。基于此,为满足服务外包行业人才技能培养和素质培养的需要,我们组织编写了本书。

本书的特色有:

(1) 系统性。每章有知识目标、能力目标,用通俗易懂的生活或寓言小故事进行情境引入;每节有引导案例,每一章后有思考练习与综合实训。

(2) 实用性。围绕服务外包岗位人才技能需求,编写内容为服务外包所需的主要业务技能与职业素养,体现了服务外包学习过程的"跨界融合,实用为主"的特色。

(3) 突出职业素质培养的重要性。把知识技能学习与职业素质培养结合在一起,为从事服务外包相关工作奠定知识、技能与素养基础。

(4) 产教融合。本书直接把企业服务外包相关内容融入案例与技能编写中,契合了人才培养的复合性与服务外包创新人才培养的要求。

本书由苏州工业园区服务外包职业学院与服务外包企业萨瑟兰全球服务有限公司合作完成,全书编写分工如下:李瑞丽编写第一、二、五章,沈婧编写第三、八章,杜茜编写第八、九章,周律编写第四、六章,廖晨竹编写第三章,纪橡梓编写第七章。萨瑟兰全球服务有限公司王霞总监提供了部分案例,并对本书素养技能框架给予了充分指导与修改。全书由李瑞丽审定。

在本书出版过程中,得到了苏州大学出版社相关领导与编辑的大力支持与帮助,也得到了相关服务外包企业的指导,在此一并表示感谢。

限于作者的水平,书中难免有疏漏和不妥之处,恳请读者批评指正。

李瑞丽

2019 年 6 月

目录

第一章 服务外包概论 / 1
第一节 服务外包概念与分类 / 2
第二节 服务外包发展动因与条件 / 12

第二章 信息技术外包(ITO)主要应用 / 22
第一节 软件研发及开发服务 / 24
第二节 信息系统运营和维护服务 / 28
第三节 云计算服务 / 31

第三章 业务流程外包(BPO)主要应用 / 38
第一节 数据处理服务 / 39
第二节 呼叫中心服务 / 43
第三节 人力资源管理服务 / 48
第四节 企业供应链管理服务 / 51
第五节 金融业务流程服务 / 56
第六节 财务与会计审计服务 / 60
第七节 其他典型的专业业务服务 / 65

第四章 知识流程外包(KPO)主要应用 / 71
第一节 数据分析与挖掘 / 72
第二节 文化创意服务外包 / 78
第三节 工业设计与工程技术服务外包 / 83
第四节 新技术、新能源研发服务外包 / 87

第五章 服务外包战略与供应商选择 / 96
第一节 企业服务外包战略制定 / 97
第二节 企业业务外包项目分析与计划 / 103
第三节 外包项目供应商选择 / 107
第四节 外包项目转移 / 113

第五节　外包项目评估与改进　/ 119

第六章　服务外包项目管理　/ 126
　　第一节　项目需求　/ 127
　　第二节　项目计划　/ 131
　　第三节　项目控制　/ 137
　　第四节　项目交付　/ 149

第七章　服务外包风险管理　/ 157
　　第一节　服务外包与《合同法》　/ 158
　　第二节　服务外包与《知识产权法》　/ 164
　　第三节　服务外包与《侵权责任法》　/ 167
　　第四节　服务外包与信息系统安全　/ 171
　　第五节　服务外包与网络安全　/ 175

第八章　服务外包通用技能　/ 183
　　第一节　服务外包业务流程管理能力　/ 184
　　第二节　服务外包沟通管理能力　/ 191
　　第三节　服务外包时间管理能力　/ 204
　　第四节　服务外包的领导力管理与发展能力　/ 211
　　第五节　服务外包会议管理能力　/ 214
　　第六节　服务外包外语能力　/ 222

第九章　服务外包职业素养　/ 232
　　第一节　服务外包职业道德　/ 233
　　第二节　服务外包职业礼仪　/ 237
　　第三节　服务外包团队建设　/ 245

参考文献　/ 255

第一章 服务外包概论

1. 掌握外包、服务外包的概念与分类；
2. 理解服务外包的发展动因与条件；
3. 理解服务贸易的概念与特征。

1. 学会识别服务外包现象与类别；
2. 能够通过服务外包前景挖掘自己的工作机会。

婚礼服务中心的问世

艾尔萨·佩奇是一位年轻的空中小姐，她曾经为一个朋友张罗过婚礼。她的朋友和大多数即将出嫁的新娘一样，面对没完没了的琐事不知所措：找教堂和举行婚礼的大厅，安排饮食、租豪华轿车、选婚纱、为伴娘挑选服饰、选花、筹划蜜月之旅、发请柬……看着好友焦头烂额，佩奇突然产生了一个想法：为何不向新嫁娘提供一揽子婚礼策划服务呢？

很快，英国最大的婚礼服务中心问世了，由一群婚礼筹划人来张罗大喜日子里的每一件事，这家新企业就是新嫁娘公司，这家新嫁娘公司成立后，生意异常红火，赚了个盆满钵满。

几乎每个人都要做新郎或新娘，艾尔萨·佩奇只是参与朋友的婚礼筹备，却把自己从空中小姐提升到另一种行业的创始人，一位令人仰视的富翁。很多人都感觉到了筹备婚礼的劳累，而艾尔萨·佩奇与他人不同的是，她想到了怎样去解除人们所累。因为想着别人，她成就了自己。

(资料来源:https://www.cnrencai.com/)

第一节 服务外包概念与分类

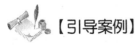【引导案例】

萨瑟兰针对客户管理的服务外包项目

萨瑟兰(Sutherland)成立于1986年,是一家提供业务流程与技术管理服务的全球提供商,它向客户提供一体化的分析驱动型后台管理以及面向用户、支持用户整个生命周期的解决方案。

萨瑟兰是全球规模最大的独立BPO公司之一,总部设于纽约州罗彻斯特,公司在巴西、保加利亚、加拿大、中国、哥伦比亚、埃及、爱沙尼亚、印度、牙买加、马来西亚、墨西哥、摩洛哥、菲律宾、斯洛伐克、瑞典、阿联酋、英国和美国等18个国家设有超过60个运营中心和业务运营部,拥有超过60 000名员工。

自创办伊始,萨瑟兰始终专注于一个使命,即在帮助客户提高生产率和效率的同时提供出众的成果,进而使客户实现其用户终生价值的最大化,并提高竞争优势。

作为一家流程转型公司,萨瑟兰运用设计思维分析数据的规模性与准确性,重新思考和重建数字时代的流程。30年来,他们一直助力各个行业的客户,从金融服务到医疗保健,不断改变客户体验,使其趋于自动化,实现更大的敏捷性。

萨瑟兰中国于2012年在苏州成立,大连分公司于2014年设立,目前约500名员工为客户提供普通话、广东话、日语、韩语、英语等多语种客户服务与技术支持,涉及旅游及运输业、零售业、银行及金融业以及IT技术等行业。萨瑟兰中国员工优秀的专业素养和良好的服务质量赢得了客户的广泛赞誉。

成功案例:

与某欧洲领先航空公司的客户联络中心无缝对接,实现人员稳定移管、流程再造和营收增长。

客户:某欧洲领先的国际航空公司,拥有140多架飞机,运送超过3 000万名乘客前往欧洲、美国、亚洲等120多个目的地。作为星空联盟的创始成员之一,这家领先的航空公司为客户提供广泛的创新解决方案,确保客户旅行更高效、顺利、贴心。

需求:该航空公司需要业务转型专家重建客户服务中心,并直接接管2个分公司的后台和客服人员。

解决方案:萨瑟兰的团队包括合规部、财务部、法务部、移管部、人力资源部以及航空业专家与客户的团队进行合作。萨瑟兰透明的方案确保服务的连续性并提供最佳的终端乘客体验。

优化后的客户联络中心每月处理超过4万通电话,超过6 000个小时的后台运营工作,包括预订咨询、售票、退款、票务补发和其他一系列相关问题。团队提供旅行社和团体销售(B2B)的管理服务,以及企业客户和散客管理,包括VIP客户和日常旅客管理,还提供社交媒体服务支持。萨瑟兰在完善业务线、优化流程的同时,保留了原有员工,他们仍然在原有岗位工作,这些员工的年离职率低于1%。事实上,Google曾经也向萨瑟兰做过咨询,以借鉴这一最佳实践。

成果:基于以终端乘客为中心的客户管理平台显著增强了客户体验和满意度;再造后的流程提升了员工效率,降低了航空公司的总体运营成本;服务水平提高了15%,销售额增长了10%,电话弃呼率降低了15%。

[资料来源:萨瑟兰(苏州)公司调研整理]

案例思考:
1. 萨瑟兰的服务项目是什么?在哪些方面具有专业优势?
2. 萨瑟兰为何能为某航空公司带来更多的客户体验与满意度?

一、国际产业转移趋势

(一)国际产业转移

国际产业转移(International Industrial Transfer)是指发生在国家之间的产业转移,即某一国家或地区的企业按照国际比较优势原则,通过跨国投资或国际贸易方式,把部分业务内容转移到另一国家或地区的经济现象。

(二)国际产业转移背景

1. 产业升级的客观要求

20世纪90年代,发达国家的制造业生产成本不断上升,生产竞争力下降,生产制造开始向成本更低、资源更丰富的发展中国家转移。伴随着发达国家制造业比重的下降,大力发展服务业,发达国家开始由工业经济向知识经济转型。而基于中国的劳动力成本优势与庞大市场优势,中国成为全球制造业基地。

2. 企业战略扩张的内在需求

国际产业转移的主体主要是跨国公司,跨国公司推动了国际产业转移。跨国公司基于规模扩张、分散风险、全球发挥竞争优势并与竞争对手争夺海外市场等公司战略,将部分业务转移到国外运营。

3. 科技发展的有力保障

随着信息技术的广泛应用,信息传递成本下降,国际贸易的电子化与网络化为跨国投资或业务转移提供了方便、快捷的服务,同时网络和信息技术的发展,一定程度上改变了企业的生产组织方式和交易方式,为国际产业转移提供了技术保障。

(三) 国际产业转移的趋势特征

1. 区域特征

国际产业转移地区分布呈现不平衡状况,发达国家之间的产业转移是国际产业转移的主体。首先,发达国家间的产业转移主要集中在高科技和现代服务业领域。其次是发达国家向发展中国家的产业转移,发达国家与发展中国家的产业转移仍保持着一定的技术梯度,由产业价值链上附加值水平比较低的环节转移在发展中国家实施。当然,在国际产业转移中,也有一些发展中国家的业务向发达国家转移,这主要是由少数发展中国家具有一定国际竞争力的跨国公司展开的国际产业转移。

2. 结构特征

(1) 生产制造业向现代服务业转移。

随着经济全球化和知识经济的发展,服务业在国民经济中的比重越来越大。伴随着"世界工厂"的形成与发展,参与国际贸易、国际金融、国际物流等相关服务业的外商投资也越来越多。生产制造业在消耗土地、能源等方面越来越受到发展的限制,现代服务业具有资源消耗少、环境污染低、产出高附加值等优势,逐渐成为我国产业结构调整的方向,从而引导国际产业从生产制造业向现代服务业转移。

(2) 劳动密集型向资本、技术密集型转移。

面对国际竞争的压力和现代技术水平的提高,单纯在国际市场中寻找降低劳动力成本的方式已经成为企业发展的瓶颈,随着人工智能等新技术的发展,劳动密集型产业链业务逐渐由人工智能等手段取代,跨国公司开始在全球范围寻找产业价值链在全球战略中的最佳区位,实现在全球范围的产业空间分割,产业转移具有了资本、技术密集型的特征,从而大大提高了国际产业转移的深度和广度。

(四) 国际产业转移的影响

1. 世界范围内的产业结构调整

随着全球经济一体化,一个国家或地区的产业体系已经融入全球范围内。各国产业结构的关联性与互动性越来越强。产业结构调整、产业竞争优势都不再单纯受本国市场和生产要素的约束,在某种程度上,取决于全球的产业结构体系的调整与优化。国际产业转移影响着世界范围内产业结构的变化。

2. 促进了国际分工的深化

产业价值链分工成为国际分工的主要形式,通过国际产业转移,在全球范围内寻找最低成本、最优资源,从而获得最大的利益。国际分工决定了国际产业转移的方向,并加速了国际产业转移进程。

3. 加快了全球先进技术的扩散

国际产业转移必然伴随着技术的转移与扩散,促使各国的相对技术优势发生变化,并不断促进各国在原有产业的整合升级中的技术创新。

（五）服务外包成为国际产业转移的主要方式

21世纪初,越来越多的跨国公司把公司非核心业务或低附加值业务如生产加工、营销、物流等外包给发展中国家的企业或专业化公司完成,以降低企业运营成本,突出企业竞争优势,获取价值链中的高利润环节。同时运用服务外包方式,企业可以以节约的劳动力成本来招聘更高素质的人才,并利用世界不同时区的差异,24小时不间断开展业务生产与服务。服务外包已成为国际产业转移的主要方式。

二、服务外包概念

（一）外包（Outsourcing）

外包（Outsourcing）,属于商业用语,是对商业活动运营方式的一种决策。外包与内部运营相对立。企业在运营决策时,考虑有些工作流程由自己亲自操作会占用更多时间、成本,在资源使用上也有限制,而这些工作流程在业务中是必须的,组织希望把更多精力集中在自己的核心业务上,在供应链价值体系中,做自己具有核心竞争力的业务,从而把一部分业务选择性地进行外包。所以,外包就是指组织把供应链上的一些非核心业务通过合同协议关系委托给专门营运该业务的服务商,利用外部资源为企业内部进行生产与经营服务的方式。

1. 外包方式

（1）合同业务管理的购买服务外包。

一般意义上的外包都是以合同业务管理方式的外包,双方为发包方（委托方）与接包方（代理方）,双方通过合同协议方式,发包方把业务内容交给接包方执行,采用购买服务模式进行业务管理工作。接包方承担全部或大部分的投资与业务管理工作,并承担投资风险。发包方根据业务的绩效与合同约束购买服务,不负责接包方的投资风险。

（2）业务服务委托外包。

委托方式的外包是将完成的业务内容及其相关的资源或设施以委托方式交给第三方经营,委托方要承担投资风险,如业务承包或租赁,承接方只承担营运与维护作业管理等相关服务工作;如BOT（建设—营运—移交）特许管理,委托方提交任务需求,承包方负责投资建设,在合同期内业务承包方拥有资产所有权,合同终止资产所有权交给委托方。

（3）政府公私合营模式（PPP）。

政府公私合营模式（Public-Private Partnership,PPP）是指政府与社会资本合作,对公共基础设施或服务进行的一种项目外包运作模式。政府为项目委托方,私营企业或民营资本为项目承接方,政府主要用于项目的发展规划与决策、项目运营监督等承担公共服务职能,社会资本承担项目的设计、建设、运营、维护等工作,通过"使用者"付费消费及一定范围的"政府付费"使社会资本获得合理投资回报。PPP运作使政府简政放权,体现国家治理理念,拓宽社会公共服务职能,并有效整合社会资源,盘活社会存量资本,拓展企业发展空间,提升经济增长动力。

2. 外包分类

（1）按照委托方与承接方的地理分布分为本土外包与离岸外包。

决定本土外包、离岸外包的决策因素主要考虑成本资源与市场资源。在国际贸易中，发挥作用的是离岸外包。

本土外包，即境内外包。外包商与外包供应商来自同一个国家，因地域靠近，业务内容清晰，本土外包就是在企业与企业之间进行国内资源的重新配置。

离岸外包，即境外外包。外包商与外包供应商来自不同国家，如果是邻国外包，也称近岸外包，因邻国有相似或相同的传统文化与生活习惯，所以离岸外包中近岸外包占很大比重。离岸外包首先利用不同国家或地区劳动力成本优势，其次是考虑是否在委托方市场直接销售、所需要的资源委托方是否更充足等内容决定离岸外包的内容与范围。

（2）按照外包内容的工作性质分为生产外包与服务外包。

生产外包是指企业生产制造过程进行外包，又称"蓝领外包""制造外包"。生产外包主要利用成本更低的劳动力。中国就曾有"世界加工厂"之称。

服务外包是把非生产的业务如技术开发、业务流程、研发等内容进行外包，又称"白领外包"。

生产外包主要利用劳动力低成本优势，所以一些发展中国家在发展过程中，最先进行生产外包，但生产外包因低附加值，在发展到一定阶段，尤其是劳动力成本提升后会逐渐退出生产外包而转向附加值更高的领域。

（二）生产外包

【小案例】

美特斯邦威创业初期的"虚拟经营"

美特斯邦威集团公司于1995年成立，成立之初就借鉴美国耐克公司的生产外包经营模式，采用"生产外包，注重品牌"的创新思维取得国内休闲装领域的领先地位。美特斯邦威采用"微笑曲线"，公司注重品牌与设计，而把生产与销售虚拟化，先后与多家具有一流生产设备、管理规范的服装加工厂建立长期合作关系，为保证产品质量，公司派人现场技术指导，并严把质量关。这样使美特斯邦威在创业初期克服资金不足困难，使公司飞速发展。2008年美特斯邦威在深圳上市后，创建"ME&CITY"全新品牌，也开始由虚拟经营转向实体经营，继续引领中国休闲装品牌的发展。

案例提问：

（1）美特斯邦威创业初期虚拟经营为企业带来哪些优势？

（2）美特斯邦威虚拟经营模式可以复制吗？需要有哪些条件？

1. 生产外包的概念

生产外包(Production Outsourcing),即制造外包,是指把生产流程中的全部或部分内容通过外加工方式委托给专业的、高效的、低成本的服务供应商,以降低企业成本、提高质量、增强企业竞争力,把更多精力放在供应链高附加值领域的经营策略。

2. 生产外包前提条件

生产制造过程需要固定资产投资、大量劳动力投入、实体生产资源投入,导致生产制造过程在价值链中投入—产出比较高,属于低附加值部分。随着企业核心竞争力的凝聚与发展,产品制造型企业开始关注自己的轻资产与比较优势。轻资产战略使企业具有更大的灵活性,其生产制造可以在市场上选择比自己投资更有成本优势的企业代加工,从而使本企业更有精力发展新型产业,并不断在市场上寻求新的代加工企业。比较优势战略是企业生产外包的行动依据,当企业负荷大于产能、自制成本高于外包价格、生产不能满足不断增长的需求时,选择生产外包。生产外包的前提条件具体如下:

(1) 企业具有品牌优势。

品牌是企业核心价值的体现,品牌是企业的无形资产,通过品牌可以辨认企业产品或服务的价值,并形成与竞争对手的区别。如耐克运动鞋比同款的李宁、安踏运动鞋价格高出很多。具有品牌优势的企业更容易在全球寻找生产外包合作伙伴,合作伙伴也更愿意接受具有品牌优势的企业生产外包业务。随着全球知名度的提高,"耐克公司从来不生产一双耐克鞋""在美国的耐克总部看不见一双鞋"成为耐克公司的神话,其经营对策就是"借鸡下蛋"的生产外包。

(2) 企业具备强大的研发能力。

个性化需求成为现代市场的主力,客户需求的快速变化和个性化,需要企业具备强大的研发能力,研发与生产的时间间隔越来越短,研发能力越强大,越需要市场提供强有力的生产外包服务商,以保证在企业竞争中取得优势。苹果公司已经成为全球消费电子行业里的传奇。苹果公司的成功有很多因素,但其中一个原因是苹果公司利用生产外包降低生产成本,投入更多精力用于新产品的创新研发,从而形成高品质、低价格的优质产品。

(3) 企业具有强壮的营销网络。

全球性竞争催生了营销网络(Marketing Network),营销网络是指企业在国内外寻找营销合作伙伴或同盟者,并与他们形成稳定的营销关系,以获得更广泛、更有效、更快速的营销策略。企业生产的产品要适销对路,并能很快降低生产库存,这都需要企业有强大的营销网络,能把产品很快销售出去,缩短资金回流的周期,为下一轮产品的生产外包提供有效订单。

(4) 企业具备有效的管理监督能力。

生产外包不单意味生产过程外包,可能涉及企业的研发内容、技术参数等企业机密外漏,同时生产外包的质量要求、技术要求是否符合委托方企业要求等内容都需要企业具有有效的管理监督能力,才能使生产外包具有双方长期合作的关系,达到双赢目的。

3. 生产外包实施流程

生产外包属于企业战略决策内容。下面是企业生产外包实施步骤(图1-1)。

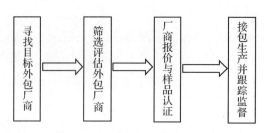

图1-1 生产外包实施流程图

(1) 寻找目标外包厂商。

生产外包首先要明确自己要外包的内容、范围、要求,估算外包的成本,决定待选厂商的规模、地理位置和公司资质。

寻找目标外包厂商可以向一些有针对性的公司主动发出要约,也可以在一定范围公开发布生产外包信息,收集生产供应商接包意向信息,意向信息要体现接包企业基本情况,包括企业资质、规模、技术条件、劳动力条件、区域位置、生产优势等信息。

(2) 筛选评估外包厂商。

通过意向信息表初步评估外包厂商情况,选择几家条件比较好的企业进行实地走访考察,必要时对本企业的相关供应链厂商也进行走访考察,重点对生产、技术、质量、物料等生产运作环节进行现场检查。此环节可以相互沟通并提出生产外包核心要求。对现场考察基本合格并能满足本公司生产外包要求的企业可进行多次多方位的评估。

(3) 厂商报价与样品认证。

与评估合格的厂商签订保密协议,发布生产外包部分产品图纸、技术要求等文件信息,接包企业按照制造文件提供生产样品或进行小批量产品认证,可多次对制造商采取生产的纠正预防措施,不达要求的可取消接包资格。

(4) 接包生产并跟踪监督。

符合生产要求的企业按照要求进行接包生产,接受生产委托企业的跟踪监督,按照规定的时间交接产品,支付制造费用。

生产外包起步比较早,生产外包的成功的运营模式、运营流程与外包风险规避都为服务外包的发展提供了有力的借鉴作用。

(三) 服务外包

【小案例】

菲律宾:全球英文呼叫中心

英语是菲律宾官方语言之一,菲律宾人以美国英语为标准口音,从小接受标准英语口语的教育,形成了独特的"中性"英语口语。菲律宾人还具有与西方相通的沟通方式,使美国客人有良好的沟通体验。另外,菲律宾人的劳动力薪资远远低于其他英语国家。因此,菲律宾从2013年起赶超印度成为全球英文呼叫中心之都。

案例提问:
1. 菲律宾成为全球呼叫中心的条件有哪些?
2. 菲律宾承担全球呼叫中心为本国带来哪些优势?

1. 服务外包概念

随着信息技术的发展,特别是互联网的广泛应用,世界跨国沟通与协作越来越便捷,经济全球化已经成为世界经济的发展趋势。为了在全球经济中取得竞争优势,企业开始选择把非生产制造性的内容进行转移与外包,并在全球范围内寻找新的合作伙伴。《世界是平的》一书的问世,经济全球化已经成为趋势,服务外包市场得以迅速发展,并成为国家产业结构调整和转移的新趋势。美国著名管理学家彼得·德鲁克认为,任何企业仅做后台支持而不创造营业额的工作都应该外包出去。

所以服务外包就是企业在价值链运营与管理中,将原本自身提供的具有基础性的、共性的、非核心的信息技术业务和基于信息技术的商务流程业务剥离出来,通过服务协议委托给企业外部专业服务供应商,并把外部资源内部化的经济活动(图1-2)。

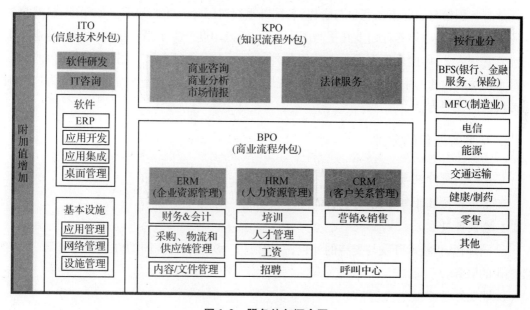

图1-2 服务外包概念图

服务外包不是简单的服务业的外包,而是服务活动或服务过程的外包,其业务领域包括制造业的服务外包与服务业的服务外包等。

2. 服务外包发展的基本条件

服务外包作为国际市场新的经济模式,其在实现产业优化升级、经济结构调整、全球整合优质资源等方面发挥重要作用。服务外包的发展需要一系列的条件。

（1）国际市场的成熟与规则化。

服务外包中真正对一国发挥重要作用的是国际服务外包，国际服务外包是以国际市场的需求为基础的。据统计，全球财富1 000强企业中95%的企业有服务外包战略。在国际市场中，跨国公司通过服务外包更能整合全球优质资源，寻找低成本的劳动力并全日制地实施运营服务，跨国公司促进了国际市场的发展与成熟。同时，国际市场的规则更加明确，如市场体制、贸易投资、知识产权，在不同的国际市场细分环境中，各种国际规则在不断修正完善，发展中国家逐渐取得与发达国家一样的话语权，世界共赢局面正在展开，这些都为国际服务外包的发展创造了有利条件。

（2）信息技术的飞速发展。

随着计算机技术、软件技术、网络技术、通信技术等技术的发展，极大地提高了交通、通信和信息处理能力，使原来不可跨国贸易的业务可以跨地区、跨国界进行，打破了服务外包在地理上的局限，世界各国业务的交流与运营在"地球村"实施。同时信息技术特别是互联网技术的发展，企业的管理模式与运营方式从根本上得到改变，企业数据与信息的处理成本大大降低，从而使企业间相互协作的交易成本大大降低。信息技术的飞速发展为服务外包的发展提供了有力保障；反之，服务外包的快速发展也对信息技术的发展提出了更高要求。

（3）国际人才的培养。

随着各国参与国际市场竞争与合作，各国都重视对国际人才的培养。如印度，虽然自然资源缺乏，但在人才培养计划上几乎与国际接轨，所以印度产生了最负盛名的国际企业顶级的经营管理人才，印度也最先成为全球服务外包第一大国。所有参与国际服务外包的国家也都重视国际人才的培养。有了具有国际视野的人才，服务外包业务才能真正成为这个国家或地区的发展力量。

三、服务外包的分类

（一）合同外包与职能外包

服务外包按其业务方式，分为合同外包和职能外包。

1. 合同外包

合同外包，指技术开发与支持的外包，一般采用一次性项目合同的方式委托给第三方专业公司的服务。

2. 职能外包

职能外包，指其他服务活动的外包，多通过签订长期合同的方式把职能业务委托给专业供应商提供。

（二）境内外包与离岸外包

按照供应商的地理位置，发包方与接包方是否属于同一国家，服务外包分为境内外包与离岸外包。

1. 境内外包

境内外包,即服务外包业务的外包商与外包供应商来自同一个国家,外包的业务内容在国内完成的外包方式。

2. 离岸外包

离岸外包,即服务外包业务的外包商与外包供应商来自不同国家,外包业务跨国完成的方式。如果服务外包的业务外包商与外包供应商来自相邻国家,也称为近岸外包。

境内外包与离岸外包的业务内容有很多相似地方,但决定哪种外包方式的出发点是不同的。境内外包一般强调企业的核心业务战略、核心技术与知识的聚焦,通过外包可提升规模经济,决策外包更重视企业的价值增值。而离岸外包则首先强调降低成本,是否有更廉价的技术熟练的劳动力,如果较低的生产成本能抵消较高的交易成本就采用离岸外包。

(三) ITO、BPO 和 KPO

服务外包按其业务内容分为信息技术外包(ITO)、业务流程外包(BPO)和知识流程外包(KPO)。

1. 信息技术外包

信息技术外包(Information Technology Outsourcing,ITO),主要包括软件研发与开发服务、信息系统运营与维护服务、云计算服务及信息技术解决方案与咨询服务等。主要强调IT技术,更多涉及成本和服务。

2. 业务流程外包

业务流程外包(Business Process Outsourcing,BPO),主要包括业务流程内容,如人力资源管理服务、企业供应链管理服务、金融业务服务、财务与会计审计服务、销售客户服务等内容,主要解决有关业务的效果和运营效益问题。

3. 知识流程外包

知识流程外包(Knowledge Process Outsourcing,KPO),也属于 BPO 的高端业态,依靠专业精准的技术承接客户企业的高智能服务,如数据分析与挖掘、文化创意与动漫研发、工业设计与工程设计、新技术新能源的研发等整体解决方案的设计与研发,目标是为客户创造战略性长远价值。

第二节 服务外包发展动因与条件

【引导案例】

当中国平安遇见中软国际

中国平安是中国第一家股份制保险企业,1988年诞生于深圳,已经发展成为融保险、银行、投资等金融业务为一体的整合、紧密、多元的综合金融服务集团。2018年是中国平安成立三十年。三十而立,中国平安实现了全球保险集团市值第一,全球保险品牌第一。

中软国际有哪些优势?中软国际深耕高科技和互联网行业,持续聚焦战略客户,积极面对行业挑战,为国内外知名互联网企业及高科技企业提供高附加值的软件及信息化服务,实现与客户共成长。中软国际拥有的完整的生态资源,为客户提供云计算、大数据等多领域的技术服务;中软国际做了多年的智慧城市,在政府、电信、高科技、轨道交通、金融等行业持续保持龙头地位,有着丰富老成的经验;中软国际解放号汇集了优质资源以及优质的软件定制开发和交付能力;中软国际因长期以来秉承坚持核心价值观(奋斗为本,成就客户,创造分享,共同成长)已然成为客户长期、稳定、可信赖的合作伙伴。

结合中国平安在城市产业整合与中软国际在IT整合方面的优势,双方强强联合,形成优势集成与互补,打造"城市产业整合+IT整合"的新商业模式,携手引领城市产业转型升级。

从2017年10月开始,中国平安在集团层面正式成立智慧城市办公室,向政府提供服务,同时带动相关产业合作。单就在医疗领域,中国平安已经涉足了275个城市,已经超过了5万家诊所。中国平安在智慧城市发展这个方向上,是坚定而有力度的。

而这个时候,中软国际多年的智慧城市经验,以及优质的软件定制开发和交付能力,无疑是中国平安合作伙伴的重中之选。

中国平安围绕政务、财政、安防、医疗、教育、房产、环保、生活等领域,搭建出的智慧城市整体解决方案——平安智慧城市云平台"8+1",旨在打造"智慧、智理、智效"的全新城市生活。中软国际"解放号"优质的整合IT资源能力,与之形成优势互补,为中国平安"8+1"智慧城市云项目提供项目采购、项目交付过程管理、质量管理和线上项目验收等服务,形成智慧城市软件交付的新模式。在政务、财政、安防、医疗、教育等领域,双方将共享商业机会,共同打造行业标杆解决方案,用科技为城市赋能。

双木成林,强强联合,这是双方企业签约的意义所在,也是中软国际与中国平安携手引领城市产业转型升级的开始。当中软国际遇见了中国平安,双方在促进中国智慧城市发展上面互利共赢,对于中软国际,还将有利于在金融、政务等城市产业垂直领域深耕,提高云计算、大数据等新业务的收入水平。"城市产业整合+IT整合"的新商业模式正在打开。双方签约战略合作,于中国平安,是新征程的有力一步;于中软国际,也是在2021年逼近300亿元,往世界级IT企业方向加速迈进的漂亮一球!

(资料来源:https://www.sohu.com)

案例思考:
1. 中国平安与中软国际的各自优势体现在哪些方面?
2. 中国平安与中软国际需要在哪些方面互补?
3. 中国平安与中软国际合作带来哪些新发展?

一、服务外包经济效应

(一)参与经济全球化发展格局

全球经济一体化已经成为世界经济的发展趋势,各国之间在经济上相互依存。尤其是近年来新技术革命的发展,地球的空间距离"缩短"了,时间差距"消失"了,这大大改变了人类的生活条件,并加快了经济市场的国际化,使世界变得空前开放。服务外包作为国际服务贸易的重要类型,成为国际分工与新兴国际产业转型的重要方式,这无论是对发包国家还是接包国家都产生深远的经济影响。在新的全球经济发展格局中,服务外包对发展中国家是一个新的发展机遇,发展中国家通过参与新型国际分工,促进本国经济的全方位发展。虽然国际上还存在贸易保护主义政策和区域地缘政治不稳等现象,但经济全球化的客观规律依然没变,全球生产要素流动日益自由,市场融合程度正在加深,全球产业链、供应链、价值链正在趋于规范化,服务外包在参与经济全球化发展格局中的作用更加凸显。

(二)促进产业结构优化升级

服务外包的发展,带动了生产与服务国际分工的不断细化,国际产业边界不断扩展,内涵不断扩大。全球经济在金融危机后逐步复苏,各企业继续解决降低成本、提高运营效率等问题,服务外包应运而生。借助服务外包发展,各国寻找时机促进本国的产业结构调整升级,向附加值更高的现代高端服务业发展。

(三)带动社会新的就业动向

服务外包首先带来接包国家的就业增长,尤其是发展中国家的大学生就业。服务外包承接国带来的就业效应是显性的。通过发展或引进服务外包企业,企业直接吸纳就业人员或大学毕业生,服务外包大大促进承接地的就业增长。承接国际服务外包,必然带来就业岗位的转移,拉动就业,从而带动承接地的经济社会的综合发展。

服务外包对发包国来说也并没有导致失业率的提高,虽然表面上,服务外包的发生减少了发包国某些服务岗位的数量,但实际上,并没有迹象表明在国际服务外包后,创造了一个国外职位而损失了发包国的一个职位,相反隐性提升了发包国的就业效应。首先,转移出去的工作仅占发包国服务工作的很小部分,选择服务外包是因为这些工作内容确实难以在适当的成本内寻找到合适的人员就业;其次,其他国内就业竞争、消费者需求变化导致的失业比发生服务外包带来的失业压力更大;再次,选择国际服务外包,则在本国创造了更多的其他行业的就业岗位。

二、服务外包发展动因

服务外包发展动力与驱动要素主要从企业发展的内部动力与区域经济发展的外部动力两方面来思考。两者是相辅相成的,内部动力是根本,外部动力是条件。

(一) 企业发展的内部动因

每个企业或组织从初创、成长、成熟、稳定到衰落都有生命周期。所有企业都在追求自己的长盛不衰,企业必须不断调整与变革,适应外部市场需求。

1. 降低企业运营成本

追求利润的持续提升是企业发展的最终目标。降低企业运营的各项成本,提高最终商品或服务的效益是企业发展的两股力量。如果企业运营过程中,有些业务流程占据成本但产生的利润较低,即业务的附加值比较低,企业就会选择把这些业务外包出去。

2. 培植企业核心竞争力

企业处在竞争激烈的环境中,企业如何获得持续的竞争优势,需要不断构建自己的核心竞争力,掌握这一核心能力,企业能够在业务上保持领先地位,如果没有掌握核心能力,企业将可能失去发展的机会。但是,对一个企业而言,企业运营涉及的业务内容很多、很复杂,企业如果专心培植自己的核心竞争力就会选择把非核心的业务外包出去,借助外界的资源与力量使自己的各项业务都正常运转,并使自己更有精力专注于能使自己保持长时间领先发展的核心竞争力上。

(二) 区域经济发展的外部动因

一个国家或地区都会面临产业转型升级的压力与动力,在新一轮的经济发展机遇面前,国家或地区应把握机会,弯道超车,赢得成功。

1. 信息技术的深刻变革影响深远

信息技术的发展,使得信息壁垒大大降低,信息透明化、公开化成为信息技术发展的重要特征,信息技术的应用直接导致产业结构的重大调整,信息产业冲击着传统产业,物质经济转向信息经济。信息的快速流通与传播,使人们实现了平等享受社会信息的机会,政治民主化进一步加强,过去靠保密而垄断的技术现在几乎不存在。随着信息技术的普及和社会化信息网络的开通,人们的生活方式与工作方式都发生了变化,对生活品质要求更加苛刻,工作方式打破了时间与空间的界限。一个国家或区域在信息技术发展的浪潮中只有适应与利用信息技术的发展才能赢得机会。服务外包伴随信息技术发展而发展,使提供服务的地域与时间衔接打破,并充分带动本区域经济的快速发展。

2. 经济全球化的发展势头已成趋势

经济全球化的基本特征是商品、技术、信息等生产要素特别是资本在全球范围内自由流动和配置。生产全球化、贸易全球化、金融全球化、经济管理制度全球化都在信息全球化的驱动下快速发展。服务外包作为经济全球化的重要模式,首先被积极参与经济全球化的国家或地区所采纳并积极行动。

3. 市场环境的变迁正在势不可挡

国际市场环境分为经济环境、文化环境、政治环境与法律环境等。国际经济市场中,市场的潜力与发展趋势是关注的重点。当前,国际经济联盟组织对市场有重大影响,如自由贸易区、关税同盟、共同市场或经济共同体。国际文化环境需要了解市场的消费行为并拟定正确的国际营销策略。通过语言、教育、价值观等影响着人们的国际文化环境。政治是经济的集中体现,又对经济产生巨大影响,各国政府的经济法规、政治环境的稳定性以及各国的国际关系都成为国际市场中研究的对象。

随着国际市场环境的形成,服务贸易伴随着商品贸易迅速发展,并逐渐形成与商品贸易并行发展的贸易形式。国际市场开放化与内部市场双向发展,全球经济一体化伴随着区域经济一体化。市场的竞争手段从价格竞争向非价格竞争发展,提高产品质量性能、注重品牌的重要性成为市场竞争的新要素。服务外包在国际市场环境变迁过程中,具有整合全球优质资源、充分利用各国市场和优质劳动力的优势,也成了各国参与国际市场竞争的新手段。

三、我国服务外包产业条件与趋势

2006年10月,我国商务部发布关于实施服务外包"千百十工程"的政策,标志着我国参与新一轮世界产业结构调整,发展面向国际市场的现代服务业,大力承接国际服务外包业务,不断提升服务价值。2007年3月,国务院出台《关于加快现代服务业发展的若干意见》,提出把承接国际服务外包作为扩大服务贸易的重点,发挥我国人力资源丰富优势,加快培育具有国际资质的服务外包企业,形成一批外包产业基地。2009年1月,国务院下发《关于促进服务外包产业发展问题》,提出将北京、天津、上海、广州、成都、南京、苏州等20个城市作为中国服务外包示范城市,深入开展承接国际服务外包业务,促进服务外包产业发展试点。2010年,厦门获批为我国第21个服务外包示范城市。2016年5月,商务部提出根据服务外包产业集聚区布局,统筹考虑东、中、西部城市,将中国服务外包示范城市数量增加至31个。

世界产业战略转移趋势正在由生产外包转向服务外包。我国20世纪开始进入国际市场,并很快成为世界工厂。但在资源和环境的约束条件下,同样面临资源短缺和环境污染的严峻挑战,发展现代服务业成为我国经济发展的必然选择,服务外包成为经济发展的一个新增长点。我国发展服务外包潜力巨大。

(一)我国服务外包产业条件

1. 企业参与全球经济市场的内在动力

随着我国经济实力的提升,我国参与国际贸易的商品已经由传统的农产品和初级产品转向工业品。为进一步加快提升出口产品的结构,出口开始由商品贸易转向服务贸易。发展服务外包有利于扩大我国企业在国际经济市场中的份额,提升我国企业参与国际竞争的能力。通过我国在参与国际服务外包过程中,跨国公司将业务通过外包的方式向我国转移,可以推动国际资本流动,培育吸收外商投资环境,提高吸收外商投资质量。

2. 国家一系列服务外包政策的支持

我国从确定实施服务外包发展路径后,中央与地方政府都纷纷提出服务外包产业支持政策。国家层面关于服务外包发展的政策及配套措施有税收优惠政策、财政资金支持政策、服务外包人才培养培训政策、金融支持政策等。地方政府也把服务外包作为地方经济发展的新增长点,尤其是服务外包示范城市,参照国家政策,从税收、人才、资金、投资等方面提出促进服务外包发展的政策措施。

3. 信息技术的发展改变了时空距离

服务外包具有信息承载度高的特点,互联网技术的发展突破了地球时空界限,信息技术走进人们的日常生活。互联网成为一个能够相互交流、相互沟通、相互参与的互动平台,信息技术的应用深刻改变着人们的工作方式和生活方式。大数据、云计算、物联网、移动互联网使信息的提取、存储、搜索、共享、分析和处理更加便捷。2015年,我国首次提出"互联网+"的行动计划,把互联网的创新成果和技术深度融合在社会经济各个领域,引导互联网企业拓展国际市场。信息技术的快速发展既为我国服务外包产业的发展提供了条件,也是服务外包的重要业务内容之一。

4. 高素质的服务外包人才支撑

具有一定数量与质量的适用人才对一个国家承接国际服务外包具有重要影响。我国是人口大国,近年来,我国基础教育与高等教育迅猛发展,已成为世界上教育规模最大的国家,在人才素养培养方面国际化与传统化融合发展,这使我国的服务外包人才更受跨国公司的青睐。

(二)我国服务外包发展趋势

1. 我国在全球服务外包市场份额增势强劲

随着我国政府一系列服务外包政策的出台,已经形成涵盖税收优惠、金融支持、公共服务平台支持等多领域,相对完善的服务外包政策支持体系。目前在全球服务外包市场中,美欧和日韩仍是主要市场,中国与印度是全球主要外包基地,全球接包市场更加多元化,我国在全球离岸服务外包市场份额已经超过30%。我国服务外包已经形成了长三角、珠三角、环渤海为龙头,东中西部城市有序发展的区域化格局。与此同时,通过政治稳定、社会和谐,也增加了国际服务外包投资者的信心。

2. 我国离岸外包和本土外包并行发展

我国离岸外包已经成为服务贸易的重要力量。我国是人口大国,有着世界最大的消费市场。随着中国企业的崛起和良好的政策支持,服务外包在中国本土市场也在加快发展,基于国家政策的大力支持和信息技术的不断发展,我国国内外包需求日益旺盛。

3. 我国服务外包向产业链高端延伸

我国外包已经从生产外包走向服务外包,从服务外包的低附加值业务走向服务外包的高附加值业务,同时我国的服务外包正在由单一技术服务向综合行业解决方案服务转型,知识流程外包(KPO)份额在加大,服务外包结构不断优化。

四、服务外包与服务贸易

【小案例】

服务贸易案例:麦当劳的特许经营模式的商业存在

麦当劳是世界上最成功的特许经营者之一,其特许经营的核心,是开发一套设计科学、流程合理、高效运转的、标准化的、可以复制的系统。这个系统可以放到任何地方去复制。麦当劳公司为特许分店提供完善的制度支持和标准化管理支持,一是开发统一的、有限的菜单服务项目;二是制定统一的服务规范,顾客只需排一次队,就能取得他们所需要的食品;三是制定详细的标准化作业程序;四是在食品的质量、饭店的清洁度、饭店的经营运作程序以及友善礼貌的柜台服务方面执行严格的标准。麦当劳的产品、加工和烹制程序乃至厨房布置等,都是标准化的。

为了保证高标准的食品质量,麦当劳对其产品的要求也是世界级的。麦当劳公司通过技术转移来确保食品和其他产品符合麦当劳严格的质量标准。当麦当劳1990年在中国开设第一家餐厅时,麦当劳的供应商早在1983年就已经开始在中国投资兴建工厂、开发农场,为麦当劳半成品的生产与加工做准备,所有工厂及农场都具有先进的生产技术。从厨房到餐厅门前的人行道,处处体现了麦当劳对清洁卫生的重视。顾客在麦当劳能享受到干净、舒适、愉快的用餐环境。

案例提问:
1. 麦当劳属于哪种服务贸易形式?
2. 麦当劳运营模式是什么?如何进行跨国管理?

(一)服务贸易

1. 服务贸易概念

服务贸易,又称劳务贸易(Trade in Service),是指国与国的法人或自然人之间提供服务的贸易行为。服务的提供国为服务的出国口,服务的消费国为服务的进口国,各国的服务出口额之和构成国际服务贸易额。

近年来,中国服务贸易稳步发展,贸易规模迅速扩大,服务贸易在国民经济中的地位和作用日益凸显。我国服务贸易的重点领域包括商业服务、通信服务、建筑及有关工程服务、销售服务、教育服务、环境服务、金融服务、健康与社会服务、体育服务、旅游服务、运输服务等。

2. 服务贸易形式

根据1994年WTO在乌拉圭回合谈判达成的《服务贸易总协定》,服务贸易有四种形式:

(1) 商业存在。

商业存在是一服务提供者在国外设立商业机构或专业机构,为其消费者提供服务。如跨境进驻某国家的银行、保险、物流公司或业务等。直接跨国投资、跨国并购成为服务业国际竞争的主要形式,如进驻中国的麦肯锡、沃尔玛、联邦快递等。

(2) 境外消费。

境外消费是一国成员在本国向来自另一国家的消费者提供服务。如接待外国游客,提供旅游服务,为国外病人提供医疗服务,接收外国留学生等。

(3) 跨境交付。

跨境交付是一成员在其境内向其他境外人员提供服务。服务的提供者与消费者不需要在同一国境,也不需要有人员、物质、资金的流动,而是通过网络、邮电等实现服务,如远程国外的教育课程与教育培训服务。

(4) 自然人流动。

自然人流动是服务提供者到国外提供服务。自然人流动是各种贸易壁垒限制最多的一种服务贸易模式。多数国家只允许商务人员的自由流动或跨国公司内部的自由调动。自然人员流动有专家的国外讲学、科技人员的境外服务、艺术团的境外演出及劳动输出。

3. 服务贸易特征

服务贸易与传统的货物贸易相对应。服务贸易因服务本身的复杂性与货物贸易有明显的区别。

(1) 服务贸易中服务的无形性。

服务本身是无形的,所以在国际服务贸易中,服务的进出口就不能像商品进出口一样有实物商品出现。但有些服务是附加在有形物上的,如咨询报告或储存的软件,有些服务也是可以看见的,如音乐表演等,所以服务贸易呈现出了比货物贸易更复杂的内容。

(2) 服务贸易中服务生产与消费同时进行。

由于服务多数不能存储,也不可运输,在服务贸易跨国进行时,就要求服务的生产与消费同时进行。

(3) 服务贸易监管方式要求更高。

服务贸易无法像商品贸易一样通过关税、进出口配额、许可证等海关规则和边境贸易措施进行统计和监管,需要通过国内相关立法和规定来进行监管。由于对服务贸易的保护灵活隐蔽、选择性强,还可能涉及国家政治安全,所以贸易壁垒仍然比较高,对服务贸易监管方式也要求更高。

（二）国际服务外包促进服务贸易的发展

服务外包包括在岸外包与离岸外包。其中离岸外包属于服务贸易的范畴。离岸外包对一个国家的产业结构调整优化与企业转型升级具有强大的推动作用。

国际服务外包作为服务贸易的新兴领域,已经成为推动全球经济增长的重要力量。

1. 服务外包加快服务贸易的发展

服务外包能够吸引国际服务商对服务业的投资,促进服务贸易出口。服务外包通过知识溢出效应、产业升级效应实现产业结构的调整,从而优化服务贸易模式,促进外贸增长方式的转变。发展服务外包,通过企业业务流程外包,可以改善产业结构、规避贸易壁垒、提高服务业的竞争力,从而带动并加快服务贸易的发展。

2. 通过服务外包业务提升本国服务贸易环境

目前我国在国际服务外包市场中主要为接包国地位,通过参与国际服务外包,促进了我国产业结构的调整,实现了就业人力资源的优化,通过服务外包的技术外溢,有力提升了我国在国际产业链中的地位,为我国服务贸易的国际发展提升了环境条件。

本章小结

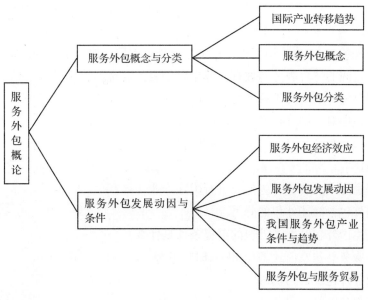

思考练习

一、单项选择题

1. 生产外包实施流程顺序为(　　)。

①厂商报价与样品认证　②接包生产并跟踪监督　③筛选评估外包厂商　④寻找目标外包

厂商

  A. ①②③④ B. ③④②① C. ④③①② D. ④③②①

2. 服务外包按照供应商地理位置,分为(　　)。

  A. 合同外包与职能外包 B. 境内外包与离岸外包

  C. ITO、BPO 和 KPO D. 流程外包与技术外包

3. 企业发展服务外包的内部动因是(　　)。

  A. 降低企业运营成本 B. 信息技术的发展

  C. 经济全球化的趋势 D. 市场环境的变迁

4. 下面不是服务外包发展的外部动因的是(　　)。

  A. 信息技术的发展 B. 培植企业核心竞争力

  C. 经济全球化的趋势 D. 市场环境的变迁

5. 通过签订长期合同的方式把职能业务委托给专业供应商提供的外包形式是(　　)。

  A. 合同外包 B. 职能外包 C. 境内外包 D. 离岸外包

6. 文化创意与动漫的设计属于服务外包中的(　　)。

  A. 信息技术外包 B. 业务流程外包

  C. 知识流程外包 D. 职能外包

7. 麦当劳在中国设立分公司,经营网点属于服务贸易的(　　)方式。

  A. 跨境服务 B. 境外消费 C. 商业存在 D. 自然人存在

二、判断题

1. 在服务外包中,不论是境内外包还是境外外包都属于服务贸易的范畴。(　　)
2. 国与国之间的体育服务与教育服务也属于服务贸易。(　　)
3. 艺术团的境外演出属于服务贸易。(　　)
4. 服务外包中对一国真正发挥作用的是国际服务外包。(　　)
5. 生产外包与服务外包一样,可以降低接包国的环境污染与能源消耗。(　　)

三、简答题

1. 什么是国际产业转移? 为何会进行国际产业转移?
2. 什么是外包? 简述外包的分类。
3. 什么是生产外包? 生产外包的前提条件是什么?
4. 什么是服务外包? 简述 ITO、BPO、KPO 的概念。
5. 简述服务外包发展的动因。
6. 什么是服务贸易? 服务贸易的形式有哪些?

综合实训

项目名称:

调研所在区域的外包企业与业务类型。

实训目的：

1. 了解外包模式与外包类型；
2. 了解本区域外包业务的产业结构。

实训内容：

1. 通过网络查询或实地走访形式调查本区域外包产业结构、业务类型,产业规模与外包形式；
2. 分析本区域外包产业的贡献度。

实训成果形式：

1. 调研过程(问卷调查或访谈研究)；
2. 调研报告(要求有调研背景、调研过程、信息分析与结果总结)。

第二章 信息技术外包（ITO）主要应用

1. 理解信息技术外包主要应用的概念；
2. 了解信息技术外包主要应用的具体内容。

1. 能够区别信息技术外包中的软件研发外包和系统维护外包；
2. 熟知信息技术外包的发展趋势；
3. 掌握信息技术外包中云服务的应用范围。

《纽约时报》的困境

在位于曼哈顿的《纽约时报》总部大楼中，传统新闻人 David Carr 和新媒体者 Brian Stelter 的拉锯战又开始了。

Brian Stelte 在嘲笑同事中午还在谈论他前一天夜里在 Twitter 就已经浏览到的新闻。David Carr 则讨厌 Twitter，不知一堆人在那儿叽叽喳喳有何意义，甚至认为 Brian Stelte 是一个安在《纽约时报》里用来毁灭自己的机器人。

这是纪录片《纽约时报头版内幕》中的一个片段，拍摄时间是 2009 年，此时数字化转型的争论已经开始在这家百年大报内部引发裂变。

到了今天，几乎没有哪家传统媒体不曾尝试过数字化转型，但现在最不缺的就是关于传统媒体的坏消息。停刊、裁员、丢用户、丢广告等词成了传统媒体的关联词。尽管 2016 年《纽约时报》的数字业务营收接近 5 亿美元，但根据 Fortune 报道，去年前 9 个月都在亏损。《纽约时报》的领导层面临的挑战要比前几任的领导层更加艰巨，这是由于数字革命造成的。

在今年 1 月出炉的内部报告《杰出新闻》中,《纽约时报》自认现在已经到了生死攸关的时刻,誓要重新定位《纽约时报》,在内容与流量中找到平衡。

毫无疑问,《纽约时报》正在进行创刊 165 年以来最重大的战略转型——数字化转型。

2006 年《纽约时报》决定通过网络向公众免费提供 1851 年到 1922 年的所有文章。一共有 1 100 万篇之多。如果按照传统的方法来做,需要雇佣专门的人员,花很多时间扫描、录入、校正等,花费大量金钱。《纽约时报》随后将这项业务外包给 Amazon 公司,该公司采用了最新的计算机技术,在 24 小时内就完成了不可能的任务,花费只有 240 美元。这使得 Amazon 公司一战成名,此后,甲骨文、西门子等诸多企业都于 Amazon 签订了 ITO 合作协议。

另外,《纽约时报》多个数字项目的核心 Beta Group 也正在开发一组全新的内容产品(应用、博客、垂直频道),效仿 HBO 和 Netflix 等公司的自制剧项目,包括个性化健身建议、Real Estate 住宅列表应用,以及专门为用户推荐电影和电视内容的 Watching 垂直频道,在吸引现有订户反复使用的同时网罗更多。

正如已故的《纽约时报》专栏作家 David Carr 所说的:当 iPad 出现的时候,很多人包括我曾傻傻地认为史蒂夫·乔布斯像骑士一样,骑着马翻山越岭来拯救传媒业了。但他掌握着苹果股价,我们两方是有利益冲突的,这才是重点。

Facebook 的出现,带给媒体的也许并不是其许诺的光明未来,而是一种假希望,或者更糟糕的说法,是一种威胁。如何通过数字化革命建立起长期健康的收入模式,是《纽约时报》未来几年在商业领域的首要任务。

(资料来源:http://news.jstv.com)

ITO 最早可以追溯到 20 世纪 20 年代以分工整合为本质的现代经营管理模式,即企业将各个生产内容划分,最后统一整合。但是 ITO 的发展是最近几十年的事情,以 1990 年 Kodak 公司将其大部分的 IT 职能业务外包给 IBM 公司为标志,其他企业也纷纷开始正视这一业态现象并纷纷效仿。

ITO,是指接包方提供相应的软件服务和基于信息技术的关联服务,以满足发包方的软件或业务需要。ITO 强调技术,是以信息技术系统开发和运营维护为特征的。换句话说,即在外包产业领域与信息相关联的项目包业务的总称。

ITO 概念和业务内容在各个时代的表现也不同,如表 2-1 所示。

表 2-1 ITO 发展时间轴

年份	ITO 对象	ITO 途径
20 世纪 60 年代	硬件	服务与设备管理
20 世纪 70 年代	软件	设备、运作管理
20 世纪 80 年代	硬件和软件标准化	客户化管理
20 世纪 90 年代	整体解决方案	资产管理
21 世纪 00 年代	整体解决方案	云计算、大数据、AI

第一节 软件研发及开发服务

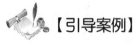【引导案例】

某公司的软件研发与开发启示

某公司总部设立在日本东京，创建至今已有200多年历史，是世界知名企业之一。拥有强大的规模实力，除了在本国有数十个事业所外，欧洲的英国、匈牙利、荷兰，亚洲的马来西亚、新加坡、印度尼西亚、印度、越南、菲律宾、泰国、中国、中国台湾地区、韩国，北美的美国、加拿大，中美洲的墨西哥，南美洲的巴西都设立了不同行业的分公司，以利用产业与技术两方面为各国做出贡献。

目前因日本工厂整体迁移到中国，所以需要更新系统，使之符合中国的国情和市场需求，具体来说要有价格竞争力、能小批量生产、能对应短交货期需求、成品率高、品质管理、实现简单的业务手续和多货币对应。主要业务为接收订货管理、设计管理、生产计划管理、制造支援、判定检查、实绩管理、品质管理、在库管理、发货管理、成本管理、原材料管理等业务。该项目用于金属铸造业，主要用于辅助公司的生产管理，以提高生产效率、节约人力成本，使生产安全有序地进行。

该公司接包商采用了最新的计算机技术、客户/服务器分布式结构、图形用户界面、第四代语言及辅助工具，还能实现不同平台间的互操作，较多地考虑人为因素作为资源在生产经营规划中的作用，也考虑了人的培训成本等。

接包商承接业务后，按照该公司要求开发软件系统，确保系统安全运行，能够迅速对应急事件进行处理；确保运行数据的安全以及提取不同时间数据；在保证系统正确性的前提下，在代码、SQL处理性能方面进行优化处理，要保证在并发操作中系统处理正确，并且有很低的延时。同时发包商要求接包商有很高的日语能力，要求用日语与客户方交流、讨论问题。

（资料来源：http://www.inspur.com）

案例思考：
1. 该企业使用软件外包商进行软件研发及开发服务有哪些好处？
2. ITO的核心优势是什么？

一、软件研发及开发服务

软件研发和开发(Software Development)是根据用户要求建造出软件系统或者系统中的软件部分的过程。软件开发是一项包括需求捕捉、需求分析、设计、实现和测试的系统工程，一般是用某种程序设计语言来实现的。

(一)软件研发及开发服务的历史

由于人力资源成本高，IT人才数量短缺，欧美和日本等国的大型软件企业纷纷将软件产品和服务，如咨询、系统设计、编程、测试等不同价值含量的环节以外包的形式委托给外包服务提供商，这就是ITO的起源。欧美等地的软件外包一般按照外包服务提供商的能力直接整包发包，IBM等全球系统集成商往往承担咨询、需求分析等高端业务，Tata为代表的印度软件外包公司则承接一些中端业务，如支援软件开发等，小型外包服务供应商则由于自身能力范围所限，承接产业链低端的编程和测试等项目。

1. 外国的软件研发及开发服务

在金融领域，早在20世纪60年代就有了软件研发和开发服务的雏形。因为计算机又大又贵，大多数企业依赖于服务局、系统库等其他专业公司来提供设备管理服务，这是最早的一种信息外包。随后70年代的标准应用程序包概念的出现，可以看成是软件研发和开发的婴儿形态。为了应对日益庞大的客户群，克服对信息技术应用逐渐增大的需求及信息技术职员供应不足，管理者开始依赖合同设计。80年代随着微型计算机和PC的出现，开始转向业务垂直整合，从原材料到最后产品的配送的整个过程逐渐变得重要起来，企业购买标准的设备、系统及应用软件并配置到企业环境中。到了90年代，网络和通信开始飞速发展，外包不单单是针对合同所定制的特定的处理服务，开始针对网络和通信的管理、离散系统的整合、应用软件的开发等方面。信息技术支援从客户角色转移成为服务提供者，一些服务提供商购买客户的主机硬件，并在线管理客户服务，涉及网络管理和远程通信，连同相关的教育和培训等。

意大利的一项调查表明，ITO的支出占企业所有业务外包开支的比重最大，大约为28%，几乎每一家购买了服务外包业务的公司都会将部分或者全部的信息技术业务外包出去。

2. 中国的软件研发及开发服务

由于信息技术的不断更迭，相应的产业技术也不断改革。在ITO中，开发的技术多样化，各种技术长期并存，新技术也在不断推出，使得主流技术面临着市场份额减少，被新技术替代的风险。比如软件开发中，从客户服务模式到浏览器服务器模式的过渡，使得PB、DELPHI等多重开发工具市场份额减少，.NET为开发工具的新主流技术开始流行，这就要求企业业积极地去了解新的技术，否则就会在竞争中处于不利地位，甚至被淘汰出局。

随着全球经济一体化的飞速发展，企业的竞争不单单在本土范围进行，而是跨越地理和时区，企业生存环境日趋严峻。为了能够更好地发展自身的核心竞争力，保持行业优势和市场份额,越来越多的企业采用信息技术外包服务。比如按照企业要求订购 ERP 系统等,从而提高生产技术效率。

据 IDC(Internet Data Center)在早些年的分析显示,全球外包市场以每年 9.6%的速度增长,Gartner 公司在 2003 年就预测中国将成为继印度之后的又一个外包大国,当时预估 2007—2010 年,中国将成为世界上最大的外包市场。正因为此,越来越多的国外公司来到中国投资或者开办子公司。由此,中国成了非常大的潜在外包发包商和接包商的基地。虽然,中国的 ITO 已经有了长足的发展,但是仍然和印度的服务软件规模有着较大的差距。目前,中国的主要 IT 外包市场是日本、韩国、中国香港地区的企业,印度则依靠较好的英语文化,承接英国、美国等英语圈国家企业的项目。

(二) 软件研发及开发服务现况

软件服务外包已经在全球范围内蓬勃发展。随着全球网络技术的不断发展,整个软件服务外包产业也逐年增长。

1. 整体增长

中国服务外包研究中心 2019 年发布,根据最新的 IDC《全球半年度数字化转型支出指南》,到 2022 年,全球用于业务实践、产品和组织的数字化转型(DX)的技术和服务支出预计将达到 1.97 万亿美元。该领域的支出将在整个预测期间(2017—2022 年)稳步增长,实现 16.7%的五年复合增长率。

服务支出和硬件支出将占 2019 年数字化转型指数的 75%以上。服务支出将由 IT 服务(1 520 亿美元)和连接服务(1 470 亿美元)带动,同时商业服务将迎来五年预测期内的最快增长(复合增长率为 29%)。硬件支出将广泛分布在各个类别中,比如企业硬件、个人设备和 IaaS 基础设施。整体来说,以软件开发服务为代表的 ITO 产业市场存在着巨大的潜力。

2. 反应迅速

中国的软件外包企业面对汇率波动的不利局面开始了从规模到产品的一系列调整。向海外并购,向高端业务挺进,签订合同规避风险,软件外包企业逐渐变得成熟和强壮起来。

IDC 预测,未来几年内,全球软件外包市场规模将呈膨胀式增长,其中尤以中国为最。到 2010 年,中国软件离岸外包市场规模的年复合平均增长率可以达到 37.9%。据赛迪顾问的市场研究报告显示,仅 2006 年中国软件外包服务市场规模高达 14.3 亿美元,同比增长 55.4%。该公司预测,到 2010 年,中国软件外包市场将达到 70.3 亿美元,占全球软件外包市场的 8.4%。届时中国将成为北亚地区服务外包业最有力的竞争者,同时成为全球研发中心基地。

【小案例】

智慧养殖

盛安德早在2011年就进入物联网领域,并培养了自己的RFID资源,之后更在多个领域成功完成了不同规模的相关项目。

中国水产品产量约占世界2/3,但水产养殖绝大多数还处于传统盲目养殖的状态,导致水产品污染严重、质量难以提高,对市场变化信息的缺乏也使养殖户的投入难以获得预期的收益。客户旨在通过智能化、自动化养殖手段改变这一现状。

客户是一家水产养殖技术服务公司,为养殖户提供技术咨询服务,为了提升服务质量与服务效率,想借助互联网+物联网技术做一个智慧养殖平台,实现业务的转型与升级,实现智能化养殖。

项目需求:客户的公司是为养殖户提供技术咨询服务的,以往他们的服务都是靠技术员的经验提供现场咨询,随着业务的增长,技术人员很难及时到达现场,等到达现场,可能情况已经发生了变化。另外,仅凭人的经验难以判断,服务的精确性不高。除了可以远程监测水质、在线提供咨询服务外,客户还希望能实现:只要用手机登录App,养殖区水温、盐度、溶氧量和pH酸碱度等参数指标就能一目了然;一旦出现问题,系统可通过智能手机自动报警;通过系统收集的水质数据库,可以通过云计算对数据进行深入分析,及时向客户预警。

项目成果:产养殖物联网系统已经投入市场,随着不断的更新和优化,市场反响越来越好,短时间内已有上百家养殖户在使用。通过手机App、Wifi及移动网络,养殖户们可以随时得知自家鱼塘的水质,并根据参数变化设置每一台投饵仪、增氧机、水泵等设备,实时调节水质和投饵量,保证养殖对象在最好的水质中生长,提高产量和质量。

提供服务:设备远程/实时智能控制,养殖设备(增氧机、投料机、水泵等设备)可通过本功能实现手动或自定义智能开停操作。如增氧机控制,客户不但可以按照养殖习惯控制设备,还可以通过设定参数来实现智能控制设备。

(资料来源:盛安德)

案例思考:
1. 盛安德的智慧养殖项目最主要的是为这个企业提供了什么服务?
2. 对于这家企业来说,通过盛安德的服务收到了什么效果?

第二节 信息系统运营和维护服务

【引导案例】

让人放心的服务器交给我

日本的世界知名洗护用品生产销售企业从2003年开始正式进入中国化妆品市场并开展销售业务。目前在洗护用品方面的产品共有300多种,首批进入中国市场的共有18种产品。其中一个主打品牌是洗发护发用品,从1996年上市以来,在日本每年的销售额达到70亿日元(约合4.5亿元人民币)左右。考虑中国地域辽阔等地理因素,该公司采用在不同地区建立批发商的方式。通过物流基地将货物发送到各地的总批发商,然后再由总批发商将货物发送到每一家零售店。短短一个月,该品牌的系列产品就进驻了北京、上海的400家金牌卖场。

项目服务器一定要保证24×7的全天候正常、安全、高速运转。由于客户是在日本的企业,对中国的制度(比如:在中国架构网站以及进行服务器的托管方面的条款规定)不了解,所以要和客户多次沟通,一方面协助其办理各种备案手续,另一方面必须抓紧进行架构服务器、制作网站等工作。

项目需要建立LINUX SERVER,包括WEB、DB以及备份服务器共计4台,提供域名解析、虚拟空间、运营保守、备份服务。对数据传输的保密性要求高,在保证系统正确性的前提下,必须在代码、SQL处理性能方面进行优化处理,要保证在并发操作中系统处理正确,并且有很低的延时。

接包公司每周向客户提交网站访问记录报告以及数据库的写入信息等。出现网络故障等突发事件时,10分钟之内做出第一反应,并给客户发送紧急通知。30分钟之内解决问题或判明问题点,给客户发送结果报告书以及解决方案书。最终服务器如期正常开始运转,网站及时开通。

(资料来源:http://www.inspur.com)

案例思考:
1. 该日本公司使用信息技术外包的优势体现在哪些方面?
2. 信息系统运营和维护外包主要包含哪些内容?
3. 作为接包方,该公司在进行项目时要注意什么?

系统维护外包的任务是保证软件系统正常运作，解决系统运作中出现的问题以及对系统进行改装、升级。通常进行系统维护的服务商就是负责系统开发时的企业。通过将软件系统的维护工作外包，企业能够减小信息系统部门的员工队伍，把人员转移到相关的应用领域，降低运行维护的成本，改进对内部系统用户的服务。

一、信息系统运营和维护服务基本业务内容

信息系统运营维护外包可以分为信息系统运营与维护服务和基础信息技术服务两个类别。信息系统运营与维护服务包含提供内部信息系统集成、网络管理、桌面管理与维护服务以及信息工程、地理信息系统、远程维护等信息系统应用服务。基础信息技术服务是指基础信息技术管理平台整合、IT基础设施管理、数据中心、安全服务、通信服务等基础信息技术服务。

1. 信息系统运营与维护

（1）日常运行维护。包括制定信息系统使用操作程序、信息管理制度以及操作规范、及时跟踪；定期检查在硬件方面的保养和运营状况及更换易耗品；定期审阅系统账户，避免授权不当或存在非授权账户，禁止不相容职务的用户账号交叉操作；设置突发事件（如系统故障）应变机制及配备专业负责处理等。

（2）系统变更管理。建立严格的系统变更申请、审批、执行程序，包括未经授权的信息系统操作人员不得擅自改变软件系统环境的配置或改变软件版本；系统变更（如软件升级）需要遵循与新系统开发项目同样的验证和测试程序。

2. 基础信息技术服务

（1）安全管理，包括信息的保密及安全处理工作。

（2）提供信息系统集成、网络管理、网站内容维护、桌面管理与维护、信息系统应用、基础信息技术管理平台整合、信息技术基础设施管理、数据中心、托管中心、信息安全服务、在线杀毒、虚拟主机等业务活动，包括网站对非自有的网络游戏提供的网络运营服务。

二、信息系统运营和维护服务业务特点

与人力资源外包、动漫业务外包、物流外包等相比，ITO外包有很大的不同，信息技术不可能很容易地被移交给接包方，这是由其特点多决定的。总的来说，信息系统运营和维护服务可以总结为以下几个特点。

1. 与企业战略发展不谋而合

尽管信息相关的外包服务出现的一开始是因为企业为了降低维护系统运营和服务的日常费用，减少管理成本，现在更多的企业认为这类非核心业务的外包能够更好地发展其核心竞争力。比如一个生产性企业更重要的是研发新的产品，原来需要招聘专业的维护人员，且非常依赖所招聘人员的自身水平，现在通过ITO，直接由专业的公司团队来解决问题，并通过合同制约来保障。企业从而将更多的精力投入到自己擅长的核心中，而非核心的人力资源、薪资、计算机维护等业务就交给外部的专业人士来承担，企业整体运营效率大大提高。选择这类服务为企业实施长期发展规划具有重要的战略意义。

2. 与企业长期协同发展

服务外包的发包商和接包商一般由合同来进行相互约束,且一般这种合同为长期的委托行为,有些合作会持续三五年或者更长。随着服务外包的发展,维护的项目和管理的项目内容也更加广泛,接包方介入用户内部管理的层面更加深入。同时,通过事先合同的约定,企业可以对外包服务商进行绩效考核,如果结果良好则可以长期合作,协同共同成长。

3. 获得更多的经济效益

一般2~3年信息技术就会有所更新,大多数企业虽然签订的是长期外包项目,但是在实行外包的3~4年时就会落伍,即最初的信息服务可能已经跟不上实际的需求。迅速发展的信息技术让未来的信息技术需求很难预测。承包商的信息技术运作能力成为发包企业衡量合同是否签字的重要标准,良好的企业需要良好的承包商,这是一个良性的产业循环。一方面,发包商通过信息技术外包节省了开支;另一方面,承包商也通过良好的业务维持获得经济巩固,从而更好地进行技术提升以保证为发包商服务的质量。

2018年1—4月,服务外包产业细分领域执行额排名前三位的分别为"ITO—软件研发外包""KPO—技术服务外包""KPO—研发服务外包",占比分别为31.9%、20.5%、13.7%。增长率排名前三位的分别是"ITO—IT解决方案""ITO—电子商务平台服务""KPO—知识产权外包服务",增长率分别为763.9%、204.3%和184.6%,企业逐渐具备面向最终客户提供项目咨询设计、实施执行及运营维护等全流程服务的综合能力。随着市场的快速增长,IT服务总市场份额也日益增大。2012年,全球ITO支出就已经达到了2 517亿美元。巨大的市场活动需要企业有足够的运营和维护能力,从而满足企业的发展和市场需求的发展。总之,ITO使得企业能够有效、快速地获得专业支持,从而实现对运营成本的控制和提高企业竞争力。

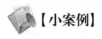【小案例】

塔塔的企业故事

塔塔集团由詹姆斯特吉·塔塔于1868年创立,是总部位于印度的大型跨国企业。塔塔集团旗下拥有超过100家运营公司,在"全球范围内改善所服务社区的生活质量,并长期为其利益相关者创造价值"的集团宗旨指引下,其办事机构遍布世界六大洲100多个国家。塔塔集团2016—2017年财年总收入为1 003.9亿美元,在全球各地的职员人数超过66万人(截至2016年3月31日)。

塔塔咨询服务有限公司是印度最大的单一软件服务出口商、印度第二大服务外包公司,也是亚洲最大的独立的软件和服务业公司。具有世界级交付能力,24小时开展业务,主要业务为软件工程实践和标准、软件质量保证、软件项目管理等。

案例思考:

1. 塔塔已经成为国际一流企业,获得了世界性的认可。塔塔把握住了全球一体化的浪潮,以IT为出发点,开拓了服务外包市场,同时也成长为一家全球性的综合型企业。这样的塔塔,可以借鉴给其他企业哪些经验?

第三节 云计算服务

【引导案例】

孙丕恕"云+数"打造数字政务

5月6日,第二届数字中国建设峰会在福州开幕。浪潮集团董事长兼CEO孙丕恕应邀出席,并做"'云+数'打造数字政务"主题演讲,同与会各界人士共同研讨电子政务发展新趋势,为数字政务、数字中国建设建言献策。

作为中国领先的云计算服务商,凭借数十年的信息化积淀以及前瞻性的战略布局,浪潮云目前已具备了面向政府机构和企业组织提供覆盖IaaS、PaaS、DaaS及管理等在内的公有云服务能力,致力于以云服务的方式,为用户提供安全、可信的计算和数据处理服务,让计算无处不在。

孙丕恕指出,当前,我国数字经济正迈向消费互联网、工业互联网和政务互联网"三张网"融合发展的新机遇期,云计算、大数据、AI、5G等新一代信息技术的应用,助推我国政务服务从电子政务进入数字政务阶段。

在数字政务建设实践中,浪潮总结出数字政务三大关键要素:一朵云、一个数、一个口。具体来说,就是通过打造政务云有效管理政府存量数字资源;通过政府数据运营推动政府数据的汇聚、共享与运用,实现数字资源的增量开发;在"云"和"数"的基础上,搭建政务服务平台,为市民提供统一的一站式城市服务,变以往低频刚需的政务服务为高频的城市公共服务,不断延伸服务范围和领域。

目前,浪潮已为国家15个部委、23个省、140多个城市提供政务云服务,浪潮政务云连续五年蝉联中国政务云占有率第一,并推动政府数据从汇聚共享向授权应用发展,在全国首开政府数据授权运营先河,正为全国100多个省、市提供数据授权运营服务;山东、天津、内蒙古等也先后授权浪潮运营健康医疗大数据,面向政府、居民、企业与医疗机构提供大数据产业化服务。基于政府开放数据,浪潮还打造了一贷通数字金融平台,精准解决中小微企业融资难、融资贵的难题。

与此同时,浪潮打造的城市服务统一门户——爱城市网App,不仅实现了市民对政务服务、公共服务等的一键获取,还积极构建了政府、企业、金融机构、个人共同参与,共建、共治、共享的数字政务生态,营造城市服务与创新创业良好发展环境。目前,爱城市网已汇聚90多项公共便民服务,覆盖全国60多个城市。

演讲最后，孙丕恕表示，打造数字政务将加快推动数字经济扩展到公共服务、民生领域，已成为数字城市、数字中国建设的新动能，对构建城市普惠经济，推动社会各方面高质量、可持续发展具有重要意义。

（资料来源：http://www.inspur.com）

案例思考：
1. 从案例分析云计算包括哪些内容。
2. "云计算+政务"的优势是什么？

随着信息技术领域的外包被越来越多的企业采用，随着计算机和网络技术的蓬勃发展，信息技术外包已经在全世界范围内得到了认可。不单单是欧美等发达国家，许多发展中国家，如印度，也积极投身到信息技术外包的热浪中。对于现在的企业来说，外包已经从最初的节约成本，到核心资源战略考量，到通过信息技术外包来进行自身业务流程重组，优化整个企业的运营。

云计算就是依赖信息技术的积累，把信息技术变成一种通用服务的尝试和努力。在云计算的背景下，个人或者企业所需要的服务不再是单独的设备，取而代之的是互联网的大规模的服务器集群。同样地，企业需要存储和计算数据的时候，也不要购买成百上千的计算设备，而是通过互联网云端来获得需求的计算能力和存储空间。

2007年12月，Google和IBM共同投资建设大型数据中心，并称之为云计算。最初只有部分大学参加并进行科研项目，2007年12月，Google and the Wisdom of Clouds的发表，正式打开了云计算对后来的影响。之后，Amazon凭借EC2，走在了云计算产业前列。

一、云计算的概念

云计算自诞生之后就备受关注。IT咨询公司埃森哲在2012年的报告中指出，在超过100位的全球知名机构或大企业的高管之中，有4成的受访者正在尝试使用云计算服务，近9成的受访者表示会考虑在未来两年内使用云计算。到今天，百度云等为代表的云服务已经深入个人的生活和工作中。

传统的企业信息技术服务是分散的，硬件、软件、网站等都需要各个投资，并且对内外部协调有一定的要求。随着企业及其业务的不断发展壮大，信息技术建设与投资也不断增加，很多IT资源重复投资建设，造成了不必要的浪费。云计算作为全新的信息技术服务，大大提高了企业的信息化、集约化管理水平，可以说对于整个产业来说都是一次革命。

二、云计算的内涵

云计算最早是由Google提出的，从本质上讲，云计算是一种新的商业计算方式。它的基本原理是将需要处理的存储和计算任务通过计算机模型弹性地分布在由大量计算机组成的巨型计算机资源池中，从而使各类应用系统能够更具需要，随时随地地获取相关计算资源和服务。

从广义角度来讲,云计算是一种信息服务的使用和交付方式,指通过网络根据需要获取所需资源。目前来看,云计算具有极大的商业背景,用户不需要在其终端上运行引用程序、分析数据处理,而是通过互联网的大规模服务器集群来实现操作。用户的数据也是保存在云端,由云计算服务提供商保证数据的正常运转,并且保障服务器集群能够提供足够强的计算能力和足够大的存储空间。

三、云计算的模型

(1) 私有云。私有云是为一个客户单独使用而构建的,可以充分保证企业云计算的安全性和效率,同时也会提供更多的控制,避免一云多租。

(2) 公有云。通过公共机构提供的云计算服务。企业无须购买、升级硬件、软件或IT基础架构,而通过外包公有云环境获得所需要的云计算资源,可以为企业节省运营成本。

(3) 混合云。以私有云为基础,同时使用公有云服务,从而能够应对不同需求的业务要求。混合云不但拥有私有云的安全,还有公有云的价格优势。

四、云计算的优势

(1) 与信息技术一同迅速发展。云计算的发展与信息技术发展不可分割,随着计算机软件技术、计算机硬件技术、互联网技术等一系列计算机技术和互联网技术的发展,云计算能够有效快速获取存储容量和计算资源,大幅度降低技术成本。

(2) 帮助企业获得竞争优势。云计算支持快速、低成本的创新,能够有效帮助企业实现业务信息更新,从而充分利用云计算服务来获取市场领先。

五、云计算外包的定义

云计算时代特征明显,第一,依托物联网万物物联;第二,终端设备随时随地与互联网连接;第三,物理世界与虚拟世界连接。信息技术外包与云计算的结合让两者都走入了革新。

云计算最基本的概念是通过整合、管理、调配分布在网络各处的计算资源,并以统一界面同时向大量的用户提供服务,借助云计算,网络服务提供者可以迅速处理数据信息,实现比拟超级计算机的效能,用户可以按需租用服务,实现让计算成为一种公用设施来按需用的技术。

云计算外包就是以云计算为基础,以云平台为依托,将传统的信息技术服务进行系统的延伸,以更低成本、更高效率满足企业用户真正及时、全方位、个性化的IT外包服务,真正实现随时随地、按需获取IT服务(图2-2)。

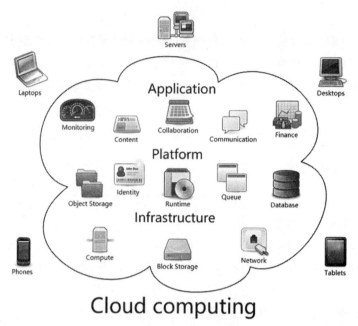

图 2-2 云计算的内容

2006 年,美国 Amazon 公司基于 Amazon 的网络服务,开发了 Elastic Compute Cloud (EC2)服务,2008 年 4 月,Google 公司开放了 Google App,同年 NASA 开放了 Nebula,这可以说是第一个开放的云计算平台,在云计算发展过程中具有里程碑意义,对于 Amazon 来说,云计算服务也是一次勇敢且成功的尝试。Amazon 的云主要涵盖云存储服务、云排列服务、单行计算服务以及数据库服务,用户只需要根据自己需要的种类和数量进行付费获取,大大降低了购买硬件、软件的投资费用。

作为传统行业的巨头,微软几乎垄断了全球的用户操作系统,面对云计算带来的竞争压力,在新推出的 Office 2016 中,也增加了云端的服务,比如可以跨操作段调用云内的文档并编辑存档。

概括地说,云计算具有以下特点:

(1)多终端网络共享。通过网络媒介提供服务,用户可以通过电脑、手机、服务器等终端设备上网后,对云计算服务资源进行租用、访问和使用。

(2)按需购买租用。用户依据需要,购买使用相应的云计算资源,云计算服务供应商提供配置、管理等功能。

(3)便捷的购买使用。用户可以通过网络购买来自任何物理位置中提供的云计算服务,不需要安装繁杂的客户端就可进行访问和使用。

(4)资源池。供应商资源池内的资源通过不同的物理和虚拟渠道提供,根据不同的客户需求进行资源组合并分享给客户。

六、云计算对 ITO 的影响

强大的存储能力、飞快的计算能力和先进的技术架构使得云计算对传统的信息技术外包产业产生了不可避免的冲击,现有的技术外包模式可能会被颠覆,大幅度降低了外包成本。云计算的出现,会给信息技术外包产业带来一次新的兼并和整合浪潮,技术能力和经济能力雄厚的外包商会开展兼并,尽可能地扩大自己的规模,获得新的商业边界,获取更多客户。

首先,云计算外包直接对现有信息技术外包模式带来巨大的冲击,并很有可能全部或者部分替代传统信息技术外包的功能,从而降低企业对于传统信息技术外包的依赖与对以往的信息技术外包带来消极的影响。特别是中小型企业进行信息化规划时,能够通过云计算获得性价比的所得。但是,在高端信息技术外包市场上,云计算还有待开发。

其次,云计算的出现会改变传统的信息技术外包模式。云计算外包具备可靠性、灵活性,不受地理条件约束,同时又具备外包的约束性和操作性。云计算外包实际上就是大型信息技术服务提供商在原有的信息技术之上进行的一次商业技术创新,它通过构建云计算服务平台,将传统信息技术外包搭建在现有的云平台上,是一种产业重合。

最后,云计算外包还会带来打破原有垄断的创新力。一些拥有强大云计算技术能力的公司可以依靠现有的实力和云计算平台进入传统信息技术外包产业。

随着云计算技术的日益发展,经济全球化对于云计算外包来说,机遇和挑战并存。

【小案例】

Amazon 的云服务

"Amazon Elastic Compute Cloud(Amazon EC2)是一种 Web 服务,可以在云中提供安全并且可调整大小的计算容量。该服务旨在让开发人员能够更轻松地进行 Web 规模的云计算。"

Amazon EC2 的 Web 服务接口非常简单,用户可以最小的阻力轻松获取和配置容量。使用该服务,用户可以完全控制计算资源在成熟的 Amazon 计算环境中运行。Amazon EC2 将获取并启动新服务器实例所需要的时间缩短至几分钟,这样一来,在用户的计算要求发生变化时,用户便可以快速扩展或缩减计算容量。Amazon EC2 按用户实际使用的容量收费,改变了计算的成本结算方式。Amazon EC2 还为开发人员提供了创建故障恢复应用程序以及排除常见故障情况的工具。

免费试用 Amazon EC2:https://aws.amazon.com/cn/ec2/

案例思考:

请尝试使用一下 Amazon 的这一项服务,并分享你的感受。

本章小结

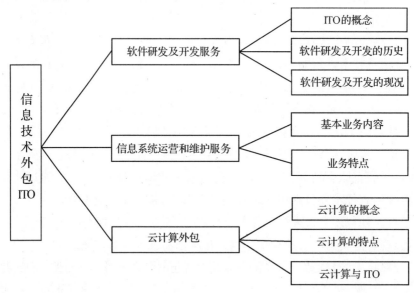

思考练习

一、单项选择题

1. 软件研发和开发是根据（　　）要求建造出软件系统或者系统中的软件部分的过程。

A. 用户　　　　B. 本人　　　　C. 政府　　　　D. 市场

2. ITO的发展是最近几十年的事情，以1990年（　　）公司将其大部分的IT职能业务外包给IBM公司为标志。

A. Kodak　　　B. Amazon　　C. Ebay　　　　D. Yahoo

3. Gartner公司在2003年就预测中国将成为继（　　）之后的又一个外包大国。

A. 俄罗斯　　　B. 印度　　　　C. 英国　　　　D. 韩国

二、判断题

1. 信息系统运营维护外包可以分为信息系统运营与维护服务和基础信息技术服务两个类别。（　　）

2. 中国的软件外包企业面对汇率波动的不利局面开始了从规模到产品的一系列调整。（　　）

3. Infosys technologies ltd,印孚瑟斯技术有限公司总部位于印度南部班加罗尔。（　　）

4. ITO不能使得企业能够有效、快速地获得专业支持，从而实现对运营成本的控制和提高企业竞争力。（　　）

5. 系统维护外包的任务是保证软件系统正常运作，解决系统运作中出现的问题以及对系统进行改装、升级。（　　）

三、简答题

1. 简述信息系统运营和维护服务基本业务内容。
2. 简述 ITO 的概念。
3. 简述云计算的特点。
4. 简述云计算外包的优势。
5. 从企业核心竞争力角度简述 ITO 的优势。

项目名称：

调研 ITO 目标企业。

实训目的：

1. 理解 ITO 的业务内容；
2. 理解 ITO 的核心竞争力。

实训内容：

确定目标 ITO 企业，从企业的成立、发展、业务内容、优势劣势等着手进行分析并讨论 ITO 对与企业的重要性。

实训成果形式：

汇报演示。

第三章 业务流程外包（BPO）主要应用

1. 掌握业务流程外包主要应用的概念；
2. 熟知业务流程外包主要应用的分类；
3. 了解业务流程外包主要应用的具体内容。

1. 了解业务流程外包主要应用的业务流程；
2. 掌握业务流程外包主要应用的方式；
3. 能够识别业务流程外包各类主要应用的风险。

情境引入

一个寺庙由于地处偏远，喝水只能靠和尚自己挑。最初由一个和尚负责每日挑水，一段时间后和尚找住持要求增加人手，开始由两个和尚抬水，效率明显提高很多，两人工作也很轻松。由于天热，寺院用水量增加，两个和尚要求再增加一名挑水工。

虽然有三个和尚挑水，但住持发现每天挑的水仍不够用，于是就派来一位书记负责。观察一段时间后，书记发现是管理不到位、分工不明确，住持又派来一位管理与绩效人员，管理先对每天挑水方案进行改善，绩效人员设计出新的激励机制，但效果仍不理想，3位管理人员与住持商议后，决定举行一次挑水方案改善大会。

在大会上，让全寺人员思考三位和尚怎样挑水才能挑得多。

有人说用大水桶，有人说增加人手，有人说减少用水量，有人说增加储装置，还有人说建一套废水循环再利用设备。众说纷纭，争论了一个下午也没有结果。住持为此苦恼不已。正巧遇到在为寺院维修的包工头，包工头了解情况后，信心百倍地告诉住持，如果把三个和尚挑水的任务交给他，每月只支付一半的工钱，保证寺院每天有足够的水用。

住持与寺院其他管理人员商量后,一致同意包出去。签订合同后,包工头派了一个人一辆马车,只用一个上午就把寺院3天的用水全部装满。

通过上面的故事,我们可以看出:一个非常简单的事情,如果用复杂的方法解决,只会越来越复杂。同时告诉企业经营者,如果企业自身不擅长做某些事情,交由专业的人员不仅能为公司节省费用,更能为公司提高效率。这就像分销外包一样,如果企业不具备分销的经验,硬要自己去做,结果可想而知。

第一节 数据处理服务

【引导案例】

金邦达数据处理服务外包中心

金邦达于1999年率先筹建了中国第一家数据处理服务外包中心,开创了金融支付卡服务外包市场的先河,是中国唯一一家通过银联、万事达、维萨、美国运通、JCB、大莱六大国际领先信用卡组织认证的中心,同时也是中国首家拥有双备份数据处理中心的企业,分设珠海、上海两地。

作为中国金融卡数据处理服务的领航者,金邦达一直致力于数据处理服务的技术研发和创新,自主研发了具有高安全性、高效率的DTS自动化生产管理平台,该平台以数据为中心,利用平台化管理模式将原有独立、分散的数据接收、处理、分配等工序进行流程化的集成处理,在提升生产及管理效率的同时,有效降低人为差错率,并以高安全性的架构设计实现客户项目全程高安全监控及自动处理,为生产自动化的持续改进提供了良好的技术支撑平台。

经过近20年的经验积累和技术创新,金邦达凭借领先的数据加密及安全传输技术、个人化制卡设备、支付卡个人化信息技术,以及完善的产品线和个性化的增值服务,为超过250家的金融机构以及120多个社保及政府机构提供全方位、高安全、高质量的数据处理服务,已逐步发展成为亚太地区领先的支付数据处理整体解决方案提供商。

(资料来源:http://www.goldpac.com/cn/product/sjclwbfw/119.html)

案例思考:
1. 数据处理服务外包中心的业务有哪些?
2. 金邦达数据处理服务外包中心有哪些优势?

一、数据处理服务概述

数据处理,是对数据的采集、存储、检索、加工、变换和传输。数据是对事实、概念或指令的一种表达形式,可由人工或自动化装置进行处理。

数据处理服务是指企业将价值链中原本由自身提供的具有基础性的、共性的、非核心的IT业务和基于IT的业务流程剥离出来后,外包给企业外部专业服务提供商来完成,通过重组价值链、优化资源配置,降低成本,增强核心竞争力。

数据处理服务外包由于进入门槛低,对人员要求不高,为我国许多刚进入服务外包领域的中小型企业所青睐,业务涉及医疗、金融、保险、物流等多个行业,成为服务外包中重要业务之一(图3-1)。

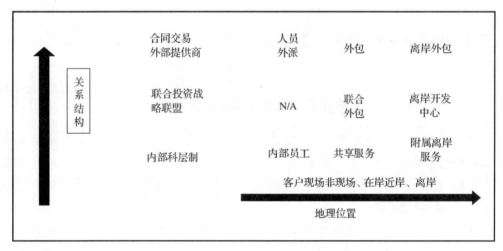

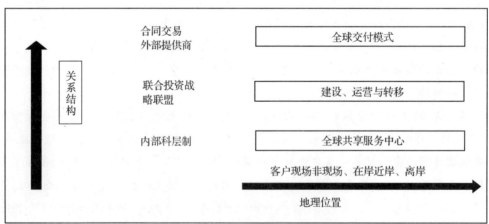

图3-1 数据外包业务模式及其演进图

数据处理服务包括以下八个方面的内容:
(1)数据采集:采集所需的信息。
(2)数据转换:把信息转换成机器能够接收的形式。

(3) 数据分组:指定编码,按有关信息进行有效的分组。
(4) 数据组织:整理数据或用某些方法安排数据,以便进行处理。
(5) 数据计算:进行各种算术和逻辑运算,以便得到进一步的信息。
(6) 数据存储:将原始数据或计算的结果保存起来,供以后使用。
(7) 数据检索:按用户的要求找出有用的信息。
(8) 数据排序:将数据按一定要求排成次序。

二、数据处理服务的优缺点

(一) 数据处理服务的优点

1. 获得短缺技能

专门从事云计算、高级分析、大数据、数据湖和数据科学等领域的专业人才供不应求。外包公司通过提供这种专业技能可帮助缩小这一差距。随着数据量的不断增加,想要在传统数据中心内跟上数据增长的步伐是不太可能的。这促使人们利用 AWS、微软和 Google Cloud Platform 上的大数据来管理云中的数据资产。为此企业组织需要云管理平台,这样他们就能够配置大数据湖,通过单一控制台管理数据负载和数据传输。然而,与不具备适当技能的团队实施这种方法是充满挑战的,而通过外包的方式可以让企业组织获得这种技能。

2. 行业专长

虽然一些数据分析功能是普遍的,但也有一些数据分析功能是某些行业特定的,如医疗和金融服务。寻找到具有深厚行业专业知识的外包合作伙伴,这是一个体现竞争优势的加分项,具备专业技能的供应商拥有特定的分析服务产品,如客户终身价值分析、商店销售分析、盈利能力分析或市场分析。

3. 分析基础架构

数据外包服务可以帮助企业快速建立一个分析基础架构,这一点并不容易,甚至不太可能企业自己在内部做到。数据分析已成为开展业务过程中一个自然而然的部分,而且现在不仅仅涉及数据仓库和商业智能,还需要一定程度的可扩展性和复杂性,这在企业内部并不容易发现。企业组织寻求外部支持的最常见原因之一,是因为他们缺乏内部资源来满足这种不断增长的需求。

4. 确保持续的数据保护合规

随着数据量的增长,对数据的管理和分析可能会使企业组织面临更大的违规风险。跨不同数据源系统的治理和安全策略之间的差异,给企业审计数据湖中的数据带来了挑战。数据处理服务可以确保持续的数据保护合规。

5. 利用数据价值发挥更大潜力

有人说数据是企业的新型货币,利用分析获得业务收益是很大潜力的。机器在数据处理中占据主导,因此数据和分析的价值链将从根本上发生改变。正如在每个数字化业务中都会发生"脱媒",这样价值将停留在业务两端,无论是在数据端还是在决策支持/业务洞察端。在这种情况下,外包可能带来的好处就是,有机会利用数据市场并建立替代性的业务模式,由独立的第三方运行多个组织的数据保管,并推广匿名和安全的数据交换概念平台。

(二) 数据处理服务的缺点

1. 面向错误选择供应商的风险

决定与哪个服务供应商合作,这对任何一种外包来说都是一项挑战,数据分析也不例外。选择供应商可能是件很困难的事情,因为有那么多被吹捧为"最佳的"技术。成本显然是选择供应商过程中一个主要因素,但团队文化的适应和协调也同样重要。如今企业期望建立更具有战略意义的、高度互动的合作伙伴关系,在这种合作关系下,资源汇聚到日常运营中,沟通渠道是有效的,实现业务成果至关重要。

2. 成本与价值的折中

一旦外部服务供应商将预测模型打造和转换为一款产品,那么就需要根据需求实施。这意味着要在算法中进行调整和重新部署规则,使其提供的洞察仍是有意义的。数据不断变化,所以模型不能降级。但是,持续不断的更新是有代价的,而且价格要超过业务线用于商业智能报告所购买的内部 IT 服务。

事实上,整个外包服务成本问题可能是一个挑战,特别是对于那些运营模式更复杂的大型组织而言。

3. 需要自己制定数据管理策略

要支持企业组织内部的数据民主化,就需要一位首席数据官来负责制定企业范围内数据的获取、管理和共享策略。需要正确设计自助服务式的分析和治理层,才能随着时间的推移支持一系列场景,这就是首席数据官这个角色如此重要的原因。首席数据官最终负责围绕数据管理的业务和 IT 协调。如果外包的部门没有这种内部角色,那么外包方式所能取得的成功就会是有限的。

4. 失去对数据存储和分析模型的控制

任何外包通常都意味着放开某些东西,例如控制权。分析外包要牺牲的最大资源之一就是分析模型。

对于作为洞察即服务来说,客户通常会提供数据给服务提供商,让服务提供商给客户提供答案。在这种模式下,客户从来也不是逻辑或算法的拥有者。因此,当客户退出时,他们拥有的只是数据和建议,而不是模型、方法、框架或配置。

第二节 呼叫中心服务

【引导案例】

中国国际航空公司呼叫中心服务

中国国际航空公司电话销售服务中心通过采用Avaya智能通信方案,大幅度提高了销售收入和客户服务水平,显示通信系统可成为企业取得商业成功的关键手段。自从2006年8月实施Avaya先进的客户服务中心技术以来,国航电话销售服务中心的月收入同比增长接近300%。中心能够更加敏捷地响应客户需求,提供更具个性化的服务。

国航电话销售服务中心全面采用了Avaya客户服务中心解决方案,该中心取代了以前的"国航电话订座中心"。采用Avaya的新系统以后,不管客户在哪里打电话,客户电话都可以无缝地接到能够最恰当地解决问题的销售服务代表处。客户可以从国航位于北京、上海和成都的300多名销售服务代表处获得及时和个性化的服务,如购票、业务咨询、升舱改期、高端旅客服务、大客户服务、团队服务、意见与建议受理等。

由于销售服务代表现在能够在通话期间看到旅客的基本信息和历史活动记录,因此销售服务代表们可以更轻松、更方便地处理问题、服务客户。国航电话销售服务中心高级经理黄峰女士说:"新系统使我们能够以更加智能的方式处理客户咨询、完成售票服务,它极大地提高了我们电话销售服务的能力。"

(资料来源:http://it.sohu.com/20070628/n250812039.shtml)

案例思考:
1. Avaya系统给国航带来了什么好处?
2. 还有哪些类型的企业可以使用呼叫中心服务?

现代商务活动中,客户关系管理经常是从发展和管理与客户的沟通交流等各种关系开始的。全球大多数国家普遍应用于管理和发展与客户沟通交流的专门技术平台就是呼叫中心。

呼叫中心是由成组制座席员或公司的业务代表通过集中进行电话呼入处理与对外呼叫联络的方式与产品用户联系服务的一个专门系统。

一、呼叫中心服务的发展阶段

第一阶段：人工应答。呼叫中心又称为客户服务中心，起源于20世纪70年代，最初目的是为了能够更方便地向客户提供咨询服务与有效处理客户投诉。早期的呼叫中心实际上是热线电话，这一阶段也称人工应答阶段。

第二阶段：人工应答和自动语音应答相结合。伴随着通信设备交互应答系统的产生，开始把大部分常见的问题交给机器，即自动话务员去应答和处理，对于机器无法解决的问题再交由专业人员来接待，这种人工应答和自动语音应答相结合的呼叫中心称作第二代呼叫中心。

第三阶段：人工应答、自动语音应答和CTI管理相结合。在第二代呼叫中心基础上引入飞订技术并加以集成后，出现了自动语音应答、人工应答及CTI管理相结合的第三代呼叫中心，呼叫中心的运行效率得到了极大的提高。

第四阶段：因特网基础的现代呼叫中心。因特网广泛兴起后增加了通过为客户提供服务的功能，客户能够通过传真、电话、Web、E-mail等方式从呼叫中心得到满意的服务，这种模式称作第四代呼叫中心，也称现代呼叫中心。

第五阶段：以信息技术为核心，多种现代通信手段交互式的服务系统。随着新技术的发展，呼叫中心又开始融入了语音视频、手机短信、gprs通用无线分组业务等多种交互手段。因此，现在的呼叫中心已经变成以信息技术为核心，通过多种现代通信手段给客户提供交互式服务的服务系统。

二、呼叫中心服务的发展趋势

（一）Web呼叫中心

Web呼叫中心不仅和许多传统业务紧密结合，还进一步延伸了传统呼叫中心并能够凭借各种功能，尽可能简化呼叫中心系统操作，这些功能包括适应多元化的需求、拨叫转向点击、集合多种功能。

（二）多媒体呼叫中心

多媒体呼叫中心事实上是互联网呼叫中心和基于CTI技术的传统呼叫中心的相互结合。多媒体呼叫中心的一大特点是"集中"，即通过一个普通网络基础设施所获得的语音、数据与图像的集中。

（三）IP呼叫中心

IP呼叫中心充分利用VOiP技术与软件交换技术，将呼叫中心与互联网集成为一个整体，将互联网上的用户请求与电话请求完全等同对待，并支持宽带多媒体呼叫。

（四）虚拟呼叫中心

这是基于先进的智能化、技能分组的路由技术基础上建立的虚拟呼叫中心，即座席员能够在任意地点工作。比如,一个特殊产品方面的专家在远距离呼叫中心的其他地点工作,仍然能服务于来自世界各地的呼叫。

三、呼叫中心服务的优势

(一) 集成性

呼叫中心服务把企业内各职能部门为客户提供的服务,集中于一个统一的对外联系中心,为用户提供智能化、系统化、个性化的服务,同时与企业的供应链、电子商务、ERP 等业务系统方便集成。

(二) 便捷性

(1) 方便记忆。现代呼叫中心使用一个固定号码,实现"一号通",便于记忆。

(2) 全天候服务。通过自动语音应答设备为客户提供 365 天×24 小时的全天候服务。

(3) 灵活交流。提供灵活的交流渠道,允许顾客在与业务代表联络时随意选择包含传统的语音、电子邮件、IP 电话、文字交谈、传真、视频等在内的任何通信方式。

(三) 智能性

现代呼叫中心采用智能呼叫处理系统,依据不同的条件决定路由选择,使资源得以充分利用,通过自动传真或自动语音实现客户呼叫分流。

(四) 主动性

(1) 事先了解信息。能事先了解顾客的购买历史、账号等相关信息,以便为其提供更有针对性的服务。

(2) 主动宣传。主动向新客户群体进行产品宣传,扩大市场占用率,增加客户分析等功能,为企业制定企业品牌形象,完善客户信息管理、业务分析、发展战略决策提供依据。

四、呼叫中心服务业务流程

呼叫中心服务外包业务管理的过程采用 PMBOK 的服务外包业务管理过程划分启动过程、计划过程、执行过程、控制过程和结束过程(图 3-2)。

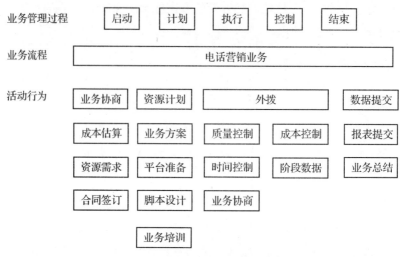

图 3-2 呼叫中心服务流程设计图

服务外包业务管理设计与呼叫中心服务外包业务流程相适应。

服务外包业务经理和所有业务组成员都必须参与服务外包流程的制定、流程的执行与监控、流程的审查及改进。通过积累多个外包呼叫业务的运作经验,针对呼叫中心服务外包业务运作过程,梳理并制定出一整套流程,并通过制度保障流程的执行,就是呼叫中心服务外包业务流程。

五、呼叫中心服务业务风险识别与应对

(一)供应商选择风险

(1)信用风险。由于长期以来缺乏必要的社会信用评级,有些企业在进行采购选型环节时会通过提供虚假信息骗取企业信任。

(2)专长判别风险。呼叫中心服务供应商侧重方向不同,有些擅长行业解决方案,有些侧重社会调查。因此,企业在选择的过程中,需要对其专注范围、专长领域进行准确判断。

(3)成本定价风险。随着社会宏观环境发展,食品价格、石油价格的不断上涨所带来的整体 CPI 上涨等因素,供应商的成本也随之上升,为企业开展商业谈判带来了成本风险。

(二)客户信息外泄风险

呼叫中心担负着企业的客户服务工作,储存着大量客户信息。若外包方员工违反职业道德,利用工作便利,故意谋取与外泄发包方的客户信息以做其他商业用途,将对发包方造成巨大的负面影响。世界范围内已经发生数百起该类事件,导致大约 9 亿资料失窃,如美国电信运营商 AT&T 就曾在 2006 年被黑客入侵公司系统主机,引起上万个使用过在线商店的客户信息外泄。

在合作管理方面,在合同中应该明确外包方冠以客户信息保密的责任义务条款,甚至签订《客户信息保密协议》,明确发包方的数据和资料等所有权归属,并明确外包方的管理责任

与对客户造成损害的责任承担。

1. 客户流失风险

伴随着市场竞争的日益激烈,很多企业都特别关注客户服务、顾客需求。呼叫中心作为企业对外服务的窗口,显然对客户满意度有直接的影响,而客户满意度的下降将可能导致客户流失。

因此,必须加强客户满意度的监控,引入第三方定期组织客户满意度调查,一旦发现客户满意度有下降趋势,则需要和外包方一起进行深入细致的分析。将客户流失率列入考核指标,促使外包方加强内部资源的有效动态运营。

2. 业务规划风险

在呼叫中心业务实施过程中,发包方内部首先要做服务外包业务规划,包括明确服务外包的业务范围、时间进度、业务种类、财务资源等。若业务规划补充有重大偏差,合作双方将出现分歧、互相指责,最终导致呼叫中心业务失败。

制定科学合理的服务外包业务规划标准,业务范围先窄后宽。为了使风险降到最低,可以先控制业务范围,先易后难、先窄后宽,循序渐进,有步骤地扩大业务范围,同时也应当适当考虑核心业务的控制和保密问题。

3. 文化差异风险

外包方与发包方由于所处的行业网属性不同、企业文化不同、管理制度不同,甚至国家地区不同,文化差异的不同,将可能导致管理沟通出现障碍,甚至影响外部客户。

整合产业价值链,与外包方建立战略合作伙伴关系达成企业目标高度趋同。加强管理沟通,选择合适的文化整合模式。不同管理理论、思想文化与管理思想的逐步统一,位置双方相互借鉴与吸收,这是一个长期的动态过程。

4. 组织流程风险

实施呼叫中心服务,往往是由企业中的客服部门牵头,在业务过程中,需要牵涉企业内部各个层面和部门的资源调配和协调,同时又要与外包方和客户方做好信息的沟通。部门之间的资源不足、竞争加剧、销售下降、成本提高等异常情况会给企业带来组织流程的风险。

流程是跨越协调各个业务子系统行为的程序规定。为提高效率,强化组织适应客户需求的能力,加大客服在整个组织中的地位,这要求发包方企业的领导层具有战略眼光与追求变革的决心。

5. 质量控制风险

呼叫中心服务过程中,发包方必须要对外包服务质量进行必要的监控,现在一般的质管部门的主要职责是针对外包方进行监控与考核,这样的职责定位就把质管部门与外包方对立起来,形成双方站在各自的立场上用不同的角度来看客户服务质量问题,是一种监督和被监督的矛盾关系,久而久之会造成双方的合作关系恶化。

优化质管部门的职责定位,对外包方进行质量控制,根本目的是为了不断提高客户满意度,避免双方陷入互相不信任、互相指责的合作风险。

第三节 人力资源管理服务

【引导案例】

索尼电子人力资源管理服务方案

索尼电子在美国拥有14 000名员工,但人力资源专员分布在7个地点,尽管投资开发PEOPLESOFT软件,但索尼仍不断追求发挥最佳技术功效,索尼最需要的是更新其软件系统,来缩短其预期状态与现状之间的差距。

在索尼找到翰威特之前,索尼人力资源机构在软件应用和文本处理方面徘徊不前,所有人力资源应用软件中,各地统一化的比率仅达到18%,索尼人力资源小组意识到,他们不仅仅需要通过技术方案来解决人力资源问题,还需要更有效地管理和降低人力资源服务成本,并以此提升人力资源职能的战略角色。

正是基于此,索尼电子决定与翰威特签订外包合同,转变人力资源职能。翰威特认为这将意味着对索尼电子的人力资源机构进行重大改革,其内容不仅限于采用新技术,翰威特还可以借此契机帮助索尼提高人力资源的质量、简化管理规程、改善服务质量并改变人力资源部门的工作日程,进而提高企业绩效。

在这样的新型合作关系中,翰威特提供人力资源技术管理方案和主机、人力资源用户门户并进行内容管理。这样索尼可以为员工和经理提供查询所有的人力资源方案和服务内容提供方便。此外,翰威特提供综合性的客户服务中心、数据管理支持及后台软件服务。

项目启动后,索尼电子与翰威特通力合作,通过广泛的调查和分析制订了经营方案,由此评估当前的环境并确定一致的、优质的人力资源服务方案对于索尼经营结果的影响。

从未来看,到第二年,索尼电子的人力资源部门将节省15%左右的年度成本,而到第五年时,节省幅度将高达40%左右。平均而言,5年期间的平均节资额度可达25%左右。

(资料来源:https://www.sohu.com/a/113986952_484691)

案例思考:
1. 索尼电子为什么要寻求翰威特的帮助?
2. 实施这个方案后,索尼电子有哪些收获?

人力资源服务即企业将更多的精力用于核心的人力资源管理工作,而将一些较为烦琐并且程序性很强的人力资源管理的日常事务性的工作外包给专业的人力资源管理服务机构进行操作。从人力资源管理服务外包的发展趋势来看，其业务已经渗透到企业内部的所有人力资源管理领域，既包括人力资源策略、制度设计与创新、流程整合、员工满意度调查，还包括薪酬和福利管理、绩效管理、培训与开发、员工关系管理以及劳动争议调理等方面。

一、人力资源服务的判别模型

作为人力资源外包服务的外包主体的企业，首先应该考虑其自身是否具备核心人力资源管理职能建设的能力、雇员发展等，一个企业在这些方面的姿态充分体现了企业发展的动向。其次，企业需要考虑的是其他人力资源业务是否具有相对比较劣势，当然这个比较的基础是建立在企业自身实力的基础上的，是会受现实情况制约的。然后需要考虑的是哪些人力资源业务可以作为人力资源服务外包的业务，即外包的内容，通常这些业务在企业中的劣势相对比较明显，而且属于操作性、规范性的业务。接下来企业应该将目光转向外包合作者，对一个胜任的外包合作者的评价至少要从信誉、实力以及行业认知度等几个方面来考虑。我们这里强调外包合作者是能够胜任的外包合作者，而不一定是要实力最强的，因为这是符合成本效益原则的。外包主体与能够胜任的外包合作者之间需要进行有效的信息沟通，并且需要能够认识到双方是一个利益共同体，这是实现人力资源服务外包的另一个前提。最后在签订人力资源服务外包合同前还要进一步强化外包目标，明确双方的权利和义务，这一点非常重要。人力资源服务外包的整个流程其实就是一个企业实行人力资源服务外包的判别模型。

二、人力资源管理服务业务流程阶段

首先是人力资源服务外包的准备阶段。要明确企业进行人力资源服务外包应具备的基本条件，要对企业自身条件进行充分的分析与评估，进行成本效益分析。

其次是人力资源服务外包的实施阶段。精心策划外包项目，分析和起草项目计划书，选择合适的人力资源服务外包伙伴。签订详细周密的服务外包协议，与员工沟通和妥善安置冗余雇员。

最后是人力资源服务外包的管理阶段。加强内外的沟通与协调，间接监督激励外包商，有效终结人力资源服务外包业务。

三、人力资源管理服务的决策

第一类是迅速启动战略转型下的企业人力资源服务外包决策。

在这种情况下，使企业迅速启动是转型的最终目标，这意味着开创一种该企业前所未有的业务。为了成功，这些在短期内能够发生巨大改变的新启动公司需要迅速起步并且扩大规模。这些企业有很大的市场需求，他们希望获得一种创新的模式进行销售，确立行业标准，或者是聘请经验丰富的行业的领导者，如果市场推广的动作缓慢，企业就会担心被掌握更多市场支配力的更大规模的公司所取代。一般情况下这些企业的创立时间比较短，规模

比较小,并且都存在着较大的发展空间,这种企业在我国增长的速度相当快,而且数量众多,有关数据显示,深圳市平均每天就有近100家初创企业,中关村每天也会产生20多家新企业,这些企业分布在各行各业,但是总的来说都存在管理效率低下、管理成本过高、人力资源管理制度不完善、员工的企业忠诚度较低、流动性较大、企业文化尚未建立成型等特点。

第二类是清除障碍战略转型下的企业人力资源外包决策。

企业在经历了创业发展之后各方面的管理逐步进入正轨,但是成长型企业受到自身资源的限制,往往不能使各个方面得到全面均衡的发展,给企业发展造成阻碍,因此这时候企业希望通过对人力资源服务外包使经营不善的业务得到大大提高从而清除其发展中的障碍。这些企业往往树立了远大的战略目标,然而某些关键方面的缺陷使其发展受到阻碍,这些方面可能是生产力不足,或者企业自信心不足,或者缺乏开发新产品的能力等,无论是哪个方面,管理者们都将其看作需要解决的关键难题,并将人力资源服务外包视为解决问题的方法。

在这种情况下的企业有其自身的特点:成长阶段的企业是以高速发展而著称的,销售额快速提升,规模不断扩大,为企业进一步扩张奠定了基础;随着业务的不断增长,员工数量和资产规模不断增加,管理的难度也在不断增加;初创时期靠核心员工个人能力维持的粗放型管理模式已经不再适应企业的发展,这个时期企业更加需要规范的管理来促进其自身发展。在这个阶段,各种资源都比较紧张,因为企业要使用大量的资源来研发新产品、扩大生产规模及提高市场占有率,企业产生的利润多用于促进企业长期的发展。处在这个时期的企业具有发展速度快、资源不足、市场竞争激烈、管理复杂等方面的特点。

第三类是快速灵活战略转型下的企业人力资源服务外包决策。

传统的服务外包通常将后勤部门的事务转包给第三方公司以降低成本、突出工作重点、提高生产力、改善服务质量并提高灵活性,一些公司将同样的业务进行外包使之实现转型。管理者们利用这种类型的人力资源服务外包进行交流并且促进广泛的机构改革。和其他类型转型的人力资源服务外包相同的是,它并不是管理者已经开始启动的唯一的变革,然而它能够代表管理者们所希望的改革深度、速度和程度。这类企业一般都经历了创立和快速成长,积累了丰富的管理经验,形成了自己独特的企业文化,并且具有现金流量充足、发展速度减慢、企业制度和组织结构趋于完善、树立了良好的企业形象、管理逐步由集权模式向分权模式发展等特点。

第四类是重获新生战略转型下的企业人力资源服务外包决策。

重获新生战略转型下的企业的人力资源服务外包最复杂,需要彻底改革人力资源服务。人力资源服务外包是一种在飞行中更换飞机引擎的方式,也就是说,从机构内部进行改革使企业变得更加有效,从而使企业摆脱衰落、倒闭的困境。处于这种情况的企业除非能够迅速地发现市场的引力,否则将无法存活。

第四节　企业供应链管理服务

【引导案例】

怡亚通的供应链业务

怡亚通的业务主要是广度供应链业务、深度供应链业务、产品整合供应链管理服务业务、网上供应链服务业务、全球采购中心等，具体含义如下：

(1) 广度供应链业务是指委托分销采购服务。委托分销采购服务包括采购和分销。怡亚通依托遍布全球的服务网络和专业服务能力，以采购及采购执行服务、销售及销售执行服务为核心，协助全球企业实现全球采购及销售，帮助企业提高核心竞争力。

(2) 深度供应链业务是指采购销售业务。怡亚通从供应商采购货物后，将货物按客户的需求，配送到卖场、超市、门店等，可实现深度商务、物流、结算及电子商务，帮助企业扁平渠道，提供一站式供应链管理服务，达到直供的目的，如粮油、快消、汽车后市场、IT、家电等深度供应链管理服务平台体系。

(3) 产品整合供应链业务是指虚拟生产业务，即以采购和分销为基础再加上接受客户委托外包加工生产的环节，彻底实现由客户委托采购原材料、生产、配送成品到最终使用者的全面性供应链服务。

(4) 网上供应链管理服务平台。怡亚通依托强大的线下服务能力，打造了中国第一家网上供应链整合平台——宇商网，以供应链整合服务为核心，为中小企业提供深入企业内部的商品交易、信息交换、物流服务、资金配套以及企业协作等活动为一体的BToX(BToB + BToC)全程电子商务平台。

(5) 全球采购中心。怡亚通具备不同行业的采购团队，能够为全球不同国家的各行业客户提供在中国、东南亚及世界各地的采购服务，包括采购、质量控制、金融服务等。

怡亚通供应链服务业务模式如图3-3所示。

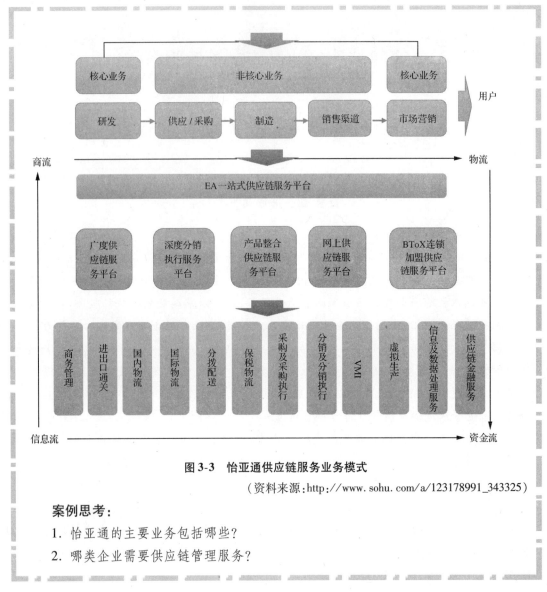

图 3-3 怡亚通供应链服务业务模式

(资料来源：http://www.sohu.com/a/123178991_343325)

案例思考：
1. 怡亚通的主要业务包括哪些？
2. 哪类企业需要供应链管理服务？

　　企业供应链管理服务，是指企业为增强核心竞争力而将自己生产业务活动中非核心的供应链服务业务委托给专业的供应链服务公司的运作模式，它的实质是一种长期的、战略的、互相渗透的、互利互惠的业务委托和合约执行方式。企业供应链外包所推崇的理念是：如果我们在企业的产业价值链的某一环节上不是世界上最好的，如果这又不是我们的核心竞争优势所在，如果这种活动也不至于把我们同客户分开，那我们就应该把它外包给世界上最好的专业企业去做，即首先确定企业的核心竞争优势，并把企业内部的资源集中在那些具有核心竞争优势的活动上，然后将剩余的其他活动外包给最好的专业企业。从这样的理念可知，企业供应链外包的目的就是以供应链为腹地，跨越企业的边界对资源进行合理配置，提高企业的核心竞争力。

一、企业供应链管理服务系统设计业务流程

在供应链服务的业务流程中,我们首先就要了解供应链系统设计的业务流程,并不是将供应链服务进行外包之后企业就无须再费心,事实上,如果企业真正想要通过将供应链服务外包来提高自身的核心竞争力,那么就要派一定的管理人员统筹大局,从与外包服务提供商建立合作关系时就应该让供应链服务提供商所提供的一系列业务流程与本企业的战略宗旨相一致,也就是说合作企业双方的大方向必须是一致的。

在了解供应链系统设计业务流程之前,我们首先要掌握与供应链系统设计业务流程有关的概念。

(一)供应链系统设计

所谓供应链系统设计就是指经过系统分析,完成供应链系统硬件结构与软件结构体系的构型,形成供应链系统组织涉及与技术方案的过程。供应链系统组织涉及就是供应链系统技术设计的前提,确定了技术设计的纲领和基本要求。

(二)供应链系统设计基本原则

企业供应链服务系统设计是从供应链的需求和供给两个方面来谋求物流的大量化、时间和成本均衡化以及货物的直达化和搬运装卸的省力化。作为实现这种目的的有效条件包括运输与保管的共同化、订货与发货等的计划、订货标准与物流批量标准等有关方面的标准化,以及附带有流通加工和情报功能的扩大化等。

(三)供应链管理服务系统设计业务流程

供应链管理服务系统设计业务流程如图3-4所示。要想做好供应链管理服务系统设计业务流程,企业首先应该发现其自身存在的问题,这就需要企业进行初步的分析,同时也要进行重点货物分析。分析完成后一定要经过管理人员的审批,审批过后才可以进行下一个环节,也就是进行组织分类处理,并给出一个切实可行的运输方案以及仓储方案。最后,经过方案汇总,在经过审批后形成系统的规划方案,开始执行。在执行过程中及时发现问题并且修改方案,最终敲定方案并选择合适的物流服务供应商。

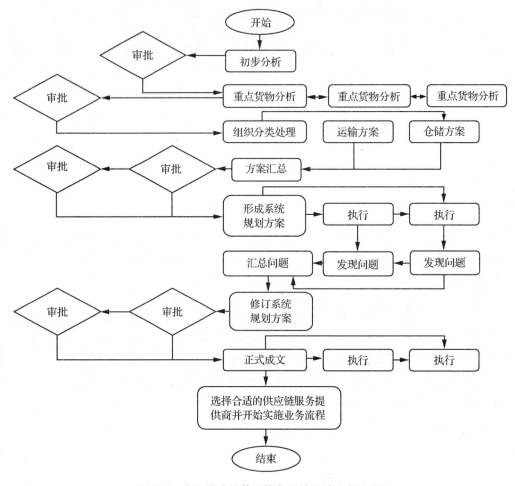

图 3-4　企业供应链管理服务系统设计业务流程

二、企业供应链管理服务的需求分析

(一) 企业外包的供应链服务量的比例

我国企业外包供应链服务量占企业总供应链量的比例可以反映出企业供应链业务的外包程度。2017 年企业进行供应链服务外包的平均比例有所上升,达到了 59.91%,相对上年上升了约 2%,这表明我国企业供应链服务外包量在逐步提升,其原因就在于市场竞争的加剧使得企业充分认识到外包供应链服务的优势,同时我国供应链企业服务水平的提高,也使得越来越多的企业更愿意将自己的供应链管理服务进行外包。

总之,供应链服务外包正成为一种企业战略性的竞争工具,它能够给企业带来极大的战略优势,如果运用得当,企业不仅能够获得成本节约,降低经营的风险,还能够使自己的经营更加灵活,并且与资源供应商产生一种协同效应,从而实现用有限的资源控制更多的资源的目的。但是,如果不能把握这一战略思想的实质,那么企业不仅有可能无法获益,还有可能面临关键技能的丧失和技能的培养不当以及跨功能性技能的丧失和对资源供应商失去控制等战略风险,而这些潜在的风险一旦成为现实,将会给企业带来致命的打击。

（二）供应链服务外包的决策

在对实施供应链服务外包的决策中,企业需要对企业供应链服务是否外包、企业供应链服务外包决策的内容、企业供应链服务外包给谁进行决策。

企业在考虑是否外包供应链服务时,应该考虑企业自身的战略、所处的竞争环境、企业的状况以及外部的经济等因素。具体可以体现在如下四个方面。

（1）企业规模。一般而言,大中型企业在资金实力、规模上都具有一定的优势,有能力自建供应链体系,并且可以根据自身的实际需要,制订适合企业发展的供应链计划,并且保证供应链服务质量,而小企业受到人员、资金和管理资源的限制,采用进行供应链服务外包应该属于比较合理的选择。

（2）企业的核心能力。如果只有供应链是企业的核心能力,企业应该进行供应链自营。如果供应链不是企业的核心能力,那么企业就应该整合利用外部资源实施供应链服务外包。

（3）企业供应链服务活动的性质和地位。企业的供应链服务活动的规模比较小,频率数量都比较少,而且操作简便,这时企业就可以考虑进行服务外包;如果供应链活动复杂多样、范围较广、环节众多、网络严密,而且具有相当大的特殊性,那么就需要慎重考虑。

（4）供应链市场的外部环境。企业在考虑供应链市场的外部环境时,主要应该考虑市场是否成熟、是否有足够合适的服务提供商可供选择等。同时,企业可以根据具体情况决定是将应链服务活动全部外包或是进行部分外包,如供应链服务全部外包。企业需要对外部的潜在供应链服务供应商进行调查,包括供应商的管理状况、能力、自身的可塑性与兼容性、战略导向、信息技术支持、成本状况、评价其长期的发展能力、信誉度等。

三、企业供应链管理服务风险识别与应对

在企业供应链管理服务中,企业需要承担包括外包依赖风险、可靠性风险、控制性风险、遭到企业内部员工的质疑、服务供应商的不确定性而带来的风险、由于企业自身的不确定性而导致的风险、委托代理关系所固有的风险、信息风险等的风险。

针对这些风险,企业要分析风险成因,识别风险类型,分析供应链服务外包管理的内部与外部环境,找出形成风险的根本原因,制定风险防范的相应措施。评估风险主要是根据企业对待风险的态度以及风险的效用,判断风险概率及风险强度,这两个指标可以通过一定的定量方法进行计算,以便做出相应的风险管理对策。

同时制定应对风险的策略,实施风险管理措施。企业经过供应链服务外包风险评估之后,更为重要的是应该拿出具体的策略与措施应对风险,并根据自身的实际情况采取不同的策略组合,防控相结合,将风险造成的损失降到最小。针对评估效果,运用效益原则评估风险管理效果,就是采用效益与成本的比值来判断风险管理的效果,实施风险管理所带来的效益与所发生的实际支出的比值越大,风险管理的效果越好。在风险管理的过程中,供应链服务外包管理者应该随时跟进并总结经验,以提高进一步防范和化解风险的能力与水平。

第五节 金融业务流程服务

【引导案例】

英国汇丰银行金融业务模式

英国汇丰银行的金融外包积累了丰富经验并取得了成功,形成了一套行之有效的业务外包转移流程。

(1) 外包流程管理严谨。汇丰银行内部规定,在业务正式外包前须经立项、可行性研究、内部相关部门论证、监管部门批准(或者与监管部门沟通)、管理层批准、外包管理流程设计、签订外包合同、外包合同试运行和阶段性持续评估等一系列步骤,以贯彻合规、谨慎、细致和稳妥的原则。

(2) 外包地域规模。汇丰银行自2000年始将部分客户支持业务向亚洲国家转移。2002年,汇丰最早在印度孟买的卫星城市浦那(Pune)建立第一个软件发展中心,为该公司全球业务研发相关软件即ITO。继而又在印度的五个城市建立自己的后台操作中心即BPO。汇丰现在的外包模式被业内人士称为"内部管理外包",该操作模式是对一家银行的兼并,后面紧随着一个外部的服务商承接。

(3) 外包人员规模。自2005年10月起的3年间,汇丰银行英国总部陆续裁员4 000人,相应的工作岗位随即转移至印度、马来西亚和中国。

2005—2006年,汇丰银行在亚洲的数据处理和客户服务部门新增1 000个职位,主要设在中国的上海和广州、马来西亚的电子资讯城、印度的海得巴拉、班加罗尔和维沙卡帕特难。2007年年末,与英国总部有关工作量的13%已由海外部门完成6个全球数据处理中心招募的人员达8 000人。

其主要经验为:

(1) 强化风险管理,审慎起步,逐步壮大。汇丰认为,一个30人的研发中心犯下错误尚能承受与修正;而一个较大的子公司或战略合作伙伴出现重大失误,对公司造成的损失则不可挽回。因此,汇丰从严格风险管理的制度和流程入手,充分权衡收益和风险的关系,精心选择外包业务的种类和外包服务商,做到边积累经验,边适时增扩外包规模。

(2) 坚持双方深度参与,取得成果迅速推广。汇丰认为,仅仅在合同上写明对外包服务商的要求是远远不够的,关键在于双方专业人员的深度参与。当汇丰把自己使用18年的国际金融操作系统更新的任务转移给Pune中心时,明确要求该中心80位工程师和自己内部的管理专家共同加入此项目工作组。

双方的通力合作使这项业务操作系统的更新成果仅用18个月就圆满完成,更新成果很快在汇丰银行有相关经营业务的32个国家中顺利推广。

(3)采用混合离岸模式,分散风险。2003年,汇丰兼并了美国住宅金融公司。当时住宅金融公司和一家同样在Pune的离岸软件服务供应商Kanbay有合作伙伴关系,Kanbay公司长期为住宅金融公司提供消费信贷软件。

对此,汇丰银行从业务外包的长远发展战略出发,不但不将其看作自己的竞争对手,反而视为自己"俘获"的附加成果和一个独立的服务承包商。汇丰不但给Kaiibay公司在自己Pune中心安排了管理职位,还让他们参与中心的管理会议。至2007年年末,汇丰与Kanbay共同完成35个金融业务合作项目。

汇丰银行主张,在把英语能力强且劳动力成本低的斯里兰卡和菲律宾作为外包承接地发展对象,并逐步将原在英国本土的高成本职位转移的同时,坚持把金融管理的主要设施和业务管理保留在伦敦集团内部,不能完全交给外部服务提供商。

(4)强化团队意识,保持员工稳定。数据显示,汇丰各地区操作中心人员流失率为8%,大大低于业内10%—15%的平均水平。外包行业吸纳的年轻人较多,汇丰在印度各中心的职员平均年龄仅25岁。

汇丰管理层针对大学毕业生入职后升迁等待期一般只有12个月的特点,一方面在员工中确定高质量的工作目标和明确的考核晋升依据,从而有效降低年轻人对升迁预期;另一方面定期进行职业素养、团队意识培训,为保持员工稳定性和企业凝聚力奠定长效基础。

(资料来源:https://iask.sina.com.cn/b/iRfO5xWLNOz3.html)

案例思考:
1. 银行业务中哪些业务可以进行金融外包?
2. 除了银行以外,还有哪些金融机构可以采用业务外包模式?

一、金融业务流程服务的概念与特征

巴塞尔银行监管委员会、国际保险监督官协会、国际证监会组织及国际清算银行的联合论坛工作组经多次讨论,确定了金融业务流程服务的定义,即"受监管实体持续地利用外包商(集团以外的实体或集团内的附属实体)来完成以前由自身承担的业务活动"。外包可将某项业务(或业务的一部分)从受监管实体转交给服务商操作,或者由服务商进一步转移给另一服务商(有时也被称为转包)。

金融业务流程服务是继IT外包充分发展以后而迅猛发展起来的,普遍认为金融业务流程服务具有以下特征:

(1) 金融业务流程服务的内容纵横发展。

20世纪70年代,金融领域的业务外包最早出现在一些准备性事务的外包,比如打印和储存交易记录等文书工作。到了八九十年代,很多金融机构开始了人力资源外包、业务流程外包(BPO)以及IT外包。

(2) 金融机构同服务商的关系由传统的服务提供转变为战略合作。

随着金融业务流程服务内容的逐步深入,外包金额越来越大,外包商的地位也日益重要,保持与供应商良好与持久的关系以及合理的风险利润分配方式,能够在很大程度上降低金融业务流程服务风险。因此,金融机构与外包商的关系正逐步向合作伙伴、战略联盟的关系转变。

(3) 金融业务流程服务的离岸化趋势。

通信技术和信息技术的发展、发展中国家的廉价劳动力及逐步完善的基础设施的吸引、竞争压力的趋势等原因促使了金融机构将越来越多,越来越重要的业务逐步转移到了海外。有证据表明,除印度外,中国、菲律宾、马来西亚也被视为开展金融业务流程服务的理想地区。

(4) 金融服务外电的主要目的仍然是降低成本。

据欧洲中央银行2004年年报对金融服务的动机调查显示,金融业务流程服务的动机比例从低到高依次为:产生变化与灵活、质量与服务、免费资源、规模经济、专注核心业务、获得新技术与更优秀的管理、降低成本。

(5) 金融业务流程服务涉及金额巨大。

金融服务的提供对与之相应的信息、数据处理系统有着较高的要求,因此使得金融服务业务外包不是单独进行的,要进行相应的业务流程、信息系统网点布局等的改造,因此涉及金额巨大。

(6) 金融业务流程服务的发展与IT外包的发展有着密切的关联性。

众所周知,印度是世界上最大的IT外包市场,随后又领先于金融业务流程服务市场。这不仅依赖于印度开放的金融体系、廉价的劳动力、熟练的英语,同时又依赖于信息技术的发展及其在金融服务中的广泛应用。

二、金融业务流程服务的分类

金融业务流程服务的类型按金融业务流程服务的特征,有以下划分方式:

(一) 按金融业务流程服务的形成机制划分

按金融业务流程服务的形成机制分为先应式外包与后应式外包。

先应式外包多发生在业绩较好的金融机构身上,这些机构并没有明显的衰败迹象,而是为寻求战略优势而主动进行的变革。后应式外包多发生在业绩不佳的金融机构上,旨在协调平衡主体与资源、环境的适应关系,经营出现危机,变革已经迫在眉睫。

(二) 按金融业务流程服务所涉及的战略重要性划分

按照金融业务流程服务所涉及的战略重要性分为战略性金融业务流程服务和战术性金

融业务流程服务。

战略性金融业务流程服务是一个总体框架,用于捕获和整合关键信息,从而为资本、流动性以及其他基本金融资源制定定价与分配的方法。它涉及在现有流程中嵌入严格的实践模块,并提供支持性的分析工具,涵盖银行的所有领域。

战术性金融业务流程服务主要是指某一段时间,根据战略计划,针对某一业务或某几个业务制订的详细的实施计划,具有小规模、局部性、及时性、严密性等特点。

(三) 按金融服务的业务流程划分

按金融服务的业务流程可分为顾客参与环节外包、银行和顾客互动外包以及登陆职能外包。

依据业务流程中顾客参与的程度和互动性来对业务流程进行分类。

从以上的角度中不难发现,诱发金融业务流程服务并推动其快速发展的因素有许多,可归纳为外部因素与内部因素两类。外部因素为金融业务流程服务的发生提供了必备物质基础和智力支持,内部因素是金融机构为了生存及发展的目的主动追求外包的动力或被动接受外包压力,这些不同的动机也形成了外包广泛且多样的理论基础。

三、金融业务流程服务的业务流程

(一) 确定服务范围及方式

金融服务业务外包可以分为以下三类:第一类是后勤支持服务类业务,包括档案管理、人力资源管理等。第二类是专有技术性事务外包,包括信息技术、审计事务等,该类服务外包事务具有专业上的特殊性,而利用第三方的服务可获得更高的服务质量。第三类是银行业务的部分操作环节外包,如个人住房贷款业务、境内外汇款、进出口贸易结算、客户财务数据录入、信贷业务的后台处理等。工作转移集中处理等若想进行服务外包业务,必须首先确定好把何种类型的业务进行外包,即分类确定外包的范围。

对外包的方式,不同的角度有不同的分类。根据同提供商合作方式的不同分为合同方式、战略联盟方式、剥离方式、合作方式等,而根据金融业务外包的区域分布,又可分为本土外包与离岸外包,这里主要根据地域差别区分外包类型。

(二) 选择金融业务流程服务供应商

一个服务外包机构必须制定标准,使其选择可靠、有效并能高标准地完成外包活动的服务商,以及采用某一特定服务供应商避免相关潜在风险因素。审慎调查应该包括:选择有资质并且有充分资源完成外包工作的服务供应商确保服务供应商在活动中理解并实现外包机构的目标;落实服务供应商履行义务的财务能力。

(三) 签订合同执行

在选择好服务供应商之后,应以书面的合约约束外包关系,说明外包协议的所有实质性内容,包括各方的义务、权利与期望。合同的实质与内容应与外包活动的重要性相一致。

近些年来,欧美国家金融外包领域最明显的变化是在规模迅速增长的同时,金融业务流程服务形式日益多样,业务种类推陈出新。

(四)关注金融业务流程服务风险监控

采取合理措施,利用法律法规将各种风险发生的概率与发生的时间降至最低是风险管理的最终目的。风险因素包括环境因素、资源、竞争能力、战略。

(1)来自企业内部的风险,包括决策风险、人力风险、财务风险、管理风险等。

(2)来自企业外部的风险,包括系统风险、市场风险、技术风险、服务商的风险等。

(3)金融业务流程服务风险的防范措施可以通过外包过程管理中、前期调查分析阶段、评估和确立方案阶段、选择外包商阶段、外包的实施与监理阶段、退出外包阶段等阶段中进行防范。

第六节 财务与会计审计服务

【引导案例】

英国石油信息资源外包

英国石油勘测有限公司是英国石油公司下属的一个公司,主要负责勘测、生产石油和天然气。这家公司为了削减成本,获得更加灵活、质量更高的资源,决定将部分财务职能外包。

选择性外包是一项庞大的任务,在最初阶段,虽然英国石油勘测有限公司满足于几项承包,降低了固定成本,提高了服务质量,但是从全局来看并非如此。合同没有激励承包商与英国石油勘测公司的合作,仅仅将各自承包的那一部分管理得好,却将管理的衔接问题甩给了英国石油勘测公司。1989年,英国石油公司7个财务部门合并为一个全球性部门,并实行集中的财务控制,然后着手将公司内部的系统标准化。在其后的两年中,公司保留了两所财务中心,将其余的全部关闭。通过合并应用系统和数据中心,公司将员工数目减少了一半,由此,降低了25%以上的成本。英国石油勘测公司最终接受的方案是外包给三家公司,以显示出他们的互补优势。这三家公司同意向英国石油勘测有限公司所有的营业机构提供联合服务,还同意会按照英国石油勘测有限公司的不同需求调整服务。英国石油勘测有限公司共有8个营业部,对任何一个营业部的业务,这三家公司有一家作为主承包商,并与其余两家同盟提供的服务进行协调,此为一体化服务。三家供应商的账目对英国石油勘测有限公司是公开的,以季度发票或者年度发票的形式把费用逐条列明,将要求英国石油勘测有限公司支付的直接管理费、分配管理费和共同管理费明确分开。

通过外包,英国石油勘测有限公司的成本从1989年的3.6亿美元下降到1994年的1.3亿美元,同时更专注于公司的核心业务,从寻找和生产石油中获利。而承包商也获得巨大收益。比如,将某项服务的运转费降至英国石油公司目标之下的承包商,可以将所节约费用的50%留给自己。同时,这三家公司都赢得了很好的声誉。

英国企业进行财务外包的主要目的是节约成本和专注于核心业务。财务外包具有理论上的优越性,但是一些存在的问题不容忽视。不少外包业务中途流产,导致经济损失,甚至企业破产。总结其失败的经验教训,外包企业在财务外包之初没有进行决策评估,或者外包边界不清,承包商就承接了外包业务。此外,外包还面临重要的人力资源风险,如外包企业原有财务人员担忧工作的稳定性,从而应影响企业效率。

(资料来源:http://www.caikuailw.com/news/201412/2343.html)

案例思考:
1. 在案例中,英国石油勘测有限公司财务外包的优势体现在哪些方面?
2. 谈谈财务业务外包的主要目的。

一、财务与会计审计服务概念与分类

财务与会计审计服务是近年来在西方国家发展较快的一种财务管理模式,是企业将财务管理过程中的某些业务或流程外包给外部专业的财务机构代为操作和执行的一种战略管理模式。根据其外包形式,财务外包可分为传统财务外包和现代财务外包两种形式。

传统财务外包是指根据企业的实际需要将企业的整个财务管理活动分为几大模块,包括总账核算、工作核算、往来账款管理、报表系统、固定资产管理和纳税申报等,从这些模块中将企业不擅长管理的或者是不具有自行处理优势的部分外包给那些在这些方面具有领先水平的专业财务管理机构进行处理。例如,将财务资金管理外包给银行等专业金融机构,将应收账款外包给专业的收账公司去管理等。

现代财务外包是指利用能提供财务方面应用服务的应用服务提供商为企业财务管理搭建的网络财务应用平台,通过合同或协议的形式确定将全部或者部分财务方面的业务外包给专业的财务公司,由财务公司通过互联网的专业网站帮助企业进行财务方面的业务操作和财务信息的采集处理,但是具体的财务决策职能仍然由企业自己执行。现代财务外包是建立在网络技术的发展和传统的财务外包发展及普及的基础上的高级形式。各项财务外包职能可以在网络技术平台的作用下形成有机的逻辑联系,进而实现整体化、流程化的财务外包,更能提高财务管理的效率。

无论是传统财务外包还是现代财务外包,都能够给企业带来一定程度上的优势,所以得以普及和广泛发展。

二、财务与会计审计服务的优势

(一) 降低财务管理成本和费用支出

财务与会计审计服务是企业最有效的降低成本的途径。企业信息化的发展使企业必须购买相应的财务方面硬件设备,而购买这些软、硬件设备和设施的花费非常高,采用财务外包的模式,设备的日常维护、调试和经常性的升级的资金大规模支出可以节省,同时节省了软件系统和出现在财务管理的各个流程上带来的人力、物力、财力的支出,从而真正把企业从繁杂的会计工作等不擅长且产生价值小的环节中解放出来,削减企业的财务开支。最后,财务外包接包商同时承担各企业的财务管理工作,在工作和服务的过程中一起享用财务设施、软件系统和人力、物力等资源,从而达到规模效应,为企业降低财务管理的成本。

(二) 增加企业的财务透明度

专业的财务管理接包商具有丰富的财务管理经验和专业的财务管理能力,打破了传统企业财务管理的空间限制和时间限制,使企业的财务管理效率大大提高,也提高了财务管理的信息质量,使企业能够更加迅速地应对市场的快速变化。同时,接包商的专业人员,不仅能够处理企业的财务管理业务,也能够对企业的财务管理和财务信息起到监督的作用,从而降低财务信息作假的可能性,提高其质量。此外,财务接包商是独立于企业之外的第三方企业,具有较高的信用度,它所提供的财务信息更为可信,也更容易被市场上的其他投资机构所接受。通过财务外包,可以引进第三方专业财务管理机构的管理经验和管理技术,从而提高企业自身财务管理的水平及效用。

(三) 提高企业的核心竞争力

财务外包是企业在自身主营业务为非财务工作的情况下,把其不擅长的、部分或者全部财务工作外包给专业财务公司进行管理和操作的一种战略手段。目标是实现企业内部和外部资源的整合,提升企业的竞争力。随着市场经济的发展,企业间的竞争越来越激烈,在这种环境下,企业不但要追求价值的最大化,同时也要增强自身各方面的优势和竞争力,这样才能在激烈的竞争中获胜或者生存下去。集中发展核心部门,突出企业主营业对那些非财务专业的企业来说,财务工作就是其不擅长的、非核心的业务,将这些工作外包,一方面可以突出发展自己的核心业务,另一方面则可以借助外部专业的机构资源。

近几年来,随着中国的经济进入快速发展阶段,国内的企业也都发现其所从事的业务和工作内容越来越多,越来越复杂。所以,财务外包等策略能够使企业摆脱无法操控的工作,更加专注于核心工作,为企业未来的进一步发展奠定坚实的基础。

三、财务与会计审计服务的内容

我国的服务外包行业没有欧美国家起步早,发展也较为缓慢,财务与会计审计服务业务刚刚发展起来,业务范围较为狭窄。一般来说,我国的企业不会把所有财务业务和工作整体外包出去,只会将部分业务如纳税申报、会计记账等委托给专门的会计服务公司,如会计记账公司、会计师事务所和税务事务所等机构。因为对于我国的大多数企业来说,财务一直被认为是企业的核心机密,除了上市交易所必须公开的财务信息外,企业的其他财务信息不允许被企业内部高层以外的人获知。

随着企业的进一步发展,很多企业开始走出国门,到海外市场上市吸引外资,这时传统的财务管理方式开始受到巨大的冲击,因为海外的投资者更重视企业的财务透明度,所以对于财务不透明的企业,他们质疑企业封闭的现金流和资金链,认为这会带来重大的投资风险,所以不敢对其进行投资。这也成为我国企业发展的重大障碍,严重影响了企业的融资能力,阻碍了它们的未来发展。这迫使我国企业开始思考和研究财务管理工作的完善方法,考虑是否可以使用财务外包方式来实现企业的科学财务管理。

目前,我国的财务与会计审计服务还仍然处于初级发展阶段,企业开始进行外包的财务工作主要是一些比较独立、烦琐的操作业务,主要有以下方面:

(一)编制财务报表

随着我国会计制度的不断完善,从只要求编制简单的财务报表、年度报表到必须提供财务会计报告、中期和年度财务报告以及现金流量表,标准越来越高。到目前为止,专业的财务管理机构可以帮助企业解决财务方面的问题,因为他们具有专业的能力。

(二)纳税工作

企业一般很少雇用税务专门人员,我国的税务制度非常复杂,对于企业的要求也非常高,这就使得其违规的风险很高。一旦出现违规现象,企业就要付出高额的代价。所以,对于企业来说,将纳税方面的财务会计工作外包给专业的财务外包公司可以帮助企业完成税务方面的工作,一方面,可以降低税务风险;另一方面,外包公司可以对企业的实际财务情况进行分析,帮助企业合理避税,减轻企业的税收负担。

(三)员工工资的核算发放工作

对于企业来说,员工工资的核算与发放是工作量较大的财务工作。其中,如何保证员工工资的保密性是一个比较难解决的问题。将员工工资核算发放工作外包出去可以解决这个问题,因为这样一来,内部员工就无从探听同事薪资的消息。

(四)应收账款催收管理

对于企业来说,应收账款的管理非常重要。如果应收账款数额过大,又不能快速归还,对于企业来说,资金的流动就会出现问题,企业因此不得不投入大的人力和物力催收应收账款。其实,企业可以将应收账款的催收外包给专业的财务管理公司进行处理,专业的财务管理公司有专业的催收人员,他们经验丰富,可以减少发包企业的人力、物力投入,提高企业的资金周转率。

总而言之,企业可以将财务报告编制、工资核发、应收账款催收等工作外包给专业的财务管理公司。同时,随着财务外包行业的发展和接包商服务水平的提高,未来企业对财务工作进行整体外包也将成为可能。

四、财务外包与代理记账的区别

代理记账是企业在成立初期最为明智的选择,选择代理记账可以缓解企业在成立初期所承受的经济上的压力。代理记账可以使得企业平稳快速地步入发展的轨道。

财务外包和代理记账主要有以下三点区别:

(1) 二者的服务对象不同。代理记账的服务对象多为不具备设置会计机构与会计人员的企业或单位。这在众多中小企业中比较常见。而财务外包的服务对象,不仅包括不具备设置会计机构与会计人员的中小企业,还包括大型企业,甚至是跨国公司。

(2) 二者的服务内容不同。代理记账的服务内容为需求方的全盘账务处理,代理记账、报税。而财务外包的服务内容不仅可以是全盘财务外包,也可以是一个或几个财务模块(比如总账核算、往来账管理、工资管理、纳税申报等)的外包,还可以是一个或几个财务职能的外包(比如出纳、记账、财务分析等)。

(3) 二者的服务效果不同。代理记账的服务效果为人工支出的节省。而财务外包带来的不仅是该类成本的节约,还能使企业减少潜在的风险,实现高绩效。诸如专业的财务外包服务能为企业提供各类税收筹划的建议,降低企业税负;又如财务外包能引入管理会计的一些工具,为企业决策提供可靠的数据分析。

企业在寻求财务代理时,应认清代理记账与财务外包的区别,认真考虑自身的需求,寻找合适的财务代理公司。只有这样,通过专业代理公司的合理安排,才能使企业在减少财务方面带来的不必要的损失。

在选择之前分清代理记账和财务外包的区别,合适的选择才是关键,代理记账在我国需求量越来越大,选择正规的代理记账公司可以帮助企业更高效地利用企业的资金,使得企业能够快速发展,使企业效益最大程度地转化为利润。

第七节 其他典型的专业业务服务

【引导案例】

如涵电商的崛起

如涵控股创始人冯敏和他的网红搭档张大奕出现在阿里巴巴2017年投资人大会上。张大奕身着自己淘宝店售卖的服饰上台,面对来自各国的350多名投资者和分析师,用杭州腔普通话讲述自己从一个平面模特到微博网红和淘宝店主的经历。

2016年的微博红人节上,张大奕获得了微博最佳时尚红人的奖项。6月20日淘宝直播节,她以红人店主的身份被安排在20:00~22:00这个黄金时段直播,为自己的"吾欢喜的衣橱"上新代言。

截至22:00直播结束,"吾欢喜的衣橱"在两小时内成交额就达到近2 000万元,客单价近400元,刷新了通过淘宝直播间引导的销售记录。疯狂下单的粉丝们或许不知道,张大奕是在杭州九堡的工作室完成的此次直播,由合作方如涵电商的工作人员做紧密配合。在她直播间隙,几位如涵电商的女性员工说:"她就是每个女孩都想成为的模样啊,老板是挺好的,可谁想要成为冯敏啊,就想成为张大奕。"通过互联网推广的网红经济已经成为近年的热潮。

案例思考:
1. 在案例中,如涵电商是依靠什么途径吸引网络流量的?
2. 谈谈互联网营销的几种表现形式。

一、互联网营销推广服务

(一)互联网营销推广服务的概念

互联网营销推广服务是企业整体营销战略的一个组成部分,互联网营销推广服务是为实现企业总体经营目标所进行的,以互联网为基本手段营造网上经营环境的各种活动,是一个广义词,从目前的商业来讲,互联网营销推广服务更宽泛地涵盖网络的产品及投放互联网概念。

互联网营销推广服务是随着互联网进入商业应用而产生的,尤其是万维网(www)、电子邮件(E-mail)、搜索引擎、社交软件等得到广泛应用之后,互联网营销推广服务的价值才越来越明显。其中可以利用多种手段,如E-mail营销、博客与微博营销、网络广告营销、视频营销、媒体营销、竞价推广营销、SEO 优化排名营销、大学生互联网营销推广服务能力秀等。总体来讲,凡是以互联网或移动互联为主要平台开展的各种营销活动,都可称为整合互联网营销推广服务。简单地说,互联网营销推广服务就是以互联网为主要平台进行的,为达到一定营销目的的全面营销活动。

(二)互联网营销推广服务的内容

1. 搜索引擎营销推广

SEM 是 Search Engine Marketing 的缩写,中文意思是搜索引擎营销。SEM 是一种新的网络营销形式。SEM 所做的就是全面而有效地利用搜索引擎来进行网络营销和推广。SEM 追求最高的性价比,以最小的投入,获得最大的来自搜索引擎的访问量,并产生商业价值。

2. 个性化营销推广

个性化营销的主要内容包括:用户定制自己感兴趣的信息内容、选择自己喜欢的网页设计形式、根据自己的需要设置信息的接收方式和接受时间等。个性化服务在改善顾客关系、培养顾客忠诚以及增加网上销售方面具有明显的效果。据研究,为了获得某些个性化服务,在个人信息可以得到保护的情况下,用户才愿意提供有限的个人信息,这正是开展个性化营销的前提保证。

3. 会员制营销推广

会员制营销已经被证实为电子商务网站的有效营销手段,国外许多网上零售型网站都实施了会员制计划,几乎已经覆盖了所有行业,国内的互联网会员制营销还处在发展初期,不过已经看出电子商务企业对此表现出的浓厚兴趣和旺盛的发展势头。

4. 网上商店推广

建立在第三方提供的电子商务平台上、由商家自行经营网上商店,如同在大型商场中租用场地开设商家的专卖店一样,是一种比较简单的电子商务形式。网上商店除了通过网络直接销售产品这一基本功能之外,还是一种有效的网络营销手段。从企业整体营销策略和顾客的角度考虑,网上商店的作用主要表现在两个方面:一方面,网上商店为企业扩展网上销售渠道提供了便利的条件;另一方面,建立在知名电子商务平台上的网上商店增加了顾客的信任度,从功能上来说,对不具备电子商务功能的企业网站也是一种有效的补充,对提升企业形象并直接增加销售具有良好效果,尤其是将企业网站与网上商店相结合,效果更为明显。

5. 社交软件营销推广

当社交软件成为新鲜媒体出现时就有企业在社交软件里发布企业产品的一些信息了,其实这也是营销的一种简单的方法。社交软件营销就是企业利用社交软件这种网络交流的平台,通过文字、图片、视频等方式发布企业的产品和服务的信息,从而让目标客户更加深刻了解企业的产品和服务,加深市场认知度。

【小案例】

江小白鸡汤文案变成了独有的"江小白体"

江小白的目标人群是年轻的小资群体,品牌定位为:"青春小酒"。和其他在传统媒体投放硬广告的白酒品牌不同,江小白通过社交媒体打出了品牌知名度。江小白的整体从营销创意将品牌人格化,拉近与消费者的距离,再加上整体互联网营销推广服务带来的持续曝光,还积极与影视剧展开合作。

二、后勤事务服务

后勤事务服务是指把为企业价值创造过程提供支撑作用的后勤保障性服务,如物业、保洁、考勤、保安、餐饮等外包出去的业务类型。显然,这两种类型服务外包的业务在企业经营功能体系中处于不对等的地位。企业在价值链中配置资源进行经营运作谋求利润最大化,主要通过"价值创造型外包"业务的功能来实现;"后勤保障型外包"的业务在价值链中并不占有一席之地,其存在的必要性在于满足企业组织作为一个有机体所需的基本"生存性需求"。后勤事务服务模式有助于企业剥离内部非生产型服务环节,集中人力和物力从事价值链中的主体性功能业务。"价值创造型外包"是经济转型升级的主要选择路径。

【小案例】

万科物业是万科企业股份有限公司下属控股子公司,成立于1990年。作为中国物业管理行业的领跑者,万科物业致力于让更多用户体验物业服务之美好,围绕业主不动产保值增值提供全生命周期服务,业务布局涵盖住宅物业服务、商企物业服务、开发商前介服务、社区资产服务、智能科技服务和社区生活服务六大业务板块。

截至2018年12月底,万科物业已布局中国83个最具发展潜力的大中城市,合同项目共计2 482个,其中住宅项目1 971个,商企项目511个,合同面积突破5.3亿平方米,服务480万户家庭,超1 584万人口,在职员工人数超8万名。

万科物业不仅服务于万科地产的项目,也面向社会承接各类后勤事务服务。始终坚持安心、参与、信任、共生的核心价值观,持续为客户提供专业优质的物业服务,让更多用户体验物业服务之美好。

本章小结

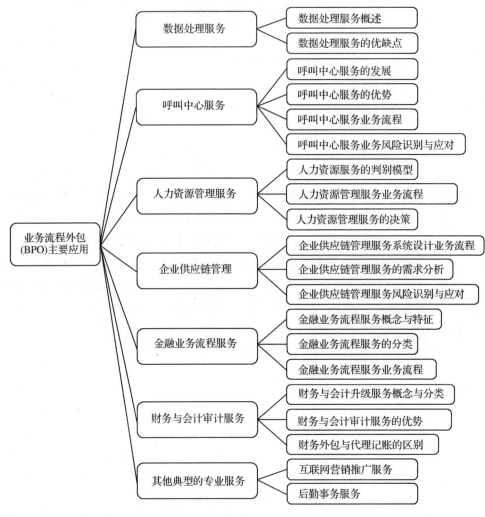

一、单项选择题

1. 以下（　　）不属于BPO类别。
   A. 企业供应链管理服务　　　　B. 知识流程外包
   C. 人力资源管理服务　　　　　D. 互联网营销推广服务
2. 企业选择数据处理服务的缺点是（　　）。
   A. 失去对数据存储和分析模型的控制　　B. 获得短缺技能
   C. 行业专长　　　　　　　　　　　　　D. 利用数据价值发挥更大潜力
3. 企业供应链服务系统设计不包括（　　）。

A. 运输与保管的共同化　　　　　B. 订货与发货等的计划
C. 生产加工环节制定　　　　　　D. 订货标准与物流批量标准

4. 在对实施供应链服务外包的决策中，企业需要对（　　）进行决策。
A. 企业规模　　　　　　　　　　B. 企业性质
C. 企业的外部环境　　　　　　　D. 企业外包的内容

5. 金融服务业务外包分为几大类型，其中不包括（　　）。
A. 后勤支持服务类业务　　　　　B. 核心业务外包
C. 专有技术性事务外包　　　　　D. 银行业务的部分操作环节外包

6. 传统财务外包分为几大模块，其中不包括（　　）。
A. 网络财务应用平台　　　　　　B. 总账核算
C. 往来账款管理　　　　　　　　D. 报表系统

7. 财务与会计审计服务的主要内容中不包含（　　）。
A. 编制财务报表　　　　　　　　B. 处理法律纠纷
C. 工资的核算　　　　　　　　　D. 应收账款催收

8. 互联网营销推广服务的主要内容是（　　）。
A. 搜索引擎营销推广、个性化营销推广、网上商店推广、社交软件营销推广
B. 搜索引擎营销推广、个性化营销推广、网上商店推广、传统媒体推广
C. 个性化营销推广、网上商店推广、社交软件营销推广、传统媒体推广
D. 搜索引擎营销推广、传统媒体推广、个性化营销推广、社交软件营销推广

9. 后勤事务服务分为几大模块，其中不包括（　　）。
A. 物业　　　　B. 保洁　　　　C. 保安　　　　D. 装修

二、判断题

1. 呼叫中心的发展趋势是由 Web 呼叫中心向多媒体呼叫中心、IP 呼叫中心、虚拟呼叫中心发展的。（　　）

2. 人力资源管理服务包括人力资源策略、制度设计与创新、流程整合、员工满意度调查，还包括薪酬和福利管理、绩效管理、培训与开发、员工关系管理以及劳动争议调理等方面。（　　）

3. 企业在考虑是否外包供应链服务时，应该考虑企业自身的战略、所处的竞争环境、企业的状况以及外部的经济等因素。（　　）

4. 金融业务流程服务按照金融业务流程服务战略重要性分为战略性金融业务流程服务和战术性金融业务流程。（　　）

5. 财务与会计审计服务的优势在于降低财务管理成本和费用支出、增加企业的财务透明度、提高企业的核心竞争力。（　　）

6. 财务与会计审计服务就是代理记账。（　　）

7. 互联网营销推广服务是企业以互联网为基本手段营造网上经营环境的各种活动。（　　）

8. 后勤事务服务主要通过"价值创造型外包"业务的功能来实现利润。（ ）

三、简答题

1. 数据处理服务发展的主要动因是什么？
2. 呼叫中心服务的业务流程有哪些优化途径？
3. 企业是否能将所有的人力资源管理服务进行外包？
4. 供应链管理服务业务流程如何优化？
5. 财务与会计审计服务能给企业带来哪些好处？
6. 分析金融业务流程服务的模式。
7. 选择金融服务供应商时有哪些风险？如何规避？

项目名称：

企业供应链管理服务应用展示。

实训目的：

通过对本章内容的学习，掌握企业供应链管理服务在制造型行业中的主要应用。

实训内容：

结合本章内容，通过多种途径深入了解企业供应链管理服务在苏州制造型企业中的应用。了解它的深刻内涵、发展历程、现状和业务流程，并运用所学知识分析这种外包服务形式产生的原因以及业务流程优化的途径。

实训成果形式：

以小组合作完成 ppt 并进行展示。

第四章

知识流程外包(KPO)主要应用

1. 理解知识流程外包的定义及范围;
2. 理解知识流程外包主要应用产生的动因。

1. 能够区别知识流程外包与业务流程外包;
2. 熟悉知识流程外包的应用范围;
3. 熟悉知识流程外包的发展趋势。

角球的数据分析

2011年夏天,曼城队助理教练大卫·普拉特决定利用数据分析来解决球队在表现方面遇到的一个棘手难题。普拉特发现,尽管球队阵容中拥有多名高大强壮的球员,但他们的角球得分情况却不尽如人意。

在征求了俱乐部内部数据分析师的意见后,该队增加了对内旋角球(球转向守门员方向)的使用。战术转变产生了惊人的效果。在整个赛季中,曼城队依靠角球打入15个进球,成为英超角球得分效率最高的球队,其中2/3的进球采用的是内旋角球。

这一实践为数据驱动型决策提供了强有力的支撑。但是,还有一个附加因素需要考虑:主教练曼奇尼最初对数据的实际价值持怀疑态度。事实上,早在两年前,曼奇尼曾就球队角球的使用情况咨询过俱乐部的数据分析师。分析师回应,他依靠直觉偏爱采用的战术——外旋角球(球飞向远离守门员的方向)从数据统计上看并不理想。

曼奇尼选择相信自己的直觉而非数据分析的导向性建议。因为直觉告诉他,球旋向远离门将的方向减小了门将触球的概率,同时增加了进攻队员冲顶时争到头球的概率。但当曼奇尼发现两种变数存在某种联系的时候,直觉却模糊了他对两者关联程度的判断能力。换句话说,外旋角球和进球数可能存在着某种关联,但数据表明,内旋角球和进球数存在着更为直接的因果关系。

知识流程外包(KPO)是围绕对业务诀窍的需求建立起来的服务外包业务,主要是指外包承接商把利用全球数据库以及监管机构等信息资源获取的信息,经过即时、综合的分析研究,最终将报告呈现给客户,作为客户决策、参考、借鉴的一种业务外包活动。KPO 的服务领域主要涉及:知识产权研究,数据挖掘服务,数据研究与开发、分析、整合和管理,人力资源方面的研究和数据服务,业务和市场研究(包括竞争情报),工程和设计服务,法律文书处理,股票、金融和保险研究,会计事务处理,培训与咨询,动画制作和模拟服务,广告创意与设计,医药和生物技术研发,远程教育和出版,网络管理的决策支持系统等。

第一节 数据分析与挖掘

【引导案例】

阿迪达斯的"黄金罗盘"

叶向阳的厦门育泰贸易有限公司与阿迪达斯合作已有些年,旗下拥有多家阿迪达斯门店。现在,叶向阳每天都会收集门店的销售数据,并将它们上传至阿迪达斯。收到数据后,阿迪达斯对数据做整合、分析,再用于指导经销商卖货。研究这些数据,让阿迪达斯和经销商们可以更准确地了解当地消费者对商品颜色、款式、功能的偏好,同时知道什么价位的产品更容易被接受。

现在,阿迪达斯会用数据说话,帮助经销商选择最适合的产品。首先,从宏观上看,一、二线城市的消费者对品牌和时尚更为敏感,可以重点投放采用前沿科技的产品、运动经典系列的服装以及设计师合作产品系列。在低线城市,消费者更关注产品的价值与功能,诸如纯棉制品这样高性价比的产品,在这些市场会更受欢迎。其次,阿迪达斯会参照经销商的终端数据,给予更具体的产品订购建议。比如,阿迪达斯可能会告诉某低线市场的经销商,在其辖区,普通跑步鞋比添加了减震设备的跑鞋更好卖,至于颜色,比起红色,当地消费者更偏爱蓝色。

挖掘大数据,让阿迪达斯有了许多有趣的发现。同在中国南部,那里部分城市受香港风尚影响非常大,而另一些地方,消费者更愿意追随韩国潮流。同为一线城市,北京和上海消费趋势不同,气候是主要的原因。还有,高线城市消费者的消费品位和习惯更为成熟,当地消费者需要不同的服装以应对不同场合的需要,上班、吃饭、喝咖啡、去夜店,需要不同风格的多套衣服,但在低线城市,一位女性往往只要有应对上班、休闲、宴请的三种不同风格的服饰就可以。两相对比,高线城市,显然为阿迪达斯提供了更多细分市场的选择。

(资料来源:昝慧昉《阿迪达斯的"黄金罗盘"》)

案例思考:
1. 从案例中可以看出,数据挖掘可以达成哪些目标?
2. 开展数据挖掘后使得阿迪达斯获得哪些收获?

一、数据分析服务概述

在商品同质化越来越严重的时代,想要让客户青睐自己的产品或者开发更多适应市场的产品和服务都需要依赖数据。这些数据对于企业的意义并不仅仅是销售业绩或客户满意度,通过对它们的分析与挖掘,能够帮助企业提高整体竞争力,具备高级数据分析能力的企业更容易在市场上立于不败之地。有些企业在企业内部组织了专业数据分析团队,然而更应该看到,多数的企业并不具备数据分析方面的人才,因此,专业提供数据分析的服务外包企业也就应运而生了。

(一)数据分析服务外包的概念

数据分析行业的整个产业链主要包括数据采集、数据存储、数据处理(含数据清洗)、数据分析直到数据分析结果呈现、商业决策(图4-1)。

图4-1 大数据产业链

根据广义的数据分析行业定义,可以按照产业链上下游延伸,而我们这里所谈到的数据分析服务是指其狭义的定义,是指借助大数据技术,在对不同类型数据充分挖掘的基础上提供企业生产、营销、研发等各个环节的支撑服务。主要业务类型包括数据分析、数据挖掘两个业务类型。重点应用于制造业,电力、热力、燃气及水生产和供应业,批发和零售业,交通运输、仓储和邮政业等四个国民经济行业。

(二)数据分析服务的发展

随着全球一体化趋势的加强以及电信业的蓬勃发展,越来越多的公司开始加入商业流程外包的行列。为了进一步降低成本,世界500强公司开始将呼叫中心转移到印度和菲律宾等地,开展离岸外包,主要负责客户服务以及远程的销售。而大数据时代的到来,则为其中作为典型代表的印度带来了新的商机,印度迅速成为数据分析服务外包业务的集中营。

其中,多数从事数据分析的离岸业务流程公司都是跨国公司的分部。随后,这些公司有了新的发展方向,一部分依旧作为总公司的分部进行运作(例如"戴尔全球分析"就是戴尔在印度负责数据分析的分部),而另一部分则分离出来,或被其他公司收购,开始从事专业数据分析业务,并向第三方提供数据分析的服务。发展至今,数据分析服务外包已经成了一个独立的行业,多数知名企业都至少将一部分的数据分析公司外包了。

作为高附加值业务环节的数据分析服务企业在我国发展迅速,2017年我国全年承接数据分析服务执行额比前一年增长了51.9%。

(三)数据分析服务的分类

1. 数据分析

包括提供借助描述性统计及交叉分析等手段,了解客户业务发展过去、现状及存在问题,为客户营销做基本支撑的数据分析服务。

2. 数据挖掘

提供商务数据库中的大量业务数据进行抽取、转换、分析和其他模型化处理,从中提取关键性数据,为客户商业决策提供支持的数据挖掘服务。

(四)数据分析与挖掘的方法

1. 分类

分类是找出数据库中一组数据对象的共同特点并按照分类模式将其划分为不同的类,其目的是通过分类模型,将数据库中的数据项映射到某个给定的类别。它可以应用到客户的分类、客户的属性和特征分析、客户满意度分析、客户的购买趋势预测等,如一个汽车零售商将客户按照对汽车的喜好划分成不同的类,这样营销人员就可以将新型汽车的广告手册直接邮寄到有这种喜好的客户手中,从而大大增加了商业机会。

2. 回归分析

回归分析方法反映的是事务数据库中属性值在时间上的特征,产生一个将数据项映射到一个实值预测变量的函数,发现变量或属性间的依赖关系,其主要研究问题包括数据序列的趋势特征、数据序列的预测以及数据间的相关关系等。它可以应用到市场营销的各个方面,如客户寻求、保持和预防客户流失活动、产品生命周期分析、销售趋势预测及有针对性的促销活动等。

3. 聚类分析

聚类分析是把一组数据按照相似性和差异性分为几个类别,其目的是使得属于同一类别的数据间的相似性尽可能大,不同类别中的数据间的相似性尽可能小。它可以应用到客户群体的分类、客户背景分析、客户购买趋势预测、市场的细分等。

4. 关联规则

关联规则是描述数据库中数据项之间所存在关系的规则。根据一个事务中某些项的出现可导出另一些项在同一事务中也出现,隐藏在数据间的关联或相互关系。在客户关系管理中,通过对企业的客户数据库里的大量数据进行挖掘,可以从大量的记录中发现有趣的关联,找出影响市场营销效果的关键因素,为产品定位、定价与定制客户群,客户寻求、细分与保持,市场营销与推销,营销风险评估和诈骗预测等决策支持提供参考依据。

5. 特征分析

特征分析是从数据库中的一组数据中提取出关于这些数据的特征式,这些特征式表达了该数据集的总体特征。如营销人员通过对客户流失因素的特征提取,可以得到导致客户流失的一系列原因和主要特征,利用这些特征可以有效地预防客户的流失。

6. 变化和偏差分析

偏差包括很大一类潜在有趣的知识,如分类中的反常实例、模式的例外、观察结果对期望的偏差等,其目的是寻找观察结果与参照量之间有意义的差别。在企业危机管理及其预警中,管理者更感兴趣的是那些意外规则。意外规则的挖掘可以应用到各种异常信息的发现、分析、识别、评价和预警等方面。

7. Web 页挖掘

随着 Internet 的迅速发展及 Web 的全球普及,使得 Web 上的信息量无比丰富,通过对 Web 的挖掘,可以利用 Web 的海量数据进行分析,收集政治、经济、政策、科技、金融、各种市场、竞争对手、供求信息、客户等有关的信息,集中精力分析和处理那些对企业有重大或潜在重大影响的外部环境信息和内部经营信息,并根据分析结果找出企业管理过程中出现的各种问题和可能引起危机的先兆,对这些信息进行分析和处理,以便识别、分析、评价和管理危机。

二、数据分析服务外包产生的动因

(一) 实现竞争优势

数据分析服务之所以能够获得企业的青睐,其最根本的原因是在大数据时代,数据分析能够帮助目标企业实现竞争优势。通过数据分析和挖掘,能够将收集到的数据进行探索、预测、诊断或者监控,以此来支持企业发现自身问题并探寻解决方法,甚至可以结合外部市场数据进行分析预测,帮助企业探索外部市场,寻找竞争优势,抓住发展机遇,为企业制定发展战略、改革经营模式提供依据,揭示隐藏的、未知的或验证已知的规律性。数据分析服务外包公司不仅为没有数据分析能力的中小企业提供服务,也为世界各大知名企业提供业务支持。

(二) 节省成本

事实上,世界知名企业基本都具有自身的数据分析部门,是否需要进行外包应该按照自身的情况进行选择。部分企业构建自身数据分析部门的难度大,主要体现在缺少必要的人才以及数据分析部门的构建需要大量的资金支持两方面。数据分析服务外包企业能够提供专业、充足且低廉的人力资源。比如俄罗斯与印度,提供了大量的工程师储备,而一个科学与工程类博士在美国和在印度(或者俄罗斯)的成本差能达到 60 000—80 000 美元。同时,相比起在公司内部建立一个专业数据分析团队来说,花费在外部的第三方数据分析公司的成本会相应减少。将其在第三方数据分析服务外包公司投入的金钱与最终发包方企业获得的回报来看,是相当划算的。

（三）减少内部分析团队压力

部分知名企业自身已经具备了数据分析的团队或部门，其启用数据分析服务外包企业的原因则要复杂得多。许多公司之所以将数据分析服务外包的原因之一，是希望能够将数据分析中不是这么有难度的、不太核心的工作外包出去（此处不包括数据收集等业务流程中的相关工作），以此让更了解自身企业内部情况的原有数据分析团队集中在更为高端的领域，减少原有数据分析团队的压力，帮助他们更高效地进行工作。

（四）帮助构建创新思维

知名企业在将部分数据分析业务外包出去后，在外部的第三方数据分析服务外包企业与公司内部的数据分析团队可以建立适当的交流平台。内部数据分析团队或部门应当更清楚公司各方面的情况，但也因为长期在公司中工作，对于外部市场情况掌握不全面，容易形成固有意见，反而不利于问题的发现和思维的创新。外部数据分析服务外包企业的出现一方面提供了市场发展趋势及行业发展动向，同时还能够为内部数据分析团队提供新思维，产生新火花，对于公司的发展提供新的方向和契机。

三、数据分析服务外包企业发展的条件

【小案例】

早在2012年年初，印度联邦内阁批准了国家数据共享和开放政策，目的是促进政府拥有的数据和信息得到共享及使用。在数据开放方面，印度效仿美国政府的做法，制定了一个一站式的政府数据门户网站data.gov.in，把政府收集的所有非涉密数据集中起来，包括全国的人口、经济和社会信息，并向公众开放。与此同时，印度的信息技术局也制定架构和标准，以人读和机读的形式保证数据和信息的共享。印度政府还拟定了一个非共享数据清单，保护国家安全、隐私、机密、商业秘密和知识产权等数据的安全。同时，印度企业凭借数量庞大的IT工程人员队伍，以及IT行业在过去15年作为世界最大外包目的地所积累的丰富经验，在大数据时代抢占先机仍然具有显著优势。

案例提问：
（1）印度数据分析服务行业得以发展条件有哪些？
（2）中国与印度数据分析服务行业所面临条件一样吗？有哪些不同？

（一）成熟的数据分析团队

1. 业务分析人才

要求精通业务，能够解释业务对象，并根据各业务对象确定出用于数据定义和挖掘算法的业务需求。

2. 数据分析人才

数据分析服务外包企业能够在印度发展下去的理由之一是因为人才的聚集,包括对于 IT 技术、数学统计知识以及语言的天赋。这部分的人才中,一部分是在优胜劣汰的业务转型中生存下来的。对面在大数据时代服务外包企业向数据分析服务外包这种知识密集型服务行业的转型,依旧需要依靠 IT 技术来实现。结合数学与统计学的相关知识,专门从事云计算、高级分析、大数据、数据湖和数据科学等领域的专业人才在这一行业将成为"香饽饽"。

(二)低廉的工资水平

印度之所以能够成为数据的集散地的原因之一是其低廉的人力成本。在工资水平较低的地区,很容易建立离岸外包的企业。但是这个工资水平也是相对的,因为面对知识密集型行业,本身需要劳动者拥有较高的知识水平和更为专业的技能,如果一味追求人力资本的低廉是不切实际的。部分国家能够提供相对廉价的具有数据分析能力的人才,这类型的地区就容易受到数据分析服务外包企业的青睐。

四、数据分析服务外包存在的风险

(一)分析结果的偏差

数据分析产生的结果并不一定是准确以及有意义的,其存在着一定程度的偏差。数据的时间的滞后、信息收集的不完全、分析方法选择的失误等都可能产生分析结果的偏差,很多时候甚至无法避免。

数据分析服务外包公司作为外部企业,对于收集到的数据进行分析的前提是数据的真实可靠,但是作为甲方,是否愿意将数据完全透明化?如果该公司内部本来就有数据分析团队,该团队是否愿意将自己公司内部已经掌握的数据分析技能进行共享?这些问题都是在发包方及接包方之间容易产生的。而这种对于数据分析外包公司的不信任,也可能会导致数据分析结果的偏差。

无论如何,数据分析结果的偏差性总是存在的,因此,想要减少这种偏差带来的风险,在数据分析或挖掘得出结果后,需要评估其有效性。有效性的评估往往从以下几个方面进行:

(1)提供决策的信息是否充分、可信,是否存在因信息不足、失准、滞后而导致决策失误的问题。

(2)信息对持续改进质量管理体系、过程、产品所发挥的作用是否与期望值一致,是否在产品实现过程中有效运用数据分析。

(3)收集数据的目的是否明确,收集的数据是否真实和充分,信息渠道是否畅通。

(4)数据分析方法是否合理,是否将风险控制在可接受的范围。

(5)数据分析所需资源是否得到保障。

(二)外包公司收购或并购风险

作为数据分析服务外包企业,能够接触到分析对象公司内部的很多数据。这些数据通过分析得出的结果能够为对象公司设计营销方案、调整公司方向等提供依据,但是如果它被公开，也将会使对象公司的竞争对手获利。因此，必须通过建立或完善相关法律等措施来减少信息外泄的风险，而数据分析服务外包企业如果被收购或并购，则更容易面临数据被外泄的危险。这也是一些本身拥有或从事数据分析服务的企业非常重视公司内部数据以及数据分析方法的原因之一。

第二节 文化创意服务外包

【引导案例】

厦门大拇哥公司的文化创意服务

厦门大拇哥动漫公司的"高端动漫项目定制"不仅可以给其他企业提供量身定制的优秀原创内容，更致力于帮助企业开展动漫运营，而原创则有利于不断完善动漫产业链。另一方面，通过与更多的实体企业进行强强联合，对大拇哥动漫产业体系也将是一个有益的补充。相比国外片加工的离岸外包，大拇哥的"高端动漫项目定制"显得更接地气，因此也更需要利用国内本土资源。"高端动漫项目定制"不仅仅是简单的制作环节，更是动漫产业链的复制。大拇哥拥有强大的电视和新媒体播出网络、遍布全国的销售终端网络，以及通过原创开启的动漫品牌授权业务，也让大拇哥积累了丰富的与传统企业合作的经验，更能够深入了解客户的需求，从而为客户提供最好的服务和最丰盛的资源。外包企业最重要的是人才，而这一问题也通过大拇哥教育培训学校得到了解决，为了培育应用型人才，大拇哥自成立之初便设立了大拇哥教育培训学校，如今学校已成为福建省软件人才实训基地、厦门动漫产业人才培训实习基地，这一系列资源都源于动漫原创的积累。业内人士预测，随着全球经济的复杂多变，服务外包多元化趋势更加明显。可以预见的是，走高端服务外包不是唯一出路，多元化发展才能破解服务外包产业发展瓶颈。作为动漫新的经济增长点，动漫服务外包发展前景广阔，而真正能够经受住优胜劣汰的考验，不仅仅要懂得制作，还要积极培育产业链条，以创新制胜。

案例思考：
1. 厦门大拇哥动漫公司为何能发展起来？
2. 厦门大拇哥动漫公司的运作模式是什么样的？

一、文化创意服务外包概述

(一) 文化创意服务外包概念

文化创意服务产业的发展能够促进国家经济发展,提升国家文化软实力和产业竞争力。2011—2015 年,我国文化创意和设计服务业的营业收入由 6 616.74 亿元增加到 9 073.45 亿元,最高增长率为 2013 年的 9.48%(图 4-2)。

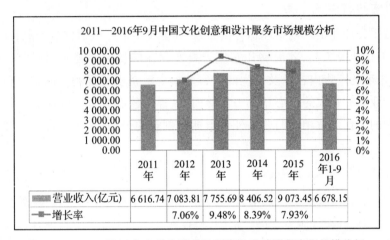

图 4-2　2011—2016 年 9 月中国文化创意和设计服务市场规模分析

(数据来源:中国文化产业协会)

文化创意服务产业外包是经济全球化背景下产生的以文化领域创造力为核心的业务活动,强调一种主体文化或文化因素通过技术、创业和产业化的方式开发、营销知识产权的业务,主要包括广播影视、动漫、音像、传媒、视觉艺术、表演艺术等服务。主要业务类型包括文化软件服务、建筑设计服务、专业设计服务、广告设计服务等 4 个业务类型(其中,不包括工业设计服务中涉及文化创意服务的部分)。重点应用于信息传输、软件和信息技术服务业,制造业,文化、体育和娱乐业,批发和零售业等 4 个国民经济行业。

(二) 文化创意服务外包的分类

1. 文化软件服务

文化软件服务指动漫及网游设计研发服务和影视文化服务,以及与文化有关的软件服务,包括软件代理、软件著作权登记、软件鉴定等服务。

2. 建筑设计服务

建筑设计服务包括房屋建筑工程,体育、休闲娱乐工程,室内装饰和风景园林工程专项设计服务。该小类包含在工程设计活动行业小类中。

3. 专业设计服务

专业设计服务包括时装、包装装潢、多媒体、动漫及衍生产品、饰物装饰、美术图案、展台、模型和其他专业设计服务。

4. 广告设计服务

广告设计服务包括互联网广告设计服务以及其他广告服务。前者指提供互联网广告设计、制作、发布及其他互联网广告服务，包括网络电视、网络手机等各种互联网终端的广告的服务。后者指除互联网广告以外的广告服务。

二、文化创意服务外包产生动因

（一）创意的核心竞争力

文化创意服务产业是以创意理念为核心的，其本质不是可以物化的产品，在创意产生之后，通过特定的行业及工具，才能够让它成为真实存在的物件。例如拍一个关于饮料的广告，十个人拍出来的广告内容以及产生的广告效果肯定是不一样的。创意的独特性使得文化创意服务产业具有强大的核心竞争力。继而，这样的核心竞争力促使其他行业或企业将自己无法掌握的文化创意相关的业务外包给拥有创意的公司，文化创意服务产业外包也就应运而生了。

（二）高附加值带来的高效益

文化创意产业具有较高的附加值，因为该产业是处于技术创新和研发等产业价值链的高端环节，文化创意和设计服务产品价值中，科技和文化的附加值比例明显高于普通的产品和服务。这样的高附加值使得发包方公司愿意将这部分的业务拿出来进行外包，通过文化创意服务外包公司的专业技能，为自己的公司创造更高的附加价值，获得更大的利益。

（三）辐射社会及文化交融

文化创意和设计服务产业从个人来说是一个人世界观、人生观、价值观的综合体现，从社会的角度来说是经济、文化、技术融合的产物，即文化创意和设计服务产业生产出来的产品是具有高度的融合性、较强的渗透性和辐射力的。文化创意服务外包企业如果是在岸外包的话，能够带动相关产业以及区域内经济的发展，提高人民素质，辐射到社会的各个方面，作为当地政府自然乐意给予很多政策鼓励，作为离岸外包的文化创意服务外包企业能够融合不同的国家文化，推动文化交流及渗透。

三、文化创意服务外包发展的条件

【小案例】

"十三五"期间，西安应加快建设高新、曲江国家级文化和科技融合示范基地、国家数字出版基地和国家广告产业园，创建国家对外文化贸易基地，建设全国文化创意中心。加快发展现代文化产业中的高端影视、现代传媒、创意设计以及3D模型外包、国际动漫加工、原创动漫开发、漫画数字化应用、影视特效制作、手机娱乐、数字出版、媒体后台数字库等新兴服务外包业务。利用文化体制创新和文化产业发展契机，培育出一批创作、制作、发行、授权以及延伸品开发的高端动漫外包企业，加快影视制作外包、动漫衍生品的开发，依据西安在软件开发行业的优势，加强动漫创意软件开发，如漫画平面设计软件、动画制作软件、动画音频软件等，鼓励发展建筑、规划、工业、广告、影视等领域的应用动画制作，做大做强西安影视、仿唐乐舞、西安鼓乐、秦腔等特色品牌，鼓励动漫衍生品如网络游戏、主题公园、主题餐饮、数码产品等的开发和拓展。

——摘自《西安市服务外包发展报告》

案例提问：
(1) 你认为西安市发展文化创意服务外包的优势在哪里？
(2) 西安的动漫外包产业与菲律宾相比，其发展的契机有何不同？

（一）文化创意服务外包发展的环境条件

1. 历史文化基础

文化创意服务产业归根到底是文化底蕴的堆积和思想的交流，文化创意服务外包企业所在之地同样也需要丰富的历史文化基础才能够得以发展。在我国建立文化创意服务外包产业园的地区包括上海长宁数字媒体园区、西安碑林动漫产业园、西安曲江文化服务外包园区、河南国家知识产权创意产业试点园区等，可以看到，这些都是历史较为厚重、有丰富的文化沉淀的地区，这是文化创意服务外包产业得以发展的优势之一。文化创意服务外包产业得以发展的另一个历史原因则是它产生于文化比较多元的地区。无论是上海还是菲律宾，基于历史上得天独厚的条件，这些地区的文化都是比较多元和复杂的，所以对于外来的文化也具有一定的包容性。

2. 相关产业基础稳固

无论是制作广告、动画还是建筑设计，文化创意产业虽然是以创意作为核心竞争力的，但是最终产品的实现依旧需要依靠信息技术、影视制作技能等技术，因此，在信息技术产业、软件开发产业、动漫制作产业等文化创意服务外包相关产业发达的地区，更容易发展文化创意服务外包企业。

3. 完善的文化体制保障

文化创意服务外包企业得以发展的另一个重要保障来自政府政策。《知识产权法》是文化创意服务外包企业最重要的靠山，最终生产出的产品的版权究竟应当归属于发包方和接包方中哪一方也是经常容易出现的问题。同时，政策的颁发也不断推动着文化创意服务外包企业的发展。2015年1月16日，我国国务院印发了《关于促进服务外包产业加快发展的意见》，确定了服务外包产业的重点领域、主要任务和保障措施等，其中，明确提到要加快发展文化创意和休闲娱乐等领域服务外包。之后，各地都出台了文化创意服务外包相关的政策，以此来推动该产业的发展，一些针对留学生或文化创意服务专业人才提供的优惠政策也在一定程度上帮助文化创意服务外包产业获得更为优质的人才资源。

（二）文化创意服务外包发展的人才条件

1. 丰富的创造力

以西安为例，西安文化艺术人才聚集，具有发展文化创意产业无可比拟的优势，影视传媒、数字出版、动漫游戏、手机娱乐、数字文化、广告策划等高附加值文化创意产业发展势头良好，以高新区、曲江新区为代表的文化产业增速连续多年保持20%以上。人才是第一生产力，西安市拥有大批具有创造力的艺术人才，因此才奠定了发展碑林动漫产业园、曲江文化服务外包园区的基础。

2. 优秀的语言能力

良好的包容性使得上海、西安等城市更容易吸引海归人员，其具备优秀的语言能力，熟悉相关国家的语言及文化氛围，理解发包方国家的人文底蕴，在沟通中更容易达成共识。

四、文化创意服务外包的模式——以动漫产业服务外包为例

（一）纯制作的代工模式

这种模式相对比较单一，一般有两种主要形式，如承接欧美国家的外包业务，主要是通过中间商，如新加坡、中国台湾地区和中国香港地区的制作公司在内地设立分部的方式承接加工业务，由于欧美动画片造型简单、动作复杂的动画方式和早期国产片相同，因此欧美国家在中国的动画加工设置了执行导演、原画、修型等职位，涵盖了动画中期制作的所有环节，形成了一套完整的系统。另一种是承接日本的外包业务，主要是由外国公司在中国直接开设制作公司，雇佣当地工人，如杭州飞龙公司、北京写乐公司等。

（二）联合制片模式

这种模式外包服务商可以直接以制作商的身份参与影片的全流程。首先制作商参与动画片的创意、策划过程，完成剧本后，预售给发行商。制作过程由发行商和制作商共同投资，分享作品版权收益。由作品产生的收入首先用以弥补发行商发行成本，制作商要按照作品直接收入的百分比向发行商支付发行费用，联合制片和加工片相比，制作方式可以相似，但在片子的整体运作上却不能相提并论。作为加工商，只是游离在游戏规则之外，只有投资和联合，才会有知情权，才能学会如何进行动画片的市场运作。因此联合制片作为中高端服务外包模式正在成为很多有实力的中国动画加工企业的选择。

（三）参与衍生产品海外代理模式

在动漫制作环节的下游即衍生品的开发是利润丰厚的部分，其收入往往远远超过影片本身的票房和发行利润，因此如果能够获得票房成功或者原创形象的海外代理，对于中国动漫企业来讲也是一件非常幸运的事情。目前很多中国内地的授权代理，往往是采取跟中国香港地区和中国台湾地区的授权公司合作的形式，还不能直接从动漫原创企业拿单，这跟中国企业的市场运作经验不足有直接关系，相信随着中国动漫衍生品市场的不断健全，这种情

况也将会发生改变。

第三节　工业设计与工程技术服务外包

【引导案例】

英国的工程咨询服务外包市场

如今在英国,当你查阅一份建筑细部图纸或结构优化方案时,是否意识到这些设计并非出自伦敦、格拉斯哥或者伯明翰,随着越来越多的英国公司涉足工程设计国际外包市场,这些设计极有可能来自越南、印度或是南非的机构。

经济全球化推动着各行各业的大公司实施跨国经营的战略。工程咨询外包市场在英国已经逐渐成形并初具规模,目前其发展势头仍然十分迅猛。韦比博德(Whitbybird)、阿特金斯(Atkins)、EC.哈里斯(EC Harris)等著名大公司已经运作工程咨询外包多年,其他许多公司也正积极准备开拓这一海外市场。据估计,英国每年潜在的工程咨询外包市场份额高达数亿英镑,主要涵盖建筑设计、结构设计、项目管理和估价咨询等领域。对这些英国公司而言,工程咨询外包市场具有重要的商业意义:这使他们能按需求实施不同策略,降低风险和费用,大大提高企业利润。包括英国皇家建筑师协会RIBA(Royal Institute of British Architects)在内的许多机构都对工程咨询外包持支持态度,甚至有人认为照此势头发展,几乎所有的可分解外包项目都能够通过工程外包市场寻找到质优价廉的技术力量来完成。

英国国内大多数意见依然对工程咨询外包持肯定态度。随着世界经济一体化进程的加快,国际工程外包市场迅速壮大之势已不可避免,工程咨询外包的发展也同时冲击着产业结构的调整,而在巨大利益的推动下,工程外包必将给英国建设领域的运行方式带来一场意义深远的变革。

对中国工程咨询企业而言,把握商机,积极参与国际工程项目咨询外包,既可从项目中获利,又可学习国外的先进技术、成熟的管理经验,培育中国的本土人才,开发拥有巨大潜力的中国市场,进一步融入国际经济合作中去。

案例思考:
1. 你认为英国工程咨询服务外包业务得以开展的契机有哪些?
2. 工程咨询服务外包业务开展过程中可能会面临的问题有哪些?

一、工业设计与工程技术服务外包概述

工业设计与工程技术服务外包分为工业设计服务与工程技术服务外包两大类。

（一）工业设计服务外包

工业设计服务是指提供专业的工业产品设计服务整体解决方案，或产品策划、外观造型设计及产品包装、产品展示等某一业务流程的服务。主要业务类型包括外观设计、结构设计、试验认证、环境设计、工业生产线设计等五个业务类型。重点应用于制造业，批发和零售业，交通运输、仓储和邮政业，信息传输、软件和信息技术服务业，建筑业等五个国民经济行业。

（二）工程技术服务外包

工程技术服务是指对工程项目的建设提供有技术依据的设计方案，如具体规划或总体设计，以及工程建设项目决策和管理提供咨询等服务，但不包括具体的施工活动及工程管理。主要业务类型包括工程咨询、规划设计两个业务类型。重点面向制造业、电力、热力、燃气及水生产和供应业，建筑业，房地产业，交通运输、仓储和邮政业等五个国民经济行业。

二、工业设计与工程技术服务外包产生动因

（一）节约成本

几乎所有的服务外包业务产生的原因之一都有能节约成本，而在工业设计与工程技术产业中，设计与规划等相关的业务会被进行外包，从成本的角度来说可以分为以下两种：

1. 节约人力资源成本

无论是工业设计还是工程技术，都跟设计与规划脱不了干系，而既然有设计与规划就需要专业的工业设计师、工程咨询师和规划师。这些人才目前在人力资源市场中因为从事工作的专业性、需要掌握知识的复杂性和人才的匮乏，薪酬还是比较高的。深圳市工业设计平均薪水（包括公司相关人员匹配资源费用）每月1万元左右，而一些规划设计专业的人才在有了一定的工作经验后可以获得年薪50万元以上的薪酬。这些人才的成本必须计入企业的成本中。虽然投资在这些人才上的成本可以获得丰厚的回报，但是必须看到，对于企业（特别是一些中小型企业）来说，每年接到的项目是少数的几个，按照费用的比例来看，将工业设计或者工程技术服务业务外包给专业公司是可以减少在人力方面的成本的。

2. 节约制造成本

专业的工业设计与工程技术服务外包企业不仅能够提供专业的设计、咨询与规划的业务，同样在相关的制造以及建造上有着相对成熟的供应链。比如国内一些大的工业设计公司有向工业设计产业链上游发展趋势，安日深圳嘉兰图现在就开展了供应链整合、模具等一站式工业设计业务链服务。发包方企业一方面将设计、咨询与规划的业务外包出去，另一方面将接包方其他供应链上的资源借助过来，无论是进行接触当地产业链较少的离岸外包还是在岸外包都可以减少自身企业的研发和制造的成本。

（二）转移风险

无论是工业设计还是工程技术服务都会遇到最终实现的风险问题，将这部分的业务进行外包有效地把从设计、规划到最终产品实现的风险转移给了接包方公司，对于发包方公司的风险控制是有好处的。而从工业设计和工程技术服务完成的质量上来看，外包公司所设计和规划出的成果在产品的最终实现方面有着原公司无可媲美的优势。对于投资和回报都很高的 PFI（Private Finance Initiative）工程项目来说，大多数企业由于规模和实力都无法参加。对于大型公司和一些正在快速增长的中小型公司来说，工程咨询外包可以控制成本和减少项目的投资风险，并寻找合适的外部力量作为商业伙伴参与 PFI 项目的竞争。

（三）有效控制时间成本

设计规划的速度跟不上计划的进度在项目管理中是很容易出现的问题，而将工业设计和工程技术服务业务外包出去的话，接包方公司必须严格按照合同时间进行项目推进，出现延误的可能性大大降低，有利于发包方公司进行项目管理，促进项目的完成。EC.哈里斯（EC Harris）造价咨询公司在全球各地设立了包括印尼雅加达、南非开普敦等多个具有战略位置意义的分支机构，这使他们能在一天 24 小时中都有机构处于工作时间，在完成紧急事务时互相支持。

三、工业设计与工程技术服务外包实现模式

工业设计与工程技术服务外包在我国出现较晚，但是发展势头较好，形成了多个以工业设计为主的产业园，在我国开展的工业设计与工程技术服务外包模式主要包括以下几种：

（一）本土设计公司承接离岸设计外包

这指的是我国民营企业承接离岸企业工业设计或工程技术服务项目的情况。一般这样的企业具备极高的专业业务能力，并获得过工业设计方面的世界知名奖项。承接的业务往往是世界 500 强跨国公司的设计外包业务。同时，这样的外包模式还应用在一些特色行业，比如金融机具行业直接承接欧洲大型金融机具公司的设计外包业务，即金融机具类产品的整体研发设计，包括机械结构设计、电路设计，工业设计业务又转包给本地设计公司，属于次级外包。吸尘器行业方面，以苏州爱普电气为代表的企业主要承接欧美吸尘器公司的原始设计制造商业务，工业设计则主要转包给苏州本土设计公司。

（二）外资设计公司承接设计外包

这样的模式主要是指外资设计公司选择在我国设立自己的分支机构，分支机构属于外资设计公司，通过分支机构代理当地的工程咨询外包业务。比如，国际工程咨询领域的巨头阿特金斯在中东地区设立分支机构运作工程咨询外包成功以后，便将目光投向庞大的中国市场。目前，阿特金斯在中国已拥有 500 多名专业人员，主要通过设于香港、北京、上海和深圳的四个合资分支机构进行项目操作和管理。这类型的外包企业一方面承接公司设计外包业务，另一方面也同时承接我国国内外资制造或设计企业的业务。

（三）与离岸地区企业合作开展外包项目

这并不是设立分支机构，而是在其他国家或地区寻找合作方，签订外包合同，互相利用对方的资源弥补自身不足，共同创造经济价值。

四、工业设计与工程技术服务外包发展的条件

【小案例】

武汉市工程设计行业发展较早，基础比较扎实，具有明显优势。2015年，武汉工程设计产业规模有所增长，企业数量达到497家，从业人数达7.28万人，营业收入为909.7亿元，工程技术服务外包业务占全市离岸服务外包业务份额的40%以上。葛洲坝集团、五环工程公司、中南电力设计院、中铁大桥局、中铁第四设计院等一大批工程勘察设计、施工管理和咨询服务行业的龙头企业中，不乏"中国速度""中国高度""中国跨度"的创造者。目前，武汉市正在积极申报联合国教科文组织"世界设计之都"，希望通过"设计之都"的申报，进一步促进工程设计相关产业加快发展。

——摘自《武汉市服务外包发展报告》

案例提问：
(1) 武汉市发展工程设计服务外包的优势有哪些？
(2) 你现在所在的城市有发展工程设计服务外包的优势吗？

（一）政策支持

政府设立扶持政策，加大政策资金支持力度，根据各项目对口情况，加大倾斜力度，支持工业文化领域事业发展。同时，政府鼓励会展中心、市工业展览馆、博物馆等展览场馆开办国内外顶级设备展览、技艺展览、服饰展览、工业设计展等工业文化展览。通过政府政策的开展和鼓励，促使园区内各企业形成聚合效应，提高自身业务水平，更好地开展工业设计与工程技术服务外包项目。

（二）平台效应

搭建交易服务平台、金融服务平台、知识产权转化服务平台、人才引进及培训服务平台、共性技术研发平台、品牌推介平台等公共服务平台，并针对不同企业，制定系列相关的优惠政策、补贴条款及提供各类服务。

（三）人才保证

人才是第一资源。政府鼓励企业与个人积极参与德国工业设计红点奖、iF设计奖等国际赛事，并鼓励高校组织学生、学者参与中国设计大展等国内外大学生工业设计大赛，以保证拥有更多的优秀人才能够支撑其工业设计与工程技术服务外包业务。

第四节　新技术、新能源研发服务外包

【引导案例】

药明康德新药开发有限公司

正如 IT 外包一样,出于人力成本、环境成本等多方面的考虑,很多制药公司都选择将新药研发中的某些环节外包。一般来说,在国内做研发成本要比美国便宜 40%—50%。一般来讲,新药的研发要经过这样几个环节:首先是发现药物前体,就像有一个靶子,要用枪去击中靶点,击中靶点后,表示化合物对某一个生物的靶点有活性。发现药物前体后,还要通过化学的方式来优化,优化后的药物前体便成了候选药物。大多数情况下,药物前体的发现和优化,都是在实验室和体外完成的。候选药物进入动物实验和人体实验成功后,便可以进入市场销售了。而在实验室里需要的克级合成工艺和临床或进入市场所需的吨级合成工艺有很大的不同。

药明康德提供的研发服务并不针对某种药物,而是一个新药研发的服务平台。根据不同客户的需求,提供的研发服务可以从发现药物前体到最后吨级合成工艺的每个环节。目前公司已经有 600 多人的科研团队,甚至超过很多科研院所的人数。每天大概有 400 多个项目在同时进行,小到做一个化合物的项目,大到做上吨的原料药,项目的研发周期也由一个月到一两年不等。

"全球医药市场每年的销售额大概是 5 000 亿美元,一般来讲,医药研发会占其10%的比例,也就是 500 亿美元的市场。"提到庞大的医药研发市场,李革显得很兴奋。但他同时表示,国内的医药研发服务才刚刚起步,国内公司要面对来自印度、俄罗斯、东欧等地公司的竞争,谈论中国能否成为国外新药研发外包基地,还为时过早。

案例思考:
1. 药明康德提供的研发外包服务主要指的是什么?
2. 请查询资料,中国目前的医药研发外包发展情况怎样?

一、新技术、新能源研发服务外包概述

新技术、新能源研发服务外包主要包括医药和生物技术研发服务、检验检测服务和新能源技术研发服务等。

(一) 医药和生物技术研发服务

医药和生物技术研发服务是指医药或相关企业将研发类业务外包给第三方专业机构完成,包括制药、生物医药、医疗器械等方面。如图 4-3 所示,其主要业务类型包括药物产品开发、临床前试验及临床试验、药物注册、国际认证及产品上市辅导服务、产业化技术咨询服务等 5 个业务类型,贯穿新药发现、临床研究、药物注册全流程,随着 CRO(Contract Research Organization)服务市场趋于成熟,还衍生出合同生产、厂研合作等多种业务形态。重点面向制造业、科学研究和技术服务业、卫生和社会工作等 3 个国民经济行业。

图 4-3　医药和生物技术研发服务外包主要业务范围

(二) 检验检测服务

检验检测服务是指为满足客户内部对采购物品、生产产品检测的需求而提供的专业服务,以及满足医疗机构诊断需要的第三方检测服务,不包括法律法规规定强制检测的部分。主要业务类型包括第三方医学检验检测服务、第三方食品检验检测服务、第三方消费用品检验检测服务、第三方工业产品检验检测服务等四个业务类型。重点应用于制造业,卫生和社会工作,电力、热力、燃气及水生产和供应业等 3 个国民经济行业。

(三) 新能源技术研发服务

新能源技术研发服务是指核电、太阳能、风电、生物质能、储能和智能电网等新能源企业将研发类业务外包给第三方机构完成,为其提供专业的设备制造技术研发、工程技术研发和产品应用技术研发等服务。主要业务类型包括设备制造技术研发、工程技术研发、产品应用技术研发等 3 个业务类型。重点应用在电力、热力、燃气和水生产和供应业,信息传输、软件和信息技术服务业,制造业,科学研究与技术服务业等 4 个国民经济行业。

二、新技术、新能源研发服务外包产生动因

(一) 潮流趋势

目前社会发展迅速,社会分工也趋于精细化和专业化,作为需要高度专业性和实践性的知识密集型行业的新技术、新能源研发产业,无论是医药生物、检测还是新能源都开始成为

研发和生产分离的状态,由此,研发服务外包开始成为这类型产业的发展趋势。

（二）有利于降低成本

1. 降低研发成本和研发风险

药物研发、新能源应用技术的开发等研发业务本身属于耗时长、耗资多、风险高的业务。对于中小型企业来说,没有研发的资金资源,研发能力也比较薄弱,将研发的业务外包出去可以降低研发的成本;而另一方面,无论公司的大小都需要面对研发失败的风险,而外包企业的存在则帮助发包方企业规避了这方面的风险。同时,通过新技术、新能源研发服务外包公司,发包方企业也能够更合理地配置自身资源,提高企业运营效率。

2. 降低人力资源成本

在研发数量不多的情况下,企业如果面面俱到,设置所有专项岗位,必然提高研发成本,分散人力资源;而新技术、新能源研发服务外包公司提供了医药、新能源应用技术开发等专业人才从事研发项目,同时还能够提供检测检验、临床试验等专业技术人才,帮助缩减了发包方企业庞大的人力资源投入,有利于企业有效利用外部社会资源,集中精力于自身主营业务,强化企业核心竞争力,人力资源获得精简后,自然管理费用也相应减少,从而帮助企业降低了成本。

（三）有利于提高产品研发的水平和质量

提高产品研发的水平,需要从研发的流程设计到验证结论、现实实践等各个环节实施科学、严格的质量管理。无论是新技术、新能源开发中都会遇到各式各样的问题,比如药品研发中要进行临床试验,由于临床试验涉及的对象是人,涉及社会、心理、伦理等问题,实施难度大,而专业的外包公司则能够提供一般的企业无法达到的专业服务的水平。

（四）有利于更快获取新技术

许多跨国企业虽然已经占据了市场的大量份额并能够通过掌控的产业知识巩固自身的市场地位,但是为了维护在信息、医药、新材料、新化工等知识密集行业的领先地位,必须持续地改进技术,而且大型跨国公司一般都不同程度地存在着许多影响创新,尤其是影响突破性创新的体制障碍,如果板僵化的管理制度,所以技术的更新压力和阻力都很大,而新技术、新能源研发外包企业的产生帮助这样的大公司解决了这方面的问题。

三、新技术、新能源研发服务外包发展的条件

【小案例】

西安在生物医药领域的研发优势明显,技术创新活跃,特别是3D打印、靶向药物、植入器械等方面呈现出前沿化、高端化、集群化的特点。西安高新区借助美国强生全球最大产能供应链生产基地,计划打造千亿级生物医药产业集群,西安康拓医疗

技术有限公司、西安新通药物研究有限公司等一大批生物医药、健康服务领域企业在西安聚集,推动个性化健康管理、智能健康产品、健康医疗移动应用服务等快速发展。目前,高新区内已聚集生物医药企业400余家,年均增长25%以上,预计到2020年,高新区生物医药产业收入可望达到2 000亿元,成为中国生物医药产业新高地。"十三五"期间,充分发挥西安在医药和生物技术方面的比较优势,积极融入生物医药国际研发链条和体系,发展具有自主知识产权的生物医药产品,重点发展医学检验技术服务、动物实验服务、药物非临床研究和评价、生物技术服务等,推动新药临床试验、临床前研究、药物基因组学、药物安全性评价、数据管理分析等领域快速发展。

——摘自《西安市服务外包发展报告》

案例思考:
1. 西安发展新技术、新能源研发服务外包产业的条件有哪些?
2. 你目前所在的城市具有像西安一样发展研发服务外包企业的条件吗?
3. 你目前所在的城市拥有的新技术、新能源研发服务外包企业有哪些?

(一)环境条件

我国的新技术、新能源研发服务外包企业的产生比较晚,但是发展速度较快,发展势头较好,从环境条件上分析,主要包括以下几个方面:

1. 跨国公司的增加

随着我国新技术的不断开发与发展,加上我国庞大的市场需求和大量的人力资源,不断吸引着跨国公司进入我国市场。在跨国公司研发领域在国内扩张的同时,我国的企业也首先获得了与跨国公司合作的机会,即我国企业拥有"近水楼台先得月"的先机。国内领先的新技术、新能源研发企业首先获得了与跨国公司合作的机会,逐步成为跨国公司在华的优先供应商和重要战略合作伙伴,并获得强大的资金支持和全球研发资源,优先享受行业红利。

2. 国家主导行业发展

我国针对新技术、新能源研发服务外包企业提供的审核政策较为有限,政府导向鼓励创新,从国家的角度要求创新并与国际接轨,促进了企业在新技术、新能源研发方面的投入,带动了该行业服务外包企业的发展。我国的新技术、新能源行业发展速度比较快,处于发展的上升时期,市场增量空间也提供了充分的市场支持。

(二)人才条件

我国研究与试验发展人员数量继续增长,高学历人员比重上升,研发人员素质进一步提高。以2017年数据为准,我国参与研发活动的人员总数为621.4万人,比上年增长6.6%,其中67.7%为全时人员。在R&D人员中,博士41.7万人,硕士92万人,本科毕业生271.2万人。研究生学历的人数占到总数的21.5%,比2016年(21%)有所提高。研发人才的不断增长和研发能力的提高,直接促进了我国新技术、新能源研发服务外包的发展。

四、新技术、新能源研发服务外包存在的风险

（一）新技术、新能源研发服务外包的风险

企业的新技术、新能源研发服务外包存在种种风险，主要包括竞争风险、信息泄露风险及信息不对称和合同不完全所带来的合作风险。

（1）竞争风险。新技术、新能源研发服务外包作为一种新的技术创新模式，可以充分地调动企业与全球合作伙伴的力量，大幅度提升新产品的开发效率，缩短生产周期，然而，研发服务外包模式同时也会培植甚至促进新的竞争对手出现，带来巨大的竞争风险。如 IBM 公司在 20 世纪 80 年代曾把计算机操作系统和处理器芯片的研发业务外包给了微软（Microsoft）公司和英特尔（Intel）公司，结果很快便造就了这两大 IT 巨头。

（2）信息泄露风险。企业研发的机密信息可能通过外包承接商的渠道泄露出去，这是委托方企业研发服务外包面临的一个重要的风险。如果相关信息被有意或无意地泄露，将给委托方企业带来难以估量的损失，这是研发业务外包较制造业、IT 业与业务流程外包少的主要原因之一。

（3）信息不对称风险。有些信息只有一方拥有而另一方不拥有的现象称为信息不对称。非对称信息交易在经济学上被称为委托—代理关系，交易中有信息优势的一方称为代理人，另一方称为委托人。

新技术、新能源研发服务外包的本质是企业之间的一种合作创新关系，但如果合作双方之间存在信息不对称就会导致各方的机会主义倾向，给委托方企业带来逆向选择和道德风险等问题，加剧了外包的整体风险。

① 逆向选择。所谓逆向选择是指在签订研发服务外包协议之前，外包代理商掌握了一些委托方不知道的信息，而这些信息可能会对委托方不利。比如，外包代理商了解自己的研发实力、研发项目的难度，但为了获得承包的机会，会向委托方企业提供不充分或不真实的信息，而委托方企业可能因为没有能力或没有严格遵照招标规程深入了解外包商的真实研发能力，误选了不符合研发项目所需的外包代理商，本来应该是委托方企业选择承接商，但这种信息的不对称导致了承接商掌握了主动权的"逆向选择"。

② 道德风险。即使在签订契约时双方均拥有完全信息，但达成契约后，委托方企业无法完全观察到承接商的所有行为，如承接商在研发方面的努力程度、研发投入水平等。承接商取得契约保障后，可能采取不利于委托方企业的行为，致使研发项目延期、质量低下，甚至会损害委托方企业的根本利益。

（4）合同不完全风险。任何合同都存在不完全性的问题，新技术、新能源研发服务外包合同更是如此。研发合同特征决定了其不完全性。由于研发项目的长期性、复杂性和不确定性，签订合同时很难全面规定出研究活动的确切细节和要求，不管双方如何细心地设计合同，都不可能预测出所有可能发生的情况，因而，研发服务外包合同的不完全性十分突出。

在合同不完全时，委托方企业面临的主要风险是：承接商的研究人员用委托方提供的资

金去从事其他的项目研究,并没有把资金、时间和精力投入到双方协定的研发项目上,形成"项目交叉补贴"或"项目替代"现象。合作双方的利益存在不一致,委托方企业的目标是开发出可靠并能够获利的技术与产品,而承接方企业的研究人员可能更注重于开发自己企业研究的项目或从事其他协议的研究项目。

(二)新技术、新能源研发服务外包风险的防范

从本质上看,新技术、新能源研发服务外包能否成功,很大程度上取决于委托方企业风险预测与风险管理的能力。企业在维护外包合作关系的过程中,应当对承接方进行适当的监督、激励与惩罚,建立恰当的争端解决机制以及相应的合同终止条款对风险进行防范,主要措施如下:

(1)定期监督承接方。在研发服务外包过程中,委托方企业应当按照合同所规定的进程和目标,定期对研发服务外包的承接商的工作进行评估,对其是否真正满足了合同规定的要求进行监控。

(2)适当奖励承接方。如果委托方企业在日常的监督中发现项目承接商履约严谨、全力投入且研发工作卓有成效,应当对承接商进行适当奖励。

本章小结

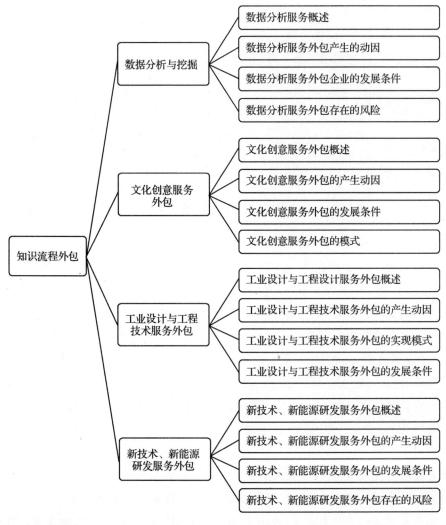

思考练习

一、单项选择题

1. 数据分析与挖掘的方法不包括(　　)。
   A. 分类　　　　　B. 回归分析　　　　C. 聚类　　　　　D. 访谈

2. 文化创意服务外包的产生动因不包括(　　)。
   A. "创意"的核心竞争力　　　　　B. 节约制造成本
   C. 高附加值带来的高效益　　　　D. 辐射社会及文化交融

3. 文化创意服务外包发展的环境条件不包括(　　)。

A. 历史文化基础　　　　　　　　B. 相关产业基础稳固

C. 优秀的语言能力　　　　　　　D. 完善的文化体制保障

二、简答题

1. 简述数据分析服务外包产生的动因。
2. 简述工业设计与工程技术服务外包的产生动因。
3. 简述新技术、新能源研发服务外包的产生动因。

项目名称：

通过案例，分析美国的大数据应用。

案例：美国的大数据应用

美国政府将大数据视为强化美国行政历的关键因素之一，把大数据研究和生产计划提高到国家战略层面。2012年3月，美国奥巴马政府宣布投资2亿美元启动"大数据研究和发展计划"，这是继1993年美国宣布"信息高速公路"计划后的又一次重大科技发展部署。美国政府认为大数据是"未来的新石油与矿产"，将"大数据研究"上升为国家意志，对未来的科技与经济发展必将带来深远影响。美国政府还在积极推动数据公开，已开放37万个数据集合1 209个数据工具，并在2013年5月初进一步要求，政府必须实现新增和经处理数据的开放及其可读性，激发大数据创新活力。同时，美国政府也是大数据积极使用者，应用范围之广、水平之高、规模之大都远远超过人们的想象。2012—2013年美国国家安全局（NSA）、联邦调查局（FBI）及中央情报局（CIA）等联邦政府机构还大量采购亚马逊的云服务，以支撑其大数据应用。

随着大数据时代来临，数据成为推动产业发展的新枢纽及核心要素，大数据外包成为全新的服务外包细分领域并迅速发展。由于大数据必须与其他行业的领域知识相结合，在不同的领域环境和不同的应用需求下，大数据的获取、分析、反馈的方式都会不同。针对不同行业与领域业务需求，展开数据特征与业务特征的研究，进行大数据需求的分析，将带来从需求分析—业务模型—数据模型—数据采集—数据分析—总结反馈的全生命周期的外包产业链。作为KPO的新领域，大量的大数据外包企业出现，形成丰富的数据外包解决方案，帮助处于大数据时代的买家进行内部数据挖掘，或侧重优化，帮企业更精准地找到用户，降低营销成本。

——《美国服务外包行业发展现状及展望》

实训目的：

1. 理解数据分析业务的适用范畴；
2. 掌握数据分析业务开展的流程。

实训内容：
针对以上案例进行分析，并举例说明数据分析服务外包应用在生活中的具体案例。
实训成果形式：
进行项目汇报。

第五章

服务外包战略与供应商选择

1. 理解企业服务外包战略决策的过程;
2. 理解企业外包项目供应商的选择流程;
3. 理解企业服务外包项目合同签订的过程与内容;
4. 了解企业外包项目评估与改进的内容。

1. 学会用SWOT方法对项目进行环境分析;
2. 能够懂得团队管理并决策某项工作的执行方向;
3. 能够看懂并执行服务外包合同或其他合同条款。

唐僧的战略目标

《西游记》在中国是家喻户晓的:主人公有唐僧、孙悟空、猪八戒和沙僧,徒弟3人保护师父唐僧去西天取经。

在保护唐僧去西天取经的路上,孙悟空能72般变化、降妖除魔、冲锋陷阵;猪八戒虽然贪吃贪睡,但打起仗来也能上天入海,助猴哥一臂之力;沙僧憨厚老实、任劳任怨,把大家的行李挑到西天;唐僧最舒服,不仅一路上有马骑、有饭吃,而且妖魔挡道也不用其动一根指头,自有徒儿们奋勇上阵。

那么,在他们当中,谁最重要呢?唐僧!

为什么?人们发现,最没有本事的就是唐僧。他做事不明真伪,动不动还要给孙猴子念上几句紧箍咒。但是,就是他,在孙悟空一赌气回了花果山、猪八戒开小差跑回高老庄、沙僧也犹豫的情况下，他毅然一个人奋勇向前，不达目的誓不罢休。

因为，唐僧心里清楚地知道，他去西天的目的是要取回真经普度众生。他知道为什么要去西天，他知道他为什么做，他知道他要什么。而三个徒弟，他们并不知道为什么要去西天，他们只是知道保护好唐僧就行，至于为什么要保护好唐僧，他们不用去考虑，他们知道的是怎样做，并且把它做好。

所以，无论路程多么艰险，无论多少妖魔挡道，无论多少鬼怪想吃其肉，唐僧都毫无畏惧，奋勇向前。最后，唐僧不仅取回了真经，而且还使曾经被称为妖精的三个徒弟，最终功德圆满。

第一节 企业服务外包战略制定

【引导案例】

沃尔玛全球采购战略

2010年1月28日，作为全球最大零售商沃尔玛宣布该公司将启动一项新的全球采购战略，沃尔玛将与国际专业采购公司香港利丰订立采购协议，成立合资公司，并计划首个财年将20亿美元大单抛给利丰集团，由利丰为沃尔玛全球采购商品，帮助沃尔玛节约采购成本，为顾客提供品类更丰富、价格更低的商品。

美国人山姆·沃尔顿先生于1962年在阿肯色州创建了沃尔玛百货有限公司。经过四十多年的励精图治，如今的沃尔玛公司已经变成了美国最大的私人雇主，同时还是世界上最大的连锁零售企业。沃尔玛成功的原因有很多，但提出"帮顾客节省每一分钱"的宗旨，并实现了价格最便宜的承诺无疑是最重要的原因之一。不仅如此，沃尔玛还向顾客提供世界一流服务的新享受。只要你走进世界上任何一家沃尔玛，都可以亲身体验到宾至如归的购物乐趣。

在沃尔玛的经营管理过程中，成本控制无疑是确保其管理策略成功实施的最重要的一环。如何能最大范围内有效地降低采购成本成了沃尔玛管理层的重要议题，而在寻求各种成本控制的方法过程中，采购外包让人眼前一亮。

经过选择与比较，沃尔玛选择了香港利丰集团作为采购接包公司。该集团于1937年成立，是香港冯国经家族的利丰集团旗下上市旗舰公司，该公司也是全球主要的供应链管理公司之一，业务范围涉及40个国家及地区；美国市场占利丰总营业额约60%，其次为欧洲占30%，余下的则分布在日本、澳洲等地。利丰主要是透过私营公司和经销集团开展多元化的经销业务,并收购英之杰集团的亚太区品牌推广业务,为跨国客户提供一站式经销服务。利丰的三大核心业务——生产制造、市场推广及物流配送使得利丰在亚洲区为业务伙伴提供全面性综合分销服务,经过100年及三代管理层的专注经营,利丰集团已经成为一个国际性大型跨国商贸巨头;经营出口贸易、零售和经销批发三大核心业务。

沃尔玛在中国的业务主要分为两个部分,一是零售体系,即大卖场;另一个是采购体系,也就是沃尔玛全球采购办公室。沃尔玛此前全球采购的主力供应商是美国进口商,在商品流通过程中由于中间进口商本身赚取的利润直接导致沃尔玛的采购成本增加,为了进一步降低成本,沃尔玛设立了全球采办中心,力求让海外沃尔玛商店的买方能够逐渐越过美国进口商,直接向中国本土供应商下订单采购。但由于种种原因,沃尔玛总部买方仍然通过美国进口商直接下单给工厂,进口商与工厂也都没有变,相反还多了一个全球采办在中间接洽,徒增运营费用。

全球采办运营费用的增加意味着采购成本的提高,对于沃尔玛商品的市场竞争力无疑是非常不利的一个因素。只有通过整合采购供应链效益、控制成本、加大直采力度才是降低成本行之有效的途径。沃尔玛采购外包业务势在必行。

沃尔玛从2007年便开始对全球采购体系进行变阵。同年10月,沃尔玛全球采办裁员250人;2008年7月,沃尔玛全球采购质检工作外包,导致国内4个办事处的180名员工被裁。随后,沃尔玛还关闭了新加坡、菲律宾、斯里兰卡、土耳其的采购部门。

2009年10月份,沃尔玛公司宣布以新成立的4个全球采购中心(GMCs)为核心的统一的全球采购架构。沃尔玛全球采购总战略的核心将是不断提高沃尔玛公司自有品牌的直接采购。现在,沃尔玛公司自有品牌年采购额超过1 000亿美元,在这些商品中,直接从制造商采购的比例不到五分之一。如果转向直接采购,5年内在整条供应链上可节省5%~15%的成本。

沃尔玛正是看到利丰集团作为香港历史最悠久的出口贸易商号之一,可以做到利用供应链管理有效地节约成本,通过共享设备、减低库存等手段,减少占用客户的资产,极大地减少间接采购的成本,实现利润最大化的发展前景,沃尔玛最终决定将采购业务委托给第三方的利丰来经营。

沃尔玛与利丰公司达成战略同盟,签署了一系列非排他性协议,不包括对额度或运输的规定。作为采购代理商,利丰公司还将组建成立专门管理沃尔玛业务的新公司,为沃尔玛搭建一个专门的采购平台。根据协议,利丰代理采购的并不仅仅只是中国的商品,也不是单一的某一类商品,而是为全世界的沃尔玛商店采购所需要的商品。利丰这次为沃尔玛采购的产品名单,几乎是遍及沃尔玛店内所有产品。作为合作战略的一部分,沃尔玛还将把部分现有采购业务与利丰新成立的一个子公司合并。事实上沃尔玛是与利丰签署了转包合约,利丰承包创建的子公司最终会成为沃尔玛自有全球采购业务的一部分。

沃尔玛的核心竞争力是价格优势,而利丰集团的核心竞争力是为专业化高效的供应链管理。沃尔玛是全球最大的跨国零售商,选择利丰集团作为其采购商,是强强联合和服务外包的成功典范,也充分显示了沃尔玛现代化的经营理念,将采购业务委托给第三方来经营,充分利用世界最优秀的采购商资源,充分节约成本,充分发挥沃尔玛的核心竞争力。而利丰最大的优势便在于它遍布全球的、高效分工与合作的供应链管理。始终坚持以顾客为中心,以市场需求为原动力;专注于核心业务,建立核心竞争力;与各企业紧密合作,共担风险,共享利益;讲究供应链的信息化运作;讲究系统整体效率的提升;实现按需生产,以减少存货积压的风险;尽量降低在采购、库存、运输和环节之间的成本。

案例思考:
1. 沃尔玛和利丰集团的核心竞争力各是什么?
2. 沃尔玛在全球采购的战略是什么?
3. 沃尔玛与利丰集团的合作模式是什么?

一、企业战略定位

(一)企业战略

企业战略是指企业面向顾客要求,根据企业环境条件选择自己的经营领域,形成自己的核心竞争力,并期望在竞争中取胜。企业战略包括竞争战略、发展战略、营销战略、品牌战略、融资战略、技术战略、人才战略、资源战略等,是企业对各种战略的统称,是企业竞争整体性、长期性和基本性问题的谋略。

企业战略是从全局角度指导或决定企业发展策略。从发展方式上看,企业战略有发展型战略、稳定型战略、收缩型战略、成本领先型战略、并购战略、差异化战略和集中化战略等。

(二)企业战略定位

战略定位就是企业通过构建自己的产品、品牌、形象等,在客户心目中形成可持续的有利于自己发展的地位。

企业的价值链有基本活动和辅助活动,基本活动包括企业原料供应、生产、营销、售后服务等,辅助活动包括人力资源、财务、研发、计划、组织制度等,这些活动都是企业正常运营必需的环节,企业需要根据自己内外部环境条件、资源条件、技术条件等构建区别于竞争对手的核心竞争力。明确企业要服务于什么类型的客户、能够满足客户的哪些需求,并通过渠道建立自己的成本优势。在战略抉择上,企业要集中精力于自己的优势,有所为与有所不为,随着环境条件的变化,随时调整自己的行为,使自己的核心竞争力具有长期性与联系性。

(三)企业战略定位步骤

1. 确定企业战略领域

确定企业战略领域是很难的,往往靠企业家的经验与直觉来判断。企业战略领域有现有领域、相关领域、未来领域,企业不能局限在现有领域和相关领域,要扩宽思路,面向未来,重点研究产业、区域、客户、产品,确定企业战略领域。

2. 企业环境 SWOT 分析

(1) 企业外部环境的机会(O)与威胁(T)分析。

企业外部环境是影响企业未来发展的主要因素,企业外部环境分析包括宏观环境分析、产业环境分析、竞争环境分析、竞争对手分析、消费者分析和上下游分析。企业通过对外部环境分析,可以分析、判断、预测产业环境的变化趋势,从中寻找可以利用的机会和可以避免的威胁。

(2) 企业内部环境优势(S)和劣势(W)分析。

企业内部环境也影响着企业战略选择,企业内部环境分析包括企业发展历史分析、企业经营业绩分析、企业业务分析、企业核心能力分析等。企业通过内部环境分析,可以找出优势与劣势,找出企业现有能力与目标发展能力的差距,并为企业战略准确制定提供依据。

3. 企业战略定位与规划

企业在内外环境分析基础上,在自己的战略领域进行战略选择,并进行企业愿景制定、战略目标制定、业务战略制定、职能战略制定等。

企业战略制定后也不是一成不变的,随着环境条件的变化,战略每年都会滚动分析与调整。

二、企业运营职能优化

微软的产品更新换代模式、麦当劳的房地产零售模式、安利的开发与生产结合模式、携程的低价酒店经营模式等都是比较有特色的运营模式。

(一) 企业运营

企业战略目标的实现需要企业运营,企业运营是企业生存的根本,真正体现企业的核心竞争力。企业运营管理主要职能包括生产运营、市场营销、技术、资金运营、人力资源管理等,企业各职能有机联系,并循环往复实现自己的经营目标,企业职能统筹管理就是企业运营。企业运营是一个投入、转换、产出的过程,是一个价值增值过程。

(二) 企业运营模式

企业运营模式就是企业内部人、财、物、信息等各要素的组合方式。企业缺乏有效合理的运营模式,就会缺乏持续而优质的产品服务供应。企业运营模式的基本职能决定了企业的组织架构。

企业组织架构一般包括行政管理、销售、生产、技术、资金管理等五个职能模块。

(1) 行政管理负责企业的企业规划、决策、管理、监督、考核,负责企业的人力资源管理、后勤管理、工会组织和企业文化等。

(2) 企业销售负责企业产品营销、市场开发与推广、库存产品管理和用户服务等。

(3) 企业生产负责与生产相关的设备与原材料采购、生产组织与管理、生产人员管理、生产成本管理、生产产品管理、产品检测与质量保证等。

（4）企业技术负责为企业生产与销售提供技术支持、信息收集与处理、新产品与新技术的研发、人员技术培训等。

（5）企业资金管理负责企业常规财务工作、资金的使用管理与监督、融资与引资、生产经营成本的核算与考核等。

（三）企业运营职能优化

企业运营职能的效率高低决定企业发展状况，面对激烈竞争的企业环境，企业的内部运营需要不断优化，以适应企业快速发展的变革需求。

企业运营优化即企业需要不断变革，目前现代企业运营优化方式常采用业务流程重组、共享服务和服务外包等方式。

（1）业务流程重组，也称为企业流程再造，是企业通过对企业战略、企业增值运营流程及支持它们的组织流程重组和优化，以达到工作流程和生产力最优化的目的。业务流程重组的重点是在企业内部对业务流程进行变革。

（2）共享服务，是指从企业内部多个运营单元的共性管理职能分离出来，成立专门的独立实体提供统一的服务。企业最常见的共享服务包括财务、人力资源管理和信息技术等方面。共享服务也是发生在企业内部的运营变革。

（3）服务外包，是企业根据价值链和核心竞争力，把非核心的业务外包给企业专业机构运营的经济活动。服务外包借助了企业外部的力量来改变自己的内部运营体系。

所以企业运营职能优化可以分为两种方式，一种是在企业内部的运营优化，一种是通过外包，借助企业外部力量进行企业运营优化。

企业在运营诊断时，可以通过具体的企业运营分析对企业运营效率进行定量诊断，也需要通过企业自身运营状况及外部环境分析判断企业是否适合外包。从对于企业运营各职能的优化角度，外包并非唯一的方式，企业可以渐进性地采取业务流程重组、共享服务和外包三种方式，这三种方式也可以结合在一起，同时进行，以期达到优化运营的最佳效果。

三、企业服务外包战略决策

【小案例】

在科技行业，苹果已经推崇了35年的垂直整合模式，采用集成化的硬件和软件发展方式。例如，iPhone 和 iPad 的硬件和软件都由苹果设计，甚至还配备了苹果自主开发的处理器。这种整合使得苹果在移动计算市场异军突起。"尽管专业化能够带来一些利益，但大包大揽的发展模式也有意义。"沃顿商学院管理学教授大卫·许（David Hsu）说。

在当前的形势下，苹果已经找到了平衡垂直整合与外包模式的方法。例如，苹果

> 专注于设计和整合,但中国外包设备制造商富士康则负责组装 iPad 和 iPhone。根据大卫·许的说法,苹果已经采取了一种混合模式,一方面控制着产品和供应链,但另一方面也在很多领域使用外包厂商。另外,他认为苹果的庞大规模使之足以掌控外包厂商——这种优势是其他科技公司无法企及的。
>
> 　　一直以来,苹果保持着约 40% 的毛利率。这皆由苹果庞大的利益生态链所供给,苹果依赖于一整条极长的供应链。除了熟知的液晶显示面板商 LG、组装代工商富士康、内存商三星等,大批非直接供货商也聚集在长长的产业链之中。

简单地说,服务外包就是企业外部资源的利用,通过购买第三方提供服务来完成由企业内部完成的运营工作。企业进行服务外包战略决策需要思考三方面的问题:

(一) 企业是否做好了实施服务外包的准备

企业是否服务外包,首先是看企业的价值创造。通过服务外包,就是把企业不直接创造价值的职能转移出去,使自己更专注于直接创造价值的核心功能。服务外包是现代信息技术发达的产物,所以企业在实施服务外包决策时,要进行自我判断,其一,企业的价值创造有明显的核心竞争力,在市场中有一定的竞争优势,不会通过服务外包使技术泄露或被别人模仿;其二,企业自身信息技术已经发达,通过信息技术能方便与外包企业沟通、联络与监督;其三,企业通过服务外包能大大提升自己的核心竞争力,并创造更客观的利润;其四,市场有可信赖的服务外包公司存在,并能够很好地合作完成自己的运营内容,服务外包双方实现双赢。

(二) 企业通过服务外包要完成什么目标

企业通过服务外包要实现的目标是多元化的。首先,降低运营成本,比自己运营的成本低是选择服务外包的一个核心目标;其次,提高服务质量,通过服务外包使企业的运营职能更专业,并大大提升服务质量;第三,规模经济效应,服务外包使企业集中优势资源与核心能力,扩大规模,提高竞争力;第四,分散风险,通过服务外包,这些运营职能的风险也进行转移。总之,通过服务外包企业可以将优先的资源用于战略性活动,增加企业价值,提高企业竞争力。

(三) 什么样的运营业务可以外包

企业的资源与能力都是有限的,企业的目标是追求价值的实现并使其最大化,企业运营中,有些环节产生价值,有些环节辅助促使价值生成,所有环节都不可缺少,企业为使自己集中精力于核心业务,就会选择进行外包。通常可用如下示意公式来表述企业会选择怎样的运营业务内容进行外包。

业务运营的价值 = 业务运营所创造的收入(或形成的成本节约) - 业务运营费用 - 业务运营所耗费用或资源的机会成本

当业务运营费用 + 所耗资源的机会成本 ≥ 业务运营所创造的收入时,该业务运营没有创造价值。条件许可,可以考虑将其外包。

当外包所需成本＜业务运营费用＋所耗资源的机会成本＜业务运营所创造的收入时,该业务运营虽然创造了价值,但不具有相对优势,将其外包可以使企业增加更大的价值。

当外包所需成本＞业务运营费用＋所耗资源的机会成本时,该业务运营才有存在的合理性。

可见,外包所需成本＜业务运营费用＋所耗资源的机会成本是判断可以进行外包的条件。

第二节　企业业务外包项目分析与计划

【引导案例】

某公司服务全球的人力资源服务项目

某外资企业在中国发展已有约20年的时间,随着近年来中国经济的快速发展,公司规模迅速扩大,目前员工总数已超过五千人,而公司的人力资源部门人数不足百人。由于公司在中国许多城市都设有分支机构,且业务领域十分广泛,有很多条业务线,从而使得近百人的整个人力资源部门架构变得十分复杂。由于架构的交叉,人力资源部门人员的工作因重叠而造成重复,形成资源浪费、职责不清、工作压力大、工作时间长等问题。因此,界定核心专业的人力资源部门与不同业务、不同区域的人力资源部门(以下简称HRRM)之间的职责显得尤为重要。

为了节约成本,提高质量,该公司已于2000年在亚洲成立了服务全球的人力资源服务中心,负责处理人力资源所有后台的操作。这样既可以减少成本,提高客户满意度,也实现了稳定及专业管理的目标。然而,把行政性的事务性工作外包,并进行流程优化,使这些人力资源部门的工作人员更合理地调配资源,发挥专家作用,更好地支持公司业务的快速发展,需要通过一个管理项目的过程来得以实现。

公司整体的指导原则是"从现状出发,利用公司所有的资源,做到最好"。该公司希望通过人力资源外包实现的目标包括:让所有员工和经理更多更好地使用人力资源系统来自行操作,完成一些系统中的信息维护和变化,使人力资源部门可以关注更有价值的核心工作,而把一些行政性的工作内容自动化,或者进行外包给全球的人力资源中心,而人力资源中心则通过优化其工作流程,提供更好的后台服务,通过这个项目可以使人力资源内部的职责更加明确而有针对性。

那么，公司到底要外包哪些人力资源部门的工作内容，怎样合理安排外包后的工作流程，以及公司通过服务外包节省的时间怎样更好地利用呢？

1. HRRM 要停止的工作

追踪培训计划和长休假的情况；督促经理们完成员工通过系统提出的各种申请，诸如休假申请、培训申请等。

2. 外包到人力资源服务中心完成的工作

针对公司政策的问题，如休假政策、保险、养老金、入职程序、离职程序等；针对薪资福利方面的问题，如工资、保险、福利、股权计划等；报告的生成及分析；有关人力资源系统的问题，如员工自助服务；一些其他的使用问题；人力资源系统使用的培训；员工年度目标设定的追踪。

3. HRRM 应侧重的工作

HRRM 应侧重的工作从流程角度应该包括：员工的留存，指导管理人员如何与员工进行绩效管理的谈话，就薪酬福利的决定以及内部的平衡给予建议，为人才的管理提供支持，帮助管理人员建立团队的发展计划。

具体的解决方案，包括外包内容和流程的沟通、制订具体的行动计划以及监督管理整个实施过程等，重点可以归纳为以下几个方面：

1. 根据外包的内容进行充分沟通，以达成共识

沟通环节，包括项目所涉及的人员的沟通和管理，尤其是项目中涉及的高层管理人员，与他们的有效沟通是项目成功的重要因素。HRRM 和核心专业人力资源部门的同事是整个项目的主要执行者，也是变革的关键，所以，人力资源内部的沟通也显得尤其重要。

2. 针对 HRRM 培训项目

除了沟通外，如何帮助 HRRM 适应新的工作内容和模式，帮助他们准备好新的定位、技能和知识，是整个项目另一个成功的要素。这种培训将是一种灵活的学习方式，帮助改变思维方式和技能的提高，包括组成学习小组进行定期总结分享，根据工作当中所遇到的实际问题进行小组讨论，共同学习，或者是通过学习已有的经验来提高处理问题的技巧和能力。

3. 人力资源外包的计划和实施管理过程

人力资源服务外包的过程是一个不断持续的过程，并需要在整个过程中进行监控，以保证服务的质量，人力资源部门服务工作内容外包和管理可以分以下几个步骤进行阐述：

（1）从 HRRM 团队中进行调查，了解具体情况并进行分析，确定外包项目所要涉及的部分。

（2）优化工作流程并对工作量进行分析，新的工作流程将由项目组和人力资源服务中心共同制定，并确保工作流程的合理有效性，同时，根据外包的内容和新的工作流

程进行工作量和所需时间上的分析,以确定人力资源服务中心所需的资源。

(3) 确保 HRRM 知识转移到人力资源服务中心,分析所需要转移的知识,以及培训的必要性,确定培训和被培训的人员,制订培训计划,以及培训结果评估的办法。

(4) 试运行及用户测试阶段,测试服务中心人员解答员工问题的情况、相关信件的测试等。

(5) 正式实施,服务外包的开始,同时也是 HRRM 转型的开始。

(6) 正式实施后初期对人力资源服务中心服务数量和质量的监控,包括问题和报告的数量和种类,问题解决的情况分析(是即时解决、待决还是上报),待决问题的具体情况,整体趋势分析,客户反馈调查,以及其他特别接到的意见和建议。

(7) 当项目运转成熟以后,人力资源服务中心会出台一个服务标准,以衡量他们今后的工作,该标准需要由公司的人力资源部门认同,同时也需要公司的管理层和员工认同。

(资料来源:上海之源,http://shhr.cn)

案例思考:
1. 本公司为何要进行人力资源外包?
2. 本公司成立人力资源服务中心后的优势表现在哪些地方?
3. 本公司的人力资源外包项目的计划和实施管理过程如何?

企业制定业务外包战略后,首先会建立一个服务外包项目团队。服务外包项目团队在服务外包项目委托前用于服务外包项目指导、分析、选择和管理职能。

在企业业务外包项目分析与计划阶段,服务外包项目团队首先是由企业最高管理层领导的服务外包指导功能,用于服务外包项目推进工作,并与意向的企业协商共同战略和制定项目目标。这个团队是整个服务外包项目落地的关键领导团队,团队成员应该包括企业各职能组织的相关人员,有企业战略职能部门人员和企业财务、人力资源、信息技术人员等,用于服务外包项目分析、服务外包项目选择和服务外包项目管理的统一规划、指挥、协调与监督功能。

所有企业进行服务外包运营一般都要经历业务外包项目分析与计划、业务外包项目供应商选择、业务外包项目合同谈判、业务外包项目转移管理和业务外包项目评估与改进等 5 个阶段。

一、企业业务外包项目分析

企业有意向进行服务外包,并定位计划服务外包的项目后,就要对业务外包项目进行全方面分析。

(一) 对外包流程进行研究与培训

企业选择业务外包,要熟悉服务外包的流程、管理模式,研究服务外包所需要的技术条件、人员条件、外包标准,对服务外包有全方位的管理认知,并对参与对接服务外包项目的人员进行包括理念、目标、运营标准等的培训。

(二)通过市场报告分析竞争对手活动

选择服务外包可能是企业领先市场的战略决策,更可能是研究同行竞争对手市场状况,发现竞争对手,通过服务外包模式取得更好的运营效益的结果,所以企业要通过市场反馈信息分析竞争对手的服务外包模式与经验,分析竞争对手在服务外包前后的运营效果。

(三)对服务外包风险评估与核心竞争力的促进作用

服务外包是有风险的,要分析这些风险是否在企业可控范围内,分析企业运营目标;企业关键成功要素来自哪些核心能力;围绕企业核心竞争力,核算企业运营流程的成本;估算业务服务外包的成本;分析服务外包前后的成本与效益状况。

企业业务外包分析团队成员由企业业务外包指导团队授权,一般由4—7人组成,涉及企业不同职能领域,这些成员组成的分析团队一方面要具有较强的信息和市场的敏锐分析能力,另一方面他们也乐于迎接并接受企业变革,他们将对企业服务外包运营模式的成功实现具有关键作用。

二、企业业务外包项目计划

企业选择服务外包是一项战略举措,服务外包的合同一般都为时间相对较长的合同,所以在企业项目外包转移决策之前,要对计划服务外包运营进行整体规划。企业把一部分业务选择外包后,对原本在企业内部运营的流程发生变革,其中人员、设备、质量控制等发生变化,所以进行企业业务外包项目计划很关键。

(一)业务外包整个方案流程的计划

企业服务外包战略决策制定后,企业业务外包分析团队要制订相关工作计划,包括业务项目外包时间节点、标准要求;业务外包所涉及的技术、人员,这些要素从哪些方面得到解决,如何组织开展服务外包业务工作?业务外包供应商市场选择范围,如何确定外包供应商的选择?外包项目的合同与转移制定的工作安排;服务外包项目评估计划与目标要求等。

(二)业务外包后对供应商行为监控的计划

服务外包是把企业原本自行运营的业务交给企业外部的组织去完成,由于服务外包方式的信息不对称,企业业务外包分析团队首先对供应商进行全方面信息调查,在服务外包项目谈判与合同协议制订前对所要了解的各方面信息提前做好准备,项目服务外包后,可能会产生哪些不利于企业的行为,如何对供应商的行为进行监控等,企业业务外包分析团队要在业务外包前进行仔细研究做好相关计划。

(三)业务外包后对原本自行运营的资源重新配置

如果企业业务外包替代了原本自行运营的业务,企业原来的业务运营团队就要妥善安排,防止发生不必要的冲突,可以选择设备、资源、人员安置在其他运营部门,也可以通过淘汰方式把设备进行淘汰。

（四）对业务外包所可能出现的冲突的解决方案

服务外包模式是企业的变革的模式之一，为此造成的企业变革阻力或冲突来自原来自行运营岗位上人员的阻力（面临失业的风险）、企业财务运营的阻力（短期企业成本压力上升）、服务外包造成企业运营失败（企业核心竞争力丧失）等，企业业务外包分析团队要在服务外包之前对可能出现的冲突或风险进行预案，防止风险的发生或出现风险能有效防控。

第三节　外包项目供应商选择

【引导案例】

外包项目供应商选择的风险

外包的优势非常明显，成本、人力资源等上面的节约已经让很多外包机构受益。但是最终弄巧成拙的也不少见，例如美国弗吉尼亚州政府和安全公司 Northrop Grumman Corp. 之间价值20亿美元的 IT 外包合同，项目中几项重大失误导致这次外包事件席卷全国，而弗吉尼亚州当时的 CIO 也因为管理缺失、进度滞后和服务故障等被解雇。外包策略的正确执行是企业能否受益、外包是否成功的重中之重。因此在开始选择外包供应商之初就应该慎重评估企业的情况，借鉴他人的外包经验。如下列出了一些经典的外包供应商选择经验。

1. 购买还是租用

这里提到的例子是路易斯安那州 Lafayette Schumacher 集团，Douglas Menefee 是该集团的 CIO，他说："对于该租用还是该购买的问题，没有绝对正确或者是错误的答案。"但是必须要衡量两种选择的利弊。租用数据中心主要考虑的是环境条件，比如：电力和供暖，通风和空调系统。租用方案意味着在为那些服务支付额外的费用，虽然解决了一批问题，但是又引入了一大批与供应商管理有关的新问题。但是在四年前，该集团选择的还是托管服务，他们从这种托管服务中看到了积极系统正常运行时间和补丁管理的价值，但是这种服务也有附加费用。CIO 必须要在购买和租用之间找到平衡。

2. 选择外包供应商应该避免的错误

Steve Martin 是外包咨询公司 Pace Harmon LLC 的合伙人，他还是 Deloitte Consulting 的前任合伙人，曾经领导了超过100个战略外包项目，合同总额达到了70亿美元。这位经验丰富的外包专家总结了选择 IT 外包供应商时易犯的错误：

错误1:选择服务商时没有竞争。

错误2:过分关注成本。

错误3:对IT资产信息公开太少;对性能水平暴露太多;信息误导。

错误4:急于签署合同。

3. 面对多家IT外包供应商如何决策

多外包策略是像美国航天局这种大型组织常用的方法。美国宇航局设置了四个层次的方法来评IT外包活动和供应商选择。最顶层是一个管理委员会,负责应用和基础设施项目的决策,确保审批的投资在设计和实施期间一直在正确的轨道上。而IT管理委员会每周开会,监督IT服务交付的供应商技术标准和运营问题,确保IT外包活动全面平稳进行。

(资料来源:Tech Target 中国)

案例思考:

1. 对于企业项目租用还是购买要考虑哪些因素?
2. 企业供应商选择过程中容易出现哪些问题?
3. 服务外包的多供应商如何进行管理?

一、外包项目供应商选择

企业业务外包指导团队任命一支项目接包供应商选择团队,其主要成员包括项目高级经理、项目契约方面的法律专家、项目技术人员及信息系统分析师、终端用户及财务人员。

如某企业在服务外包项目供应商选择进行了如下工作,其外包项目时间相对长久,要求也比较高:

(1) 列出服务外包接包商最低资格要求的清单,时间约7天左右,要求企业具备质量认证、ISO认证,基本具备接包项目的能力。一般列出15~20个BPO接包商的资格清单,对这些候选接包商的实际情况进行调查。长名单的开发流程通常要以半保密(至少针对外界)的形式开始。

(2) 甄别名单上的潜在接包商,时间7天左右,关注接包商企业的历史绩效,如已经有相关项目经验,并有与其他客户的绩效信息。

(3) 收集信息并评估潜在接包商,发布信息征询书,时间为一月左右,对长名单中每个接包商发送工作内容和信息征询书。接包商选择团队应该设定一个回复的期限,在该期限之后接包商选择团队将安排时间对回复者举行一次能力访谈。能力访谈后,只保留7~10个接包商。

(4) 发布需求建议书并对建议书进行评估,时间为3个月。需求建议书是创建了一个详细描述外包项目要求的服务、活动以及绩效目标的文档。由发包方发出,根据需求建议书发布投标书,发包方根据投标书可以再次进行筛选,一般会剩下3~5个接包商参加竞争。

(5) 筛选出接包商短名单,时间为一个月。接包商选择团队一般会根据挑选的 3~5 家最具资格的接包商,安排好会议确保每天只与一位接包商会面,每次陈述要限制在 4 个小时之内。最后选择 2~3 个接包商进行再一轮的面对面陈述。

(6) 最终选择业务外包的接包商。时间为 6 个月左右。全方位评估接包商满足需求建议书上规定的绩效目标的能力,并对接包商的担保和索赔政策、设施和生产能力、地理位置、技能等进行全方位评估。如果没有合适的接包商就选择放弃服务外包。

二、服务外包企业的认定标准

企业进行业务服务外包,接包商的状况发包企业并非完全了解,接包商企业采用符合国际标准的质量管理体系至关重要。目前在服务外包企业常用的质量标准认证有能力成熟度模型集成(CMMI)认证、能力成熟度模型(CMM)认证、人力资源成熟度模型(PCMM)认证、信息安全管理标准(ISO27001/BS7799)认证、IT服务管理认证(ISO20000)、服务提供商环境安全性认证(SAS70)等,此外还有信息技术基础架构库认证(ITIL)、客户服务中心认证(COPC)、环球同业银行金融电讯协会认证(SWIFT)、质量管理体系要求(ISO9001)、业务持续性管理标准(BS25999)等。

(一) 能力成熟度模型集成(CMMI)认证

CMMI 全称是 Capability Maturity Model Integration,即能力成熟度模型集成。CMMI 是首先应用于软件项目的管理方法,后又开发了系统工程、软件采购、人力资源管理以及集成产品和过程开发方面的多个能力成熟度模型。CMMI 重视工程设计生命周期中的质量、时间表和最低成本。CMMI 要求企业高层管理者的支持,能仔细确定改进目标,选择最佳时间,过程改进与组织目标一致,并与发展战略紧密结合。实施 CMMI 能使项目工程国际化,并对照标准要求,提高企业管理水平,减低企业项目成本。CMMI 共有五个级别:

1. CMMI 一级,完成级

企业对项目目标明确,但任务完成有很大偶然性,企业无法保证在实施同类项目的时候仍然能够完成任务。项目实施对实施人员有很大依赖性。

2. CMMI 二级,管理级

企业对项目有一系列的管理措施,保证企业对所有项目的实施会成功。

3. CMMI 三级,定义级

企业不仅能够对项目实施有一套管理措施,而且能将标准流程予以制度化,在同类与不同类的项目实施上都能成功。

4. CMMI 四级,量化管理级

在三级基础上还实现了数字化管理。通过量化技术实现流程稳定性,实现管理的精度,降低项目实施在质量上的波动。

5. CMMI 五级,优化级

企业项目管理的最高境界。在四级基础上还实现了信息资料的充分利用。能对项目实施过程产生的次品予以预防,主动改善流程,运用新技术,实现流程的优化。

(二) 能力成熟度模型(CMM)认证

CMM 全称为 Capability Maturity Model,是国际公认的对软件公司进行成熟度等级认证的标准。针对软件开发过程的管理和工程能力的提高与评估,分为五级。从 1987 年开始实施认证,现已成为软件业权威的评估认证体系。CMM 对软件项目在定义、实施、度量、控制和改善其软件工程的实践中的各个发展阶段进行监控和研究。

1. 初始级

软件工作管理比较混乱,成功靠个人经验,常出现费用超支、计划赶不上变化的问题,管理主要用来预防危机。

2. 可重复级

建立了基本的项目管理制度,有了一定的项目经验,可采用一定的措施对时间与费用进行控制。强调用可重复类似项目的软件开发。

3. 已定义级

将软件过程文档化、标准化,能不断改进开发过程,采用专家评审方式保证软件质量。

4. 已管理级

对软件过程和质量过程有定量的理解与控制。

5. 优化级

基于对质量与过程控制的工具,持续改进开发过程,使质量和效率逐渐优化。

(三) 人力资源成熟度模型(PCMM)认证

人力资源成熟度模型(People Capability Maturity Model,PCMM),由美国卡耐基·梅隆大学联合多家企业和科研机构开发,旨在通过指导改善组织人力资源管理流程,提高组织人力资源的成熟度,以保证企业的可持续发展。PCMM 将企业人力资源管理水平分为五个阶段。

1. 初级层

企业工作方式不一致,工作过程缺乏严格定义,岗位职责缺位,导致工作混乱,管理人员无法评估工作所需投入的资源需求,对企业需求变更缺乏辨识,缺少对工作成果的总结,缺乏工作技巧,导致原有计划经常变更,员工对企业缺乏情感。

2. 可管理层

企业工作内容繁杂,目标不明确,缺乏完成工作的知识与技能,员工志气不高。需要员工不断学习过去成功的经验与技巧,对于相似的项目工作,要求用成功的专案技巧去执行。

3. 可定义层

企业把成功的专案技巧反复学习与研究,并对适应的环境进行分析,使成功的专业技能成为商业活动中的标准处理程序,并进行定义,形成具有文件化、标准化的文书,不断传承。

4. 可预测层

企业通过成功专案的经验值提取有效数据,并形成管理指标用于预测与协助管理,对项目过程可以定量分析和控制,并具有足够的知识持续改善流程。

5. 最优化层

组织通过项目开发过程的定量反馈机制，不断创新，并自觉采用新技术，逐渐走向最优化，企业变更管理程序已经成为组织内标准程序，能持续改善企业长期目标，实现企业持续改善。

（四）信息安全管理标准（ISO27001/BS7799）认证

信息安全管理标准 ISO27001 能有效保护信息资源，保护信息化健康、有序、可持续发展。通过认证可以保证和证明企业所有部门对信息安全的承诺，并在国际上得到认可。服务外包企业基本都是基于信息为中心的业务，通过信息安全管理认证，可以增强发包方的委托业务的信心。

（五）IT 服务管理认证（ISO20000）

IT 服务管理认证 ISO20000 是面向企业的 IT 服务管理的标准，目的是提供建立、实施、运作、监控、评审和改进 IT 服务管理体系的模型。IT 部门已经由技术支撑部门向信息服务供应角色转变，要求 IT 信息管理向 IT 服务管理模式转变。IT 架构已经成为企业发展的关键要素，尤其是银行、证券、保险、电信等高度依赖信息技术的组织，有大量的 IT 软硬件系统，对客户要求很高，促使企业采取措施规范 IT 服务管理。IT 服务管理认证（ISO20000）可改善 IT 服务运营和服务质量的水平，提供专业服务，降低控制风险。随着企业 IT 服务业逐渐走向专业化和外包化，IT 服务管理认证能让供应商更明确服务要求，并提高服务质量。

三、影响发包商选择业务外包的因素

当企业有意向把业务进行外包给相应的承包商，会考虑接包商企业所在的地域环境、企业的信息安全管理机制、接包企业的专业能力和行业经验，以及外包成本费用等多方面的因素。

（一）地域环境

服务外包选择过程一般是"先地区，后企业"进行决策。由于服务外包是与企业自身发展紧密关联的长期业务合作，因此，国家或地域品牌成为企业选择发包决策的首要考虑因素。地域的商业基础设置要求有良好的商业和居住环境，具备良好的 IT 基础设施和服务水平，要求自然环境适宜。政治环境要求有良好的政府对外政策、税收政策和健全的国外直接投资的法律法规。有稳定的训练有素的技术劳动力队伍、区域的教育水平、技术能力，语言能力较高，有比较优势的人力成本。目前在国际服务外包中，我国的区域环境优势比较明显，成为国际服务外包的首选区域。我国目前从硬软环境、资源环境、产业配套/产业环境、企业素质、国外市场和国内市场等因素制定了服务外包承接地竞争力指标体系，可以看出各地域的竞争力水平（表 5-1）。

表 5-1 服务外包承接地竞争力表

一级指标	二级指标及权重	三级指标及权重	四级指标	四级指标的权重
服务外包承接地竞争力（100 分）	（1）基础因素(60%)	① 硬软环境(50%)	基础设施环境:重点为互联网覆盖程度、电力供应情况	30%
			科教环境:高校、科研机构数量	25%
			政策环境:是否有地方扶持资金、财务税收优惠、相关扶持政策数量	25%
			法律环境:侵权案件受理数量、经济纠纷数量、案件解决百分比	20%
		② 资源环境(50%)	地理位置交通、宜居城市排名	10%
			大专以上学历人员数量	25%
			工资水平与劳动力成本	20%
			外商投资总额	10%
			服务业总产值	15%
			GDP 排名	20%
	（2）企业因素(20%)	③ 产业配套状况/产业环境(45%)	进入全国制造业企业 500 名情况	30%
			中型以上制造业企业数量	30%
			产业园区数量、规模及企业间协作程度	20%
			产业集聚程度	20%
		④ 企业素质(55%)	承接外包企业 CMMI 资质等级	40%
			承接外包企业排名与综合实力	20%
			服务外包产业总产值	10%
			企业拥有的专利数量、科研技术人员比例(创新能力)	20%
			高层人员学历状况	10%
	（3）市场因素(20%)	⑤ 国外市场(60%)	服务贸易进口总额	30%
			服务贸易出口总额	30%
			进出口便利程度	40%
		⑥ 国内市场(40%)	文化相似度	35%
			语言通达度	30%
			运输便利度	35%

（二）接包企业的专业能力与经验

业务外包首选有经验的企业,企业的专业能力与成功的专案经验成为不断接到新项目的考量因素,接包企业不断积累经验,挖掘有经验的专业技术人员,通过学习与培训提高员工的专业能力,提高公司的管理能力与水平,加强服务外包企业相关资质认证。发包商在考虑一项业务是否交给外包商时,会对接包商的专业技能、工作流程灵活性、接包商的信誉、行业经验、运作能力及规模等因素进行全方位的评判。能力成熟度模型 CMMI 可以代表企业承接服务外包的能力和资质。

（三）外包价格

企业选择业务外包多来源于自身企业运营成本的压力,所以外包价格是发包商决策外包首先关心的因素。当前欧美国家的大型企业将自己的外包业务从北欧转移到东南亚,其目的也是在寻求低成本的接包商,目前中国接包的劳动力成本不断上升,导致现在有些低端的服务外包业务开始从中国转移,中国的服务外包也在转型升级。

第四节　外包项目转移

【引导案例】

邦芒人力（人事宝）服务外包解决方案

一、公司业务概要

邦芒人力是一家专业人力资源服务商,会快捷解决员工录用调档、薪酬核算,为个税申报、社会保险金和公积金、员工离职等提供一系列专业高效的人事事务外包,邦芒人力覆盖北京、上海、天津、山东、陕西、甘肃、四川、湖南、湖北、浙江、江苏、广东、香港等多个省、市、自治区、特别行政区的60多个城市。

二、服务方案

1. 服务外包

公司与邦芒人力资源签订服务外包协议。

2. 服务外包相关约定

（1）公司应将外包项目的目标及完成情况及时通知邦芒人力,并有权就外包项目的完成情况进行监督并给予建议。

（2）公司应指定专人负责与邦芒人力就外包项目的执行、完成情况进行及时、有效地沟通,并应在本合同生效时将公司联系人的联络方式告知邦芒人力。同时,为保证双方的顺畅沟通,公司应当指定后备的临时联系人。

（3）公司应按照外包项目的实施流程和项目需要,向邦芒人力外包项目人员提供完成外包项目所必需的工作条件和工作保护。若公司违反前述义务,外包项目人员因此发生的工作伤害、事故等,相关责任及费用由公司承担。

(4) 公司有权就实际需要对本合同所涉项目的具体内容进行补充或变更,但事先须与邦芒人力另行达成书面补充协议,且公司须就补充或变更的内容另行支付邦芒人力相应的项目管理费用。

(5) 公司应于约定的时间与方式足额向邦芒人力支付外包项目管理费用。公司支付迟延,除应承担违约责任外,造成邦芒人力工作延误的,邦芒人力不承担违约责任。

(6) 公司在不影响保密的前提下,应向邦芒人力提供公司的主要行政管理规定(条款),或根据自身管理规定与邦芒人力共同制定项目人员需遵守的规定,以便于邦芒人力根据此更好地管理外包项目人员。

(7) 邦芒人力应负责外包项目的执行,完成本方案约定的内容或目标。

(8) 邦芒人力应就公司的合理建议调整外包项目的实施。

(9) 邦芒人力应认真、严谨、负责地完成外包项目。就外包项目的执行情况和执行过程中遇到的问题应及时与公司沟通。

(10) 经公司、邦芒人力双方协商调整外包方案的,邦芒人力应根据变更的内容,在公司的支持下及时调整外包项目的实施方式。

(11) 邦芒人力应指定专人负责外包项目的管理。

三、合作流程

1. 邦芒人力资源与公司签订服务外包协议。

2. 邦芒人力资源负责员工入职办理、员工资料收集、员工合同签订、社保代理、外包项目现场执行、业务考核等所有事宜。

3. 邦芒人力每月根据业务量与公司核算月度费用;公司付款,邦芒人力开具增值税专用发票。

4. 邦芒人力根据员工工作量核算发放薪资,申报个税。

四、服务收费标准

1. 外包服务费(含服务费、工资款、社保公积金款、税金等所有费用)。

2. 邦芒人力税务类别为一般纳税人,开具增值税专员发票,税金根据每月实际金额核算。

(资料来源:邦芒人力,www.50bm.com)

案例思考:

1. 本案例中的服务外包协议包括了哪些内容?

2. 本案例中的服务外包协议规定了哪些合作流程?

3. 本案例中的服务外包费用有哪些要求与规定?

一、签订服务外包合同

当一家企业把其某项业务活动、流程或项目的管理与执行责任转移给接包供应商时,需要签订服务外包合同。合同期限根据业务项目范围决定。

(一)企业服务外包合同管理制度

企业要明确服务外包合同管理部门及职责界定、服务外包合同签署的方式和审批流程、服务外包定期复核和调整机制,以及服务外包合同争议的处理方式等管理制度。企业实施服务外包,有些业务内容由外部公司或部门来完成,风险因素与结果控制在签订服务外包时尤其要进行专业评估。

企业签订服务外包进行谈判沟通一般按如下流程实施:

(1)发出询价信息,企业根据制定的拟进行外包的业务内容评价标准对拟参与接包的合作伙伴进行访谈,对合作伙伴进行调查分析,根据接包供应商的声誉、行业经验、企业文化等选择供应商。

(2)在理解服务外包业务成本模式、人力资源问题、业务持续性、外包项目考核指标、支付标准与要求、对设备和技术的要求、数据资料所有权及保密、是否允许分包、纠纷解决机制,以及合同变更、终止、解除等方面进行拟定服务外包合同。

(3)双方就服务外包合同进行面对面多轮谈判,确定相关条款。

(4)制定服务外包转移时间表,并管理转移过程,制定双赢的激励措施。

(5)培训接包供应商的员工,使员工掌握针对发包公司业务内容所需要的知识与技能、数据保护计划、运营流程与考核标准。

(6)发包企业对外包业务进行远程管理,更多进行结果管理,但也对阶段性的过程节点进行监控。

(二)签订服务外包合同

1. 服务外包合同业务范围

服务外包合同要明确描述并定义需要外包的业务工作,并描述由发包方转移给接包方的流程,并对相关术语进行界定。

2. 服务水平协议

服务水平协议是服务供应商和顾客之间的合同,它规定了交付什么样的服务、服务的质量和频率,也规定了顾客如何保证所得到的服务是符合需求的、及时的。客户通常通过制定绩效指标来控制服务水平。服务外包合同要规定接包方需要达到规定的绩效水平。如果接包方没有达到规定的目标,服务水平协议将为发包方提供各种权利和赔偿。服务水平协议可由对服务外包业务工作相当熟悉的人员拟定,并经企业法务审核。

服务水平协议十分关键,它规定了服务供应商和客户各自的责任。它应该包括以下内容:

(1)供应商应该提供哪些服务?

(2) 服务约定的质量如何？

(3) 服务约定的期限是多长？

(4) 服务如何交付？

(5) 服务供应商如何控制服务质量？

(6) 修改服务水平协议的程序是什么？

服务水平协议的范围和内容往往随现实情况而变化。有些公司将整个职能部门外包出去，而有些公司仅仅只是外包一些项目。

3. 服务外包定价

服务外包常用的定价方法包括固定费用定价法、交易额定价法、成本加成定价法等。

(1) 固定费用定价法：价格为固定值，根据项目工作量给定固定费用，固定费用可以根据平均的成本收益核算，也可以根据行业平均水平核算。

(2) 交易额定定价法：根据服务外包交易额定量进行定价，根据交易量的多少确定价格。

(3) 成本加成定价法：以服务外包涉及的全部成本（变动成本和固定成本）为定价基础，再根据目标利润率计算利润额，得出服务外包定价。

价格 = 单位成本 + 单位成本 × 成本利润率 = 单位成本(1 + 成本利润率)

4. 知识产权

对服务外包业务过程中产生、使用的知识产权，在合同中明确说明涉及的知识产权的转让、使用、泄露、保护等。

5. 特殊行业规范

针对服务外包业务工作的不同性质，合同中应当指明附加管制规范。

6. 合同终止、解除

在一定期限或一定条件下服务外包合作关系终止或解除。

7. 业务转移

在一定条件下或一定期限内收回服务外包业务或寻找另一个合作伙伴。

8. 不可抗力

服务外包合同执行过程中出现不可抗力的客观情况发生时而规定的部分或全部免责效力。

9. 争端解决

服务外包涉及数据资料保护、知识产权保护、服务提供模式、劳动关系纠纷等法律问题，合同中如果对可预见的争端可直接写明解决途径与方式，如果不可预见或合同中未详尽，可根据国家法律、国际公约等内容和流程进行裁决判定。

（三）服务外包合同简易范本（表5-2）

表5-2　服务外包合同范本

甲方：××有限公司　联系电话： 乙方：××有限公司　联系电话： 甲乙双方本着"友好合作、平等互惠、优势互补"的原则，就人力资源薪酬外包事宜达成如下协议： 一、甲方根据公司业务的需要，委托乙方为甲方进行人力资源薪酬外包服务；乙方根据甲方授权范围及服务要求，为甲方提供人力资源薪酬外包服务工作。 二、乙方服务范围： 1. 根据甲方业务需要为甲方进行薪酬核算相关所有工作。 2. 为甲方员工进行五险一金申缴工作。 3. 为甲方进行每月的工资银行转账处理。 三、甲方的权利和义务： 1. 甲方有权监督乙方的工作质量。 2. 甲方应提供相关人员每月薪酬信息。 3. 甲方按月支付乙方＿＿＿＿元的人力资源薪酬外包费用，甲方提前支付乙方＿＿＿％的外包服务费用，剩余费用在工作结束7个工作日内结清。 四、乙方的权利和义务： 1. 乙方应在每月＿＿＿日向甲方提供薪酬核算清单，经甲方审核执行。 2. 乙方应按照保险公司和银行规范进行申报。 3. 乙方不能将甲方薪酬制度与员工薪酬信息泄漏给任何人。 五、其他约定： 1. 协议履行期间，任何一方、任何原因要求终止或者变更协议，均应提前＿＿＿＿天以书面形式通知对方，由甲乙双方协商决定。 2. 本合同一式两份，甲方、乙方各持一份，合同经双方签字或盖章后生效。有效期自＿＿＿年＿＿＿月＿＿＿日至＿＿＿年＿＿＿月＿＿＿日止。 甲方（签字）：　　　　　　　　　　　　　　　乙方（签字）： 　　年　　月　　日　　　　　　　　　　　　　　年　　月　　日

二、服务外包项目转移

服务外包项目转移后，对发包企业来说，由于其业务内容发生变化，从而引起企业流程变革。对于接包方企业来说，按照服务外包协议完成其工作任务即可，按时、按标准提交工作结果。所以服务外包项目转移，对于发包企业是复杂的，尤其涉及业务选择外包、企业流程变革、原有人员调整等工作，所以服务外包项目转移需要慎重决策、重视过程管理。

（一）成立服务外包项目团队

服务外包项目团队在项目服务外包整个生命周期中都是需要的，前期要进行服务外包项目选择与谈判，服务外包期间要进行监督与沟通，出现纠纷和争端要进行协调与解决，后续要考虑项目的收回或转移等工作。

一般服务外包项目团队由项目管理者和相关职能人员组成，有些涉及专业技术的，如法务方面、技术方面、质量控制方面可以聘请团队以外的人员参与。

项目管理者一般由对本项目服务外包业务比较熟悉的人员构成。在企业中，会选择在企业或行业有很好的知名度，并且沟通能力、谈判能力和商务推理能力强的人员承担本职务工作。

同时，服务外包项目团队应安排与接包公司进行联络工作的人员，有时候就进驻接包公司进行现场监控或检查，出现问题及时发现和处理。本团队也可安排一些行政客服人员，负责相关会议的安排、记录、电话沟通等工作。

（二）按照服务外包质量要求进行监督与管理

虽然服务外包交由企业外部的组织机构去执行，但由于外包的项目仍然是企业价值链上的一个不可缺少的业务内容，所以发包企业要有合适的检查与控制，保证接包企业能提供符合供应链要求的、一致的、优质的业务服务，从而有效提高生产率，保证组织价值链的价值提升。

为此，服务外包接包企业要完成如下工作内容：

1. 流程变革或资源转移

企业服务外包项目转移后，企业要对原有项目的流程或资源重新变革或重新分配，保证项目流程的简化或资源的合理使用，减少外包业务占用企业的人力、物力等，指定新的流程、程序，并进行人员角色的安排和责任的制定。

2. 进行服务外包关系管理

服务外包企业与客户关系管理很重要，对于发包方，良好的服务外包关系管理能为企业项目外包有效沟通提供方便与保障，并得到满足质量要求的服务；对于接包方，良好的服务外包关系管理能为自己接包业务开辟更广泛的市场，提高知名度和美誉度，提高服务市场占有率。

3. 进行服务外包质量管理

服务外包水平协议明确规定服务外包质量标准，双方应制定质量管理协议，接受监督与评价，保证客户的满意与忠诚，接包方应根据自己业务要求，研究、检验、控制和提高服务外包质量的方法与技能，并能控制和激励接包企业执行，形成以发包方为中心的质量管理体系。

4. 制订业务持续计划

企业选择项目流程服务外包，目标是企业有更多精力并借助外力提升企业的业务能力与水平，为此，企业要确保在业务外包后，关键业务功能可以持续，形成企业业务连续性计划。

第五节 外包项目评估与改进

【引导案例】

医院食堂社会化服务外包

一、医院食堂服务外包概述

为加强对外包服务公司的管理,规范外包公司人员的行为,确保项目外包期间医院的利益,某医院两院区食堂为更好地为职工和病人服务,确保饮食安全,保障早、中、晚三餐供应,保质保量满足职工需求,A 院区食堂于 2015 年 12 月实行社会化服务,经院伙委会从几家餐饮公司招标选出信誉度高、竞争力强的餐饮公司,负责该院区餐饮食品供应工作;B 院区食堂自 2013 年开院以来,也是通过招标经院伙委会评选出实力很强的国际品牌的餐饮公司,负责该院区职工、病人用餐工作。

(一) A 院区食堂概述

A 院区位置区域在西城区,职工人数约 2 000 人,病床 1 000 张,职工食堂分为两层,一层为大众用餐,二层为自助餐,负责供应手术室及急诊手术室用餐约 400 人左右,院区设便民服务点两个,后门外卖点和门诊大厅外卖点,既方便职工又方便病人。做好了科室学术交流用餐,每年节假日举办美食节活动,深受职工欢迎。每月做到更新饭菜品种,提高饭菜质量,保证安全生产及食品安全,服务意识和饭菜质量还需再提高。

(二) B 院区食堂概述

B 院区位置区域在昌平区,职工人数约 1 000 人,营养餐人数 550 人,食堂设在地下一层,门诊一层大厅设立外卖点,既方便职工也方便病人。该公司经营理念以优质服务为基础,以品质、环保、便利、营养为主题,以顾客满意为目的经营理念,每周及节假日举办美食节,受到职工好评。2015 年 1 月餐厅积极推广倡导低油少盐的健康饮食,倡导全民健康生活方式,提醒职工关爱自己,关注健康的有效措施。2016 年 1 月,该食堂又推出"乐咖啡"下午茶服务,提供现磨咖啡、香浓特饮、美味蛋糕等品种,深受职工欢迎,加强职工安全意识,确保安全生产及食品安全。

二、两院区餐饮服务管理

(一) 健全食堂服务外包管理

依据《医院外包物业管理条例》和《医院外包物业考核标准》,对餐饮公司进行管理与服务监管,对餐饮企业资质进行审查。医院食堂经营模式的选择,必须符合本院实际情况，引入新的管理理念，建立了新型合作经营模式，提高了医院食堂的服务内涵、服务质量、服务水平，推动食堂经营社会化、餐饮服务品牌化、日常管理规范化、卫生监督制度化、饭菜价格大众化、品种搭配科学化，认真贯彻执行《食品安全法》，做好外包服务检查工作。

（二）加强餐饮安全管理

食药监局、院伙委会、后勤、餐饮公司监管部门四级管理机制。

（三）规范操作流程管理，强化安全意识

（四）建立完善的规章制度，加强食品安全监督

（五）食堂固定资产的管理

医院原有固定资产及低值易耗品交承包方使用管理的，承包方应按合同条款约定，保持设备资产状态良好，设备数量不得减少，报残固定资产需要找甲方负责人，到医院办理报残手续，做好销账，合同期满双方按合同约定签字做好交接。

（六）完善量化考核机制

（1）采取考核机制，提升管理水平，为保障食品安全，强化安全责任意识，调动员工工作积极性，结合管理考核奖励机制，做好优秀有奖励，提高服务质量。

（2）落实好年度考核机制，每月总务处到科室做满意度调查，调查不达标的下发整改通知书，要求公司进行改进，总务处年中、年末对公司进行工作考核，做到优胜劣汰，加强食堂经营管理，促进食堂合理经营，提高工作效率，明确各项目标，更好地为全院职工和病人服务。

在现代化医院建设过程中，餐饮服务是不可或缺的，医院对外包餐饮的监管，更多需要激发餐饮公司的主人翁意识和积极性，通过良好的合作进而达到双赢目的，这样才能提升膳食服务质量。

案例思考：

1. 本案例中医院食堂改革采用了什么方式？
2. 本案例中医院食堂服务外包在哪些方面进行管理与监控？
3. 分析医院食堂服务外包的优劣势有哪些。

一、服务外包项目评估

服务外包的一个重要目标是进一步改进企业服务的质量，增加企业效益。服务外包项目转移一段时间或项目结束后，企业要对服务外包项目进行评估，一般情况下，企业在转移发生的初期，对项目进行监督或管理的频率要高些，保证项目的接包方按照自己的要求去做，双方在这个时期沟通频率会比较高，但服务外包项目稳定后，双方会在一定期限内进行沟通交流，说明目前项目进展情况或出现的困难。当服务外包项目到期结束后，双方要对服务外包项目再次进行评估，评估的重点是整个服务外包期间，双方对各自服务质量进行评

价,并考量在下一阶段双方企业是否继续合作等事项。

(一)按照时间过程,服务外包项目评估包括过程评估与结果评估

1. 服务外包项目过程评估

通过过程追踪,对照服务水平协议评估执行情况。在过程中发现问题及时纠正与更改,对于服务水平协议中提供的要求,如果某方无法提供或满足,则双方可协商过程修改意见,也可根据情况提出中断协议。

2. 服务外包项目结果评估

项目合同期满或项目进展告一段落时,双方各自就质量要求、成本核算、资源设备、人员情况、客户满意程度、质量保证能力、企业经验与影响力等方面进行评估,双方交流各自的意见与建议,双方对服务外包期间的满意,则对下一次的合作提供有力保障,并使后续合作更加顺利,如果双方有不满意之处,可直接提出重新协商是否有下次合作机会。

(二)按照评估内容,服务外包项目评估包括技术条件评估、质量要求评估和财务效益评估

服务外包项目评估内容都已写入服务外包水平协议中,遵照服务外包水平协议进行过程评估或结果评估。

1. 技术条件评估

在服务外包项目选择时期,已经拟定服务外包技术条件或技术要求,如场地面积、人员配备、交通位置、技术保密,甚至消防要求、环境保护、政策法律等。发包方会定期不定期了解和监督接包企业相关技术条件,保证服务外包项目的顺利实施。

2. 质量要求评估

服务外包是对结果交付的服务交易形式,结果质量是项目评估的重点,通过服务外包促进了客户满意度提升或交付的服务产品质量大大改善,能实现企业自身完成无法实现的服务要求或服务内容,所以在服务外包项目评估中,应对照服务外包水平协议重点进行服务外包质量评估。

3. 财务效益评估

财务效益评估往往发生在服务外包项目合同期限到期后执行,通过财务效益评估决定项目服务外包评估的决策是否正确,选择的服务外包供应商是否合适,服务外包供应商做相关评估,评价自己是否实现了自己的效益目标等。财务效益评估可以是财务盈利能力的分析,如评价投资回收期、投资利润率等;项目清偿能力分析,如资产负债率、流动比率、速动比率等;财务外汇效果分析,如财务外汇净现值、财务换汇成本等。

二、服务外包项目改进

项目服务外包实施也要具有持续发展的能力,要对服务外包项目不断改进,在服务外包项目中进行项目质量预防与纠正,并在服务外包项目实施到期后,根据行业技术条件的变化或客户满意水平的变化,有效进行服务外包项目改进。

（一）服务外包项目改进措施

1. 服务外包质量预防措施

服务外包双方应定期开展质量分析，对影响服务外包质量的潜在因素采取预防措施。对有潜在的不合格结果要实施预防措施进行控制。

2. 服务外包质量纠正措施

对发包方提出的质量问题，应分析原因，制定纠正措施；对已经发生的质量问题，要及时记录结果并分析原因，及时实施纠正措施。

（二）服务外包项目改进方法

常用的服务外包项目改进方法有六西格玛项目改进方法、PDCA 循环方法、3Q 全面质量管理方法等。

1. 六西格玛项目改进方法

六西格玛项目改进方法分定义（Define）、测量（Measure）、分析（Analyze）、改进（Improve）、控制（Control）五个过程来实施，简称 DMAIC 改进流程。每个阶段都有特定目的及核心的输出，并支持下一阶段工作，确保改善项目能够顺利有序实施。

2. PDCA 循环方法

PDCA 循环就是将质量管理分为四个阶段，即计划（Plan）、执行（Do）、检查（Check）和处理（Act）。在服务外包项目管理过程中，就是要按照这四个阶段的管理要求，对已被证明有效的措施进行标准化，制成工作标准，用于执行与推广；对于存在的问题要分析总结，克服困难，解决问题，从而形成一个周而复始、螺旋上升的循环模式。

3. 全面质量管理（TQM）

坚持全面质量管理的"三全"管理："全过程"质量管理指的就是在服务外包项目质量形成全过程中，把可以影响服务外包项目质量的环节和因素控制起来；"全员"质量管理就是上至项目经理下至一般员工，全体人员行动起来参加服务外包质量管理；"全面"质量管理就是要对服务外包项目各方面的工作质量进行管理。这个任务不仅由服务外包项目管理部门来承担，而且发包方与接包方所有涉及项目的各部门都要参加。

本章小结

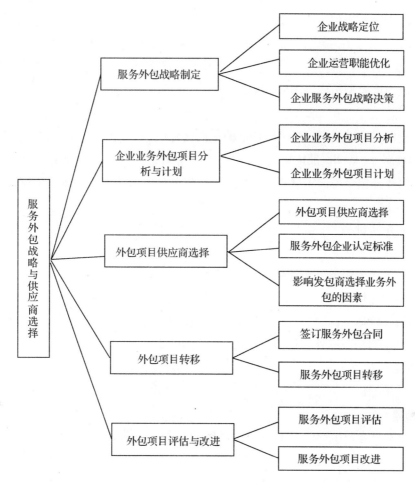

思考练习

一、单项选择题

1. (   )属于企业外部环境分析。

   A. 企业经营业绩分析　　　　　　B. 企业业务分析

   C. 消费者分析　　　　　　　　　D. 企业核心能力分析

2. (   )属于企业内部环境分析。

   A. 竞争对手分析　　　　　　　　B. 竞争环境分析

   C. 上下游分析　　　　　　　　　D. 企业核心能力分析

3. 财务共享中心是属于(   )企业运营优化方式。

   A. 业务流程重组　　　　　　　　B. 企业流程再造

C. 共享服务 D. 服务外包

4. 企业进行服务外包运营一般要经历：①业务外包项目合同谈判；②业务外包项目转移管理；③业务外包项目评估与改进；④业务外包项目供应商选择；⑤业务外包项目分析与计划。对以上过程排列顺序正确的是( )。

A. ①②③④⑤ B. ⑤④①②③
C. ④①②③⑤ D. ⑤④①③②

5. 能力成熟度模型集成(CMMI)认证分为( )级。

A. 二 B. 三 C. 四 D. 五

6. 人力资源成熟度模型(PCMM)认证的最高级是( )。

A. 可管理层 B. 最优化层 C. 可预测层 D. 可定义层

7. 根据服务外包交易额定量进行定价，根据交易量的多少确定价格，这种服务外包定价方式为( )。

A. 固定费用定价法 B. 交易额定定价法
C. 成本加成定价法 D. 协商定价法

8. ( )不属于服务外包评估按照评估内容划分的范畴。

A. 技术条件评估 B. 质量要求评估
C. 项目结果评估 D. 财务效益评估

9. ( )是属于服务外包评估按照评估时间划分的范畴。

A. 项目技术评估 B. 项目过程评估
C. 项目质量评估 D. 项目效益评估

二、判断题

1. 企业运营是企业生存的根本，真正体现企业的核心竞争力。( )
2. 企业运营是一个投入、转换、产出的过程，是一个价值增值过程。( )
3. 服务外包不属于企业运营优化的方式。( )
4. 共享服务是发生在企业外部的运营变革。( )
5. 企业服务外包项目团队不需要高层管理者领导参与。( )
6. 企业业务外包替代了原本自行运营的业务，原有的人员就直接进行解散。( )
7. 发包商选择业务外包一般不考虑地域环境因素。( )
8. 企业选择业务外包多来源于自身企业运营成本的压力，所以外包价格是发包商决策外包首先关心的因素。( )
9. 服务水平协议是服务供应商和顾客之间的合同，它规定了交付什么样的服务、服务的质量和频率。( )
10. 服务外包项目团队在项目进行服务外包后就可以取消了。( )
11. PDCA法是指质量管理，包括计划、执行、检查和处理的四个阶段。( )
12. 服务外包项目评估的重点是质量要求评估。( )

三、简答题

1. 什么是企业战略？企业战略定位的步骤包括哪些？
2. 企业决定服务外包的条件是什么？
3. 企业业务外包项目计划包括哪些？
4. 影响发包商选择业务外包的因素有哪些？
5. 服务外包合同内容主要包括哪些？
6. 简述服务外包项目改进的 PDCA 法。

项目名称：

情境模式：服务外包供应商选择与项目转移。

实训目的：

1. 理解服务外包供应商选择流程，进行供应商名单列举与选择；
2. 锻炼学生的团队组织能力与沟通表达能力。

实训内容：

选择一项简单的与本专业相关的服务外包业务，然后分角色扮演服务外包发包方与多家接包方，各自就自己的要求与优势等进行描述。

对其过程进行角色扮演，按照过程分角色写出剧本与相关流程表单。

实训成果形式：

进行角色扮演汇报。

第六章 服务外包项目管理

1. 理解服务外包项目的运作流程；
2. 理解服务外包项目运作过程中接包方与发包方各自承担的责任；
3. 理解服务外包项目运作过程中需要进行控制的方面。

能力目标

1. 学会制订服务外包项目计划；
2. 学会预测服务外包项目实施过程中遇到的风险并进行风险控制。

A公司得到国家创新计划资助，决定开发基于Web全国范围内的生态信息检索系统，项目由张工负责，时间1年。项目开始实施后，张工发现该系统内容多，并且具有地域性，以公司的实力无法单独完成，所以张工把该系统按照地区分成若干子系统，由各地相关科研机构外包完成。外包时间10个月，开工预付款20%，外包合同签订时项目已经开展1个月。在外包合同中，系统功能已明确说明，但是系统界面、风格、字体等细节没有具体说明。

外包子合同签订以后，张工由于工作繁忙等原因没有及时监督外包完成情况，只是上级在计划中期检查汇报时从外包单位抽取一些文档、代码和执行界面。10个月后，外包任务完成，提交到公司时，张工发现子系统的界面、风格、字体等内容不统一，所以希望这些外包单位按照统一风格修改子系统。但是外包单位认为合同中没有具体说明这些内容，只说明应该实现的功能，为此双方产生争执，半个月未果。张工只付40%的外包费用，部分外包单位在子系统中加入时间锁，但没有通知张工，此时距离项目交工只有半个月时间。张工又重新组织人员进行系统集成，没有发现时间锁问题，最后草草完工。投入使用后时间锁生效，系统出现故障。张工被上级领导批评，于是张工与相关外包单位交涉。最后张工交付

40%外包费用，时间锁解除，系统正常运转。

（资料来源：信管网，https://www.cnitpm.com/pm/1887.html）

项目管理是在有限的资源约束下，运用系统论的观点、方法和理论，对项目所涉及的全部活动和工作进行科学有效的管理，以成功地实现项目的预期目标。对于服务外包企业来说，服务外包项目管理是企业发展的基本要素，是企业管理的重中之重。面对服务外包市场的快速发展、扩张与激烈竞争，服务外包企业的项目管理面临的挑战也日益严峻。

第一节　项目需求

【引导案例】

印度的"微软"：印孚瑟斯(Infosys)

Infosys 最大的优势是其在世界 IT 服务领域内创建的品牌效应。它通过收购 Progeon 公司进入业务流程外包(BPO)领域，现在更名为 Infosys BPO。它的其他 5 个分支机构分别设立在澳大利亚、中国、北美、墨西哥和瑞典。Infosys BPO 的战略是尽量避免成为联合体的分包商或仅仅是为某个工作提供人力。它明确提出将通过关注大型项目来发挥技能优势。

Infosys 是世界上第一家采用客户国家的财务会计制度来发布财报的公司，这些客户国籍包括美国、英国、澳大利亚、加拿大、法国、德国、日本。同时，Infosys 也是第一家引领印度关注与知识经济的公司，为班加罗尔成为世界重要软件中心做出了巨大贡献，使之成为"印度硅谷"。

案例思考：
1. Infosys 在项目中是属于发包商还是接包商？
2. 该公司的核心竞争力是什么？

一、服务外包项目概述

服务外包项目是由服务外包项目的发包商和接包商两方面构成的。其需求往往是由服务外包项目的发包商对自己的公司所开展的业务进行分析，从公司发展战略、公司经营理念、公司内外部环境等方面综合评估后决定是否需要将业务外包出去。

从最早的信息技术外包(ITO)开始，服务外包项目涵盖的业务范围逐渐扩大并升级，包括有业务流程外包(BPO)和知识流程外包(KPO)等类型。服务外包企业的产生和发展以及服务外包项目的增加是依赖于技术革新、经济发展以及市场变迁的,这些外包的动因促使企业更加关注升级自己的核心竞争力,通过与服务外包企业开展业务合作来减少成本并提高自身的绩效。服务外包项目的开展使得企业间进行资源共享,并能够更好地应对变化快速的市场。

服务外包项目需求的出现与发包商有着直接的关系,也决定了接包商展开的业务类型。举例来说,服务外包项目中最早出现的信息技术外包项目,就是由于发包商(某些不具备信息技术开发能力的企业)将企业非核心竞争力的业务(软件开发或平台开发)外包给接包商(专业的信息技术企业),也正因为有这样的需求,所以接包商才愿意开展信息技术服务。而随着服务外包业务的发展,继而出现了专业从事会计业务、专业从事人力资源或者专业从事动漫制作等多样业务类型的接包商。

(一) 发包商

对于外包的客户方企业而言,要成功实施服务外包,主要经过以下几个阶段(图6-1):

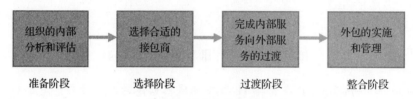

图6-1 发包商发包流程

1. 准备阶段

在这一阶段,组织的高层管理者主要工作是确定外包的需求并制定实施的策略。要从外包中获得效益,组织的最高决策层必须采取主动的态度,因为只有最高决策层才具有外包成功所必需的视角和推动变革的力量。

2. 选择阶段

在选择接包商时,要先将自己要求的底线与接包商所能提供的服务进行比较。通常选择接包商要经过以下步骤:

(1) 识别潜在的接包商。要识别潜在的接包商,通常采用信息征询书(Request for Information,RFI)的形式进行。信息征询书是了解有关外包商情况的标准方法。根据信息征询书的内容可以判断哪些外包商有资格接收需求建议书。信息征询书的具体内容还要结合外包项目的实际情况来确定。如果需要多个接包商进行联盟,则需要针对各个接包商所需提供的信息分别制定不同的信息征询书。

(2) 制定合同条款清单。合同条款清单是表明客户方在与最终选择的接包商谈判时对合同涉及的各个事项进行声明的文件,表明客户方希望从合同中得到的内容。合同条款清单是需求建议书的法律补充,也是合同谈判开始的依据。

(3) 制定需求建议书。需求建议书需要在法律顾问和专家指导下,在外包服务的最终用户参与下,由特定的工作团队制定。

（4）向外包商发布信息并邀请竞标。需求建议书制定之后，需要向初步筛选的主要外包商发出邀请，并将需求建议书发给外包商。在发出竞标邀请之后，要安排一次会议，确保列表上所有外包商都出席会议。会议主要目的是回答外包商的疑问，规定接受外包商标书的最后期限以及其他注意事项，从而确保整个过程有序展开，并确定单独的负责人与所有外包商进行沟通，通过这种形式可以保证信息发布的一致性。

（5）接收和分析外包商的标书。接受竞标邀请的外包商进行投标，向组织递交标书。组织接收标书之后，需要认真进行分析。分析时，主要以前面的评价标准作为依据，考察标准的满足程度。将标准划分为必须、需要、参考等几个层次，然后根据标准的重要程度依次考察竞标方的满足程度。

（6）召开评标会。通过上述阶段筛选出最有实力的竞争者，然后核实标书，并召开评标会。评标会上客户方通常邀请该项目领域里的权威专家作为评委，竞标各方就自己的项目开展进行陈述，并就专家提出的问题进行答辩。如果客户方认为可以产生最合适的外包商，则宣布评标结果，公布中标单位。如果认为各方的标书以及项目规划与自己的要求差距甚远，无法产生合适的外包商，则宣布落标声明。如果评标结果表明所有外包方案的风险很高，无法明确是否支持外包，则可以重新考虑外包决策。重新计量难以确认的因素，通过对必要信息进行分析，做出重新外包或者内包的决策。

（7）甄选最终外包商和进行资信调查。在选定最后的中标商之前，应该由律师负责对中标的外包商进行资信调查。资信调查可能还要求实地考察外包商的场所，进行管理评估背景调查、证明文件调查和评议等工作。此外还要证明外包商的软件或硬件能够与组织的软硬件兼容，检查所有保证成功所必需的兼容性和生产能力，包括保证双方顺利对接的技术力量，以及处理高峰期大量工作的能力。

（8）合同谈判。在确定了最终的外包商之后，需要进行合同谈判。经验表明，完善的合同对于外包成功至关重要。合同中要规定外包的价格和评测性能的尺度，还要定下服务的级别以及违规的处罚条款。外包的合同不同于其他合同，签约的双方都要显示出双赢的意向，并且要保持经常性的联系，这样才能保证合作的顺利。据调查，企业与外包商之间关系出现不愉快，其主要原因就在于合同不够明确。好的合同代表了双方的伙伴关系，对外包工作有清楚的界定，对双方在外包项目中所承担的责任表述明确，对支付的安排非常精确且无异议。

3. 过渡阶段

在这个阶段，发包商内部主要从以下几个方面进行过渡：

（1）人事过渡。人事过渡是外包过渡中最难管理的问题，因为外包安排中牵涉职责的变化。留任员工可能涉及转岗，需要重新承担新的职责。在从信息服务提供者转变成为与外包商衔接的中介角色过程中，员工需要充分的准备和不断的支持以获取所需的这些新技能，同时，还需要处理好解雇员工的就业问题。

（2）资源移交。在与外包商洽谈交易时应该明确所有权、许可证、维护工作以及其他有关软硬件等相关事宜的移交问题，同时要对数据移交、数据所有权以及控制问题做出约定。

(3) 工作地点变更。在某些外包服务中会涉及工作地点的转移,这就意味着数据的转换和设备搬迁以及工作人员的迁移。在合同中应该明确哪些工作需要移至新的地点。此外,要做好搬迁计划,计划的制订需要得到外包商协助并与他们达成共识。

(4) 系统转换。外包中涉及将客户系统转换到外包商的设备和软件中,需要进行详细计划。计划涉及客户方和外包商公司的资源、方法、操作的详细安排。转换过程的每一步骤和任务以及必须采取的工作顺序都要制订详细的计划。计划中还应该制订出完成每一步工作所必需完成的具体任务。关于转换工作和责任的说明也应该在合同中明确规定。

4. 整合阶段

这一阶段对外包关系进行管理,并就任何外包关系的维护与变化进行协商或者谈判,加以实施。客户在这一阶段要保持对外包业务性能的随时监测和评估,并及时与接包商交换意见,保证外包工作顺利进行。

(二) 接包商

美国哈佛商学院著名战略学家迈克尔·波特提出了"价值链分析法",他把企业内外价值增加的活动分为基本活动和支持性活动,基本活动涉及企业生产、销售、进料后勤、发货后勤、售后服务。支持性活动涉及人事、财务、计划、研究与开发、采购等,基本活动和支持性活动构成了企业的价值链。在不同企业参与的价值活动中,并不是每个环节都创造价值,实际上只有某些特定的价值活动才真正创造价值。这些真正创造价值的经营活动,就是价值链上的战略环节。接包商要保持的竞争优势,实际上就是在价值链某些特定战略环节上的优势。运用价值链分析方法来确定核心竞争力,就是要求接包商密切关注组织的资源状态,要求其特别关注和培养在价值链关键环节上获得重要的核心竞争力,以形成和巩固企业在行业内的竞争优势。接包商的优势既可以来源于价值活动所涉及的市场范围的调整,也可来源于企业间协调或合用价值链所带来的最大化效益。

二、服务外包项目需求

服务外包项目需求分为两部分,一部分是项目实施过程中必需的控制需求;另一部分是项目实施过程必需的人力资源管理相关需求。

(一) 服务外包项目的控制需求

1. 项目整体控制

项目整体控制是将项目控制中各种不同要素综合为整体的过程和活动,这些过程和活动在项目控制过程的范围内识别、定义、组合、统一并协调。

2. 项目范围控制

项目应该包括成功地完成项目所需的全部工作。项目范围管理由如下项目管理过程组成:范围规划、范围定义、制作工作分解结构、范围核实和范围控制。

3. 项目进度控制

项目进度控制是确保项目按时完成所需的各项过程,包括活动定义、活动排序、活动资源估算、活动持续时间估算、制订进度计划以及进度控制。

4. 项目费用控制

项目费用控制是确保项目按照规定预算完成须进行的费用规划、估算、预算的各项过程。项目费用管理由如下项目管理过程组成：费用估算、费用预算和费用控制。

5. 项目质量控制

项目质量控制是确保项目达到其既定质量要求所需实施的各项过程。项目质量控制由如下项目管理过程组成：质量规划、实施质量保证和实施质量控制。

6. 项目风险控制

项目风险控制是与项目风险管理有关的过程。项目风险管理由如下项目控制过程组成：风险管理规划、风险识别、定性风险分析、定量风险分析、风险应对规划以及风险监控。

7. 项目采购控制

项目采购控制是采办或取得产品、服务或成果，以及合同管理所需的各过程。项目采购控制由如下项目管理过程组成：采购规划、采购合同、采购控制以及采购收尾。

（二）项目的人力资源管理需求

1. 项目人力资源管理

项目人力资源管理是组织和管理项目团队的各个过程。项目人力资源管理由如下项目管理过程组成：人力资源规划、项目团队组建、项目团队建设和项目团队管理。

2. 项目沟通管理

项目沟通管理的组成包括沟通规划、信息发布、绩效报告和项目相关人员的管理。

第二节 项目计划

【引导案例】

上海家化公司整体物流外包案例

发包方：从1898年清末的香港广生行到今天的现代化化妆品公司，上海家化历经数代人的努力，走过了百余年的历史。上海家化以自行开发、生产、销售化妆品、个人护理用品、家庭防护用品以及洗涤类清洁用品为主营业务，拥有"六神""美加净""清妃""佰草集""家安""舒欣""梦巴黎"等诸多中国驰名品牌，占有很高的市场份额，2011年营业总收入达35.77亿元人民币，营销网络遍及全国，是中国最早、最大的民族化妆品企业。

接包方:上海惠尔物流有限公司作为专业的第三方物流供应商,为企业客户提供个性化物流解决方案。它利用遍布全国的区域分发中心(RDC)在 24 小时之内把客户产品送到其销售终端或客户手中(新疆、西藏地区除外),受到客户的好评。公司业务范围涉及运输、仓储、拆零、分拣、包装、配送和整体物流方案。2005 年度被中国物流与采购联合会评为 AAA 级物流企业,2004 年度"中国物流百强企业"第 33 位,2004 年度"中国民营物流企业十强"。

外包内容及实施过程:惠尔物流同上海家化合作五年,双方成为战略合作伙伴,开创了整体物流外包的先河。惠尔物流在对上海家化物流运作系统的各个环节进行全面考察的基础上,其物流咨询和运作专家对家化的总体物流成本进行深入分析,确定家化物流系统可以分成三个部分:继续维持的部分、可以改善的部分和必须放弃的部分,然后对整体的物流系统从人员、管理、设施和流程方面进行全面整合。

惠尔物流承担的业务包括:负责每年数万吨、价值 20 亿元货物的运输与中转;在数万平方米的仓库里管理着四五千种产品和数万个批次的家化产品;准确地根据家化的订单将产品及时发往全国各个不同目的地。

(资料来源:http://chinasourcing.mofcom.gov.cn)

案例思考:
该项目中,项目组在进行项目计划的时候需要注意哪些地方?

一、服务外包项目计划概述

(一) 服务外包项目计划定义

项目计划是指用于协调所有项目计划编制文件、指导项目执行和控制的文件。其关键组成部分包括项目简介或概览、如何组织项目的描述管理和技术过程以及描写所要完成的工作的部分、进度信息和预算信息。而服务外包项目计划是指服务外包项目实施过程中项目负责人对项目各阶段需要完成的进程制订的计划,通过该计划能够保证项目在一个确定时间内完成、安排费用开支并节约成本、协调用于该项目的各种资源以使得项目顺利进行并获得利润。

(二) 服务外包项目计划制订的依据

要制订合理并切实可行的项目计划,需要考虑到项目各方面的因素,进行项目计划制订依据主要包括下面几个方面:活动定义、活动排序及活动持续时间估算的结果和所需要的资源。

1. 活动定义

活动定义指确定为完成各种项目可交付成果所必须进行的各项具体活动。项目活动定义的成果包括活动清单和活动属性。

（1）清单应该有活动标志，并对每一个计划活动工作范围给予详细的说明，以保证项目团队理解如何完成该项工作。活动计划的工作范围可有实体数量，如应安装的管道长度、图纸的张数、计算机程序的行数、书籍的章节数等。

（2）活动属性包括活动标志、活动编号、资源要求、强制性日期、制约因素和假设等。

2. 活动排序

活动排序是指确定各计划活动之间的依赖关系，并形成文档。活动排序的主要工作内容如图 6-2 所示：

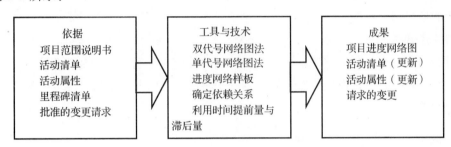

图 6-2　活动排序的主要工作

3. 活动资源估算

活动资源估算是指估计完成各计划活动所需资源的种类与数量。活动资源估算过程与费用估算过程紧密相关。例如，汽车设计团队需要熟悉最新的自动装配技术，获取必要知识的途径，包括聘请一位咨询人员，派一位设计人员出席机器人研讨会，或者把来自生产岗位的人员纳入设计团队等。活动资源估算过程的成果包括活动资源要求和资源日历。

4. 活动持续时间估算

活动持续事件估算也叫活动历时估计或活动工期估计，是指估算完成各项活动所需要的时间，主要采用三时估计法进行估算。主要考虑的因素包括工作量和复杂程度、资源数量、资源能力、项目约束和限制条件、历史信息等。

（三）服务外包项目计划编制的原则

服务外包项目计划是服务外包项目开展和实施的重要阶段，在项目中起到承上启下的作用。因此服务外包项目计划的编制需要根据项目的具体情况以及以下的原则展开：

1. **目的性原则**

服务外包项目计划是进行其他各项管理工作的基础，贯穿于计划执行之后的项目实施过程，因此项目计划是在确定项目的总体目标的基础上，将各工作单元的人员、资源和时间进行有效配置，使得项目目标顺利实现。

2. **系统性原则**

服务外包项目计划是一个总体的系统，是由所有的子项目计划组成的，个体项目之间彼此联系又相互独立，需要将所有子项目以及项目整体进行独立和联系两个层面进行考虑，才能使项目计划行程有机协调。

3. 经济性原则

计划工作要讲究效率,要考虑投入和产出的比例,不仅需要考虑成本控制,还需要考虑到进度、质量等评价标准。

4. 动态性原则

服务外包项目计划的制订不是一成不变的,是由项目的生命周期所决定的。项目环境的变化会导致项目计划实施偏离项目基准计划。因此项目计划需要随着环境和项目实施中出现的变化而不断调整和修改,以保证完成项目目标。这要求项目计划具有动态性,以适应不断变化的项目情况的要求。

5. 相关性原则

项目计划是一个系统的整体。构成项目计划的任何一个子计划的变化都会影响到其他子计划的制订和执行。进而最终影响到计划的正常实施。因此。制订计划要充分考虑到各个子计划间的相关性。

二、服务外包项目计划内容

服务外包项目需要一个总体计划以规范、控制和协调整个工作的进度,因此,服务外包项目计划的内容包括以下几个方面:

(一)项目综合计划

项目综合计划是一个综合性的重要计划。需要考虑到项目整体包含的工作单元,接着进行排序并明确其相互间的关系,计算出所需要的人力、财力、物力以及时间的总额。如果达不到要求,则需要通过采取有效措施进行更改,修改后的综合计划应当满足发包方的基本要求,同时还需要考虑有可能出现的各种风险问题。

(二)项目采购工作计划

项目采购工作计划是根据项目的整体需求以及每个工作单元的需求,确定项目组织需要从外部采购的设备和物资的信息,包括所需设备和物资的名称和数量的清单,获得的时间,设备的设计、制造和验收时间,设备的进货来源等,并将所需要的所有设备列出清单并进行编号,按照综合计划中的需求,在规定的时间内配置到各个现场。如果采购工作出现问题,会造成项目施工无法进行,从而影响项目完成进度,最终造成项目接发包双方的损失。

(三)项目实施计划

项目实施计划是根据项目综合计划中各个项目单元所需要的人力、物力、财力和时间,按照工序要求制订出来的。其包括工作计划、进度计划和质量计划。

(1)工作计划主要具体包括工作细则、工作检查及相应的措施。工作计划中最主要的工作就是项目工作分解和排序,制定出项目工作分解结构图,同时分析各工作单元之间的相互依赖关系。

(2)进度计划包括项目中各项工作的开展顺序、开始及完成时间以及相互关系。进度计划需要对每项工作和活动的延时做出合理估计,并安排项目执行日程,在整个项目的实施计划中,特别需要强调标出关键性日期,如某分包项目的完工日期、某车间的竣工日期、动力车间供电日期等,以使得整个项目能够按时完成。

(3) 质量计划是为了达到客户的期望而确定的项目质量目标、质量标准和质量方针,以及实现该目标的实施和管理过程。

(四) 项目人员管理计划

人员管理计划,其说明了项目团队成员应该承担的各项工作任务以及各项工作之间的关系,同时制定出项目成员工作绩效的考核指标和方法及人员激励机制。人员管理计划通常是自上而下地进行编制,然后再自下而上地进行修改,由项目经理与项目团队成员商讨并确定。

(五) 成本计划

成本计划是服务外包项目所需要的成本和费用,结合进度安排,获得描述成本与时间关系的项目费用基准,并以费用基准作为度量和监控项目执行过程费用支出的主要依据和标准,从而以最低的成本达到项目目标。

(六) 项目设备验收计划

项目设备验收计划是对项目系统的主要设备和各项设施进行验收安排的计划。该计划可使建设单位、总包单位、分包单位及有关方面做到心中有数,据此安排好各自的工作,以便及时对子项目及整个项目进行验收。

三、项目计划编制步骤及成果

(一) 服务外包项目计划编制的步骤

服务外包项目计划编制的步骤如图 6-3 所示。

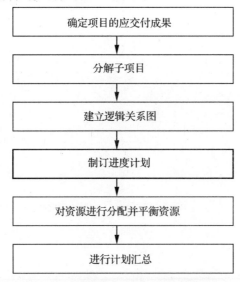

图 6-3　服务外包项目计划编制流程图

1. **确定项目的应交付成果**

这里的服务外包项目成果应按照发包方和接包方合同中规定的内容进行确定,需要注意是否符合成果提交的时间、质量等。

2. **分解子项目**

服务外包项目是一个整体,但是并不一定能一下子完成,为了更好地进行分工,需要将服务外包项目进行分解,明确各个子项目所需要完成的各项工作。

3. **建立逻辑关系图**

在资源独立的假设前提下确定各个子项目之间的相互依赖关系。以确定各个任务开始和结束时间的先后顺序。

4. **制订进度计划**

根据经验或应用相关方法确定每个子项目以及整体需要的时间。

5. **对资源进行分配并平衡资源**

对每个子项目以及整体项目进行分析,有效配置财力、物力、人力资源,使项目团队成员承担合适的工作量,调整资源的供需状况。

6. **进行计划汇总**

将计划的所有内容进行汇总,编制服务外包项目计划书。

(二)服务外包项目计划成果

服务外包项目计划的成果是项目计划书。项目计划书是一份指导项目执行和控制的文件。不同规模、不同类型的服务外包项目其计划详略程度不同,一个几个月就可完成的小项目可能会有几页纸的项目计划,而一个需要成千上万人花费几年时间的项目则可能有相当复杂而详细的项目计划。

第三节　项目控制

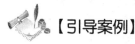【引导案例】

小华的时间规划

小华每天早晨起床后要做5件事情：叠被3分钟，刷牙、洗脸4分钟，烧开水10分钟，整理书包2分钟。请你帮小华安排一下，用尽可能短的时间做完全部事情。

案例思考：
1. 这个案例中，做完全部事情，最短的时间是多少？
2. 在这个过程中可能发生的意外有哪些？
3. 把服务外包项目与这个案例结合起来，说说它们的相似之处。

一、服务外包项目进度控制

（一）服务外包项目进度控制概述

服务外包项目进度控制是为了保证项目计划的实施和项目总目标的实现而采取的一系列管理行动。具体目标是在项目开始实施后，对项目及每项活动的进度进行监督，及时、定期地将项目实际进度与计划进度进行比较，出现偏差时采取有效的对策，使服务外包项目按预定的进度目标完成。服务外包项目进度控制是项目计划工作的延伸。

在服务外包项目进展中，有些工作会按时完成，有些会提前完成，而有些工作则可能会延期完成，所有这些都会对项目的未完成部分产生影响。引起项目进度变更的原因也很多，如客户要求的变化、项目成员工作效率下降或工作出错、意外情况的发生等。由于各种因素的影响，服务外包项目进度计划的变化是必然的。为适应这种情况，必须建立一套科学的进度控制系统，它包括健全的进度报告制度和进度监测系统，以保证实际进度资料或数据的收集；科学的数据资料分析和进度调整系统，以保证数据资料分析和调整措施的科学性及准确性；高效的组织实施系统，以保证调整措施得到及时准确的执行。

管理者们经常说的，按时交付项目是他们最大的挑战。由此可以看出服务外包项目进度问题的发生非常普遍。服务外包项目的完成时间与成本息息相关，无法控制进度会导致项目成本的上升，而无法按时交付项目成果更是会引起成本问题。因此，"时间就是金钱"这句话在服务外包项目进度控制上得到了最好的体现。

(二) 服务外包项目进度控制的系统及措施

1. 服务外包项目进度控制的系统

服务外包项目的进度控制系统包括项目检测系统和项目调整系统。项目进度的监控系统指借助信息化手段建立进度数据采集系统,收集实际进度数据,并将其与计划基准进行比较,若出现偏差,就要及时找出原因,采取必要的补救措施确保基准进度计划完成或更新、修改原计划,直至工程结束。项目的具体运作流程按照图6-4、图6-5进行:

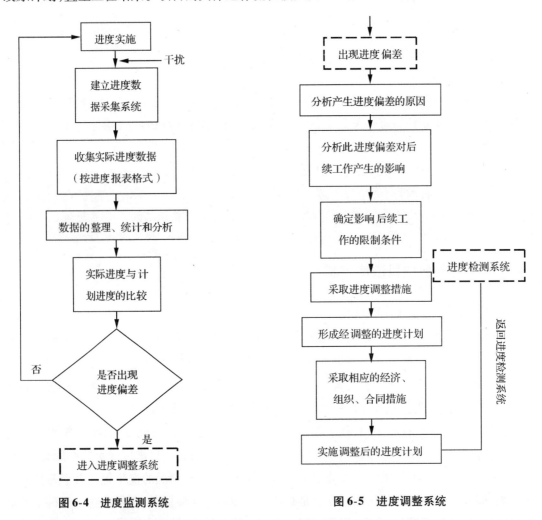

图6-4 进度监测系统　　　　　　图6-5 进度调整系统

服务外包项目中的各项计划工作都要通过控制系统才能落实,进度控制反复进行的过程每个周期的活动大概可以分为四个阶段:编制计划、实施计划、跟踪检查计划、更新计划。在前一循环和后一循环相衔接处,靠信息反馈起作用,使后一循环的计划阶段与前一循环的分析总结阶段保持连续,解决前一阶段遗留的问题并应用其经验,使工作向前推进一步,水平提高一步。每一循环构成一个封闭的回路,不同阶段从发展上看应呈逐步提高水平的趋势。为使计划管理的水平不断提高,在每个循环的开始阶段(计划编制阶段)都应针对前一个循环最后一个阶段(分析与总结阶段)遗留的问题采取有力的措施加以解决。

2. 服务外包项目进度控制的措施

进度控制的措施包括组织措施、技术措施、合同措施、经济措施和信息管理措施等。组织措施主要有：落实项目监理班子中进度控制部门的人员，将具体控制任务和管理职能分工；进行项目分解，并建立编码体系；确定进度协调工作制度，包括协调会议举行的时间，协调会议的参加人员等；根据统计资料对影响进度目标实现的干扰和风险因素进行分析，对各种因素影响进度的概率及进度拖延的损失值进行计算和预测，并应考虑有关项目审批当局对进度的影响等。

（三）服务外包项目进度控制的成果

服务外包项目进度控制的成果是服务外包项目进展报告，它是记录检查结果、项目进度现状和发展趋势等有关内容的最简单的书面形式报告。项目进展报告根据报告的对象不同，确定不同的编制范围和内容，一般分为项目概要级进度控制报告（以整个项目为对象说明进度计划执行情况的报告）、项目管理级进度控制报告（以分项目为对象说明进度计划执行情况的报告）和业务管理级进度控制报告（以某重点部位或重点问题为对象所编写的报告）。

服务外包项目进展报告的报告期应根据项目的复杂程度和时间期限以及项目的动态监测方式等因素确定，一般可考虑与定期观测的间隔周期相一致。一般来说，报告期越短，早发现问题并采取纠正措施的机会就越多。

一份标准而全面的项目进展报告主要包括以下内容：

（1）本报告期间取得的主要成果和达到的关键性目标，项目工作量完成情况以及里程碑实现情况。

（2）与计划相比，项目的成本、进度和工作范围的实施情况，以及完成工作的质量情况。

（3）前期遗留问题的解决情况，本报告期间发生的问题及存在的隐患，计划采取的改进措施及其理由。

（4）下一个报告期内期望达到的目标及预期实现的里程碑。

二、服务外包项目质量控制

（一）服务外包质量控制概述

众所周知，产品和服务的质量是公司企业赖以生存和发展的保证，是进一步开拓市场的生命线。过硬的产品或服务的质量能增强企业在市场中的竞争力，是其获得高额利润回报的保障。服务外包项目最终能够给企业带来多少效益取决于服务外包项目的质量，而决定服务外包项目质量的不仅包括服务外包项目的接包方，也包括项目发包方。

从微观上来说，服务外包质量控制的好坏事关发包、接包双方公司企业能否健康生存和发展。从发包方的角度看，企业业务外包是要充分利用外部的专业化团队来代替其完成本来由自身承担的业务，从而使其专注核心业务，达到降低成本、提高效率、增强企业核心竞争力的目的。发包方只有全面参与对业务发包、接包方的业务完成过程，最终产品或服务的质量控制工作才能确保外包业务质量符合本方的具体要求,并由本方最终完成外包业务和自主核心业务的对接。从接包方的立场看,接包企业一般是利用其人力、土地等资源优势替代发包方完成非核心的外围业务,接包企业对于发包企业具有明显的依赖性,并相对处于劣势地位。接包方只有通过严格的质量控制,确保承接业务的质量要求,确保承接业务的持续性,树立良好的企业声誉及形象,不断提升外包项目的实施能力,使企业具有更强的生存能力。

从宏观上来看,服务外包是世界经济竞争加剧、世界分工细化、全球范围经济协作发展的产物。只有加强服务外包项目的质量控制,提高产品或服务的质量,才能保证服务外包产业持续地发展,才能保证现代经济成功转型,才能保证国民经济稳定、健康地发展。加强服务外包质量控制,提高产品或服务的质量可以树立本国企业、产品或服务的品牌形象,增强本土企业在国际服务外包市场的竞争力,降低生产产品或提供服务的成本,提升企业的利润水平。

(二)服务外包质量控制标准及核心要素

1. 服务外包质量控制标准

质量控制标准是指以包括产品质量管理和工作质量管理在内的全面质量管理事项为对象而制定的标准。服务外包质量控制标准可以参照 ISO9001:2008 版标准的基本要求并结合行业及产业实际情况制定并执行。

2. 服务外包质量标准的核心要求

服务外包质量标准的核心工作是建立完善的质量管理体系,做好质量策划、明确质量目标、贯彻实施企业的质量计划。

(1)质量策划。

质量策划是指设定质量目标的活动和开发为达到这些目标所需要的手段或过程,它是质量管理活动不可或缺的组成部分,是为了满足用户需求而开发产品的活动。质量策划的目的是设定质量目标,为了实现质量目标又要实施必要的作业过程、落实相关资源,最终形成质量计划。服务外包企业质量策划的基本内容包括设定企业质量目标、明确相关职责和权限、确定达到目标所需的过程细节、确定实现目标的方法和工具。

(2)质量目标。

服务外包企业质量目标是其质量管理方面所追求的目的。战略性质量目标表达了发包方和接包方拟达到的整体质量水平,一般以定性的方法表述;战术性目标为服务外包企业质量的具体目标,一般包括性能性、安全性、经济性、可靠性、时间性、环境适应性等,大多以定量的方式给予描述。质量目标策划的基本要素包括市场、技术条件和历史资料;同时质量目标策划必须考虑质量方针、上一级质量目标、外包服务的功能性要求、外部环境、潜在的市场变化、质量经济性、问题点的存在、现状和未来需求、外包各方的满意度等。

质量目标策划的基本步骤是:分析现状,预测未来;明确目标策划的输入;确定质量目标;质量目标的展开。服务外包企业在开展质量策划工作时应注意以下问题:加强服务外包企业质量策划的监督力度,保证企业质量策划的有效实施;责权分明,确保质量策划目标的实现;做好反馈工作,确保服务质量。

(3) 服务外包企业质量计划。

服务外包企业质量计划一般应包括以下主要内容:服务外包企业服务组成,服务外包质量总目标及其分解,服务外包企业发包方质量管理机构设置,服务外包企业的质量岗位职责,外包质量控制依据的规范、规程、标准和文件,外包质量控制程序。服务外包企业的质量计划中必须明确其基本的质量政策。质量政策中要包括服务外包企业的质量总体纲要,明确质量责任分工和权限,建立全面的质量管理程序。质量计划中还要规范服务外包企业的重要质量管理活动,比如,发包方和接包方的质量管理流程,业务发包过程中资源、权限和职责的具体分配,业务实施过程中所需的业务指导文件和书面程序,完成质量目标的评估方法等。

(三) 服务外包质量控制

为保证服务外包业务质量,发包和接包双方应全面参与服务外包质量控制工作。发包方要全程参与业务发包的各个环节的质量监督,敦促接包方按合同要求实施各方面的质量控制工作;接包方应无条件遵循发包方对外包业务的质量要求,履行合同对承接业务的每个过程、环节、细节、因素的质量要求,实施质量控制工作。一般来讲,发包方应加强对接包方的质量控制工作,而接包方应侧重于对发包方的质量保证工作。

发包方应尽可能详细地明确发包业务的质量要求,为接包方实施质量控制提供前提和基础。接包方应严格按照承接的外包业务实施流程的规范来落实业务流程,确保项目产品或服务的质量。发包方对接包方的质量控制主要包括两个方面:第一,产品或服务设计开发阶段对接包方的质量控制;第二,批量生产阶段对接包方的质量控制。

接包方实施质量控制应以业务合同为依据,确保合同、规范所规定的质量标准,采取相应的检测、监控措施、手段和方法。接包方在特定的绩效范围内,应该采取全面的质量保证措施,提供符合甚至超过发包方质量期望的产品或服务,为此,接包方要努力提升自身能力,做到:

(1) 接包方能够满足或超过发包方的质量要求。

(2) 接包方能够满足或超过发包方未来的质量要求。

(3) 不仅注重产品或服务本身的质量,还要在产品或服务的配送、产品或服务的一致性、售后服务、技术特点、成本管理等方面满足发包方的需求。

服务外包的质量标准是评价外包业务质量的尺度,业务落实过程中的各类数据是实施质量控制的基础和依据。业务质量是否符合质量标准,必须通过严格检查,以数据为准绳。

发包及接包方应联合建立一个结构合理、职责分明、决策迅速的外包业务质量监理部门,编制监理规划以指导业务监理部门全面开展监理工作,编制监理实施细则。在外包业务实施过程中,接包方依据业务合同文件、设计文件、相关法律、法规,并依据工程特点及要求,结合建立规划与细则,严格实施质量控制工作程序,坚持质量第一、以人为核心的原则,坚持以预防为主的原则,坚持质量标准的原则性,坚持科学、公正、守法的职业道德规范。采取审核技术文件、报告和报表,发出指令文件和一般监理文书,现场监督和检查,规定质量监控工作程序,利用支付手段等质量控制手段,针对影响业务质量的各种主要因素做好业务准备控制、实施过程控制、完成验收控制等工作。

（四）服务外包质量控制要点

在市场竞争异常激烈的情况下,高质量的服务能够减少服务补救带来的成本,最大限度地提高客户满意度,因此服务质量的控制成为服务外包项目实施过程中的重点所在。服务外包项目的接包方需要明确项目特点以及自身情况,分析项目中存在的问题,针对这些问题进行有效的质量控制,提高项目质量水平。

1. 对项目服务提供现状的把握

只有加强对服务质量的控制,才能让服务提供商赢得客户的信赖,让提供的服务满足客户的需求,让客户的满意度得到提高;同时也只有增强服务,才能体现自身价值和满足自身需要。因为提供的服务要得到赞同和市场认可,服务提供商才能在激烈竞争的市场中立于不败之地。

服务提供商必须清楚项目的运行情况、质量管理情况,以及项目中存在的问题和将来的发展机会,这样才能有针对性地、因地制宜地进行质量控制,提高服务质量。服务提供商也只有在全面掌握项目情况之后,才能准确分析项目中存在的问题,并根据项目的现状进行管理方式、方法的选择。对服务质量现状的测评则通过对客户满意度的调查来完成,这是提高服务质量的重要一步,对于服务质量的提高有着积极的意义。

2. 明确质量控制的原则

对外包服务项目而言,质量控制就是为了确保合同、规范所规定的质量标准所采取的一系列检测、监控措施、手段和方法,服务提供商进行的一切服务质量控制工作都必须要遵循一定的原则,这个原则就是全部质量控制工作的核心。

在质量控制过程中,一般要遵循以下几点原则:

(1) 坚持"质量第一、用户至上"。

服务作为一种特殊的产品,直接影响到客户的工作效率和利益。所以,在服务过程中应自始至终地把"质量第一、用户至上"作为服务质量控制的基本原则。

(2) 以人为核心。

人是质量的创造者,质量控制必须"以人为本",把人作为控制的动力,调动人的积极性、创造性,增强人的责任感,树立"质量第一"的观念,提高人的素质,避免人为失误,以人的工作质量保证工序质量、保证工程质量。

(3) 以预防为主。

"以预防为主",就是要严格对项目质量的检查,这是确保施工项目的有效措施。

(4) 坚持质量标准,一切用数据说话。

质量标准是评价项目服务的尺度,数据是质量控制的基础和依据。项目质量是否达到服务质量标准,必须通过严格检查,用数据说话。

3. 服务意识、服务态度的提升

客户是服务质量的最终评价者,客户对服务过程感到舒适和满意,才会更容易也更乐意接受服务提供商提供的各项服务。而客户对服务过程的感知,除了故障判断、处理速度等技术因素外,服务提供人员的服务意识以及服务态度都会对客户的满意度产生影响。

由于服务对象是客户,而人是生理、心理、社会、精神、文化的统一整体,所以在和客户沟通的过程中,服务提供人员说的每一句话都会影响客户对服务质量的感知。只有服务意识提高了,服务提供人员才能真正做到把客户作为关注的焦点,变被动服务为主动服务,这样服务质量才可能得到提高。而服务态度的提升则可以加强客户对服务的满意度,尤其是服务在出现瑕疵的时候,礼貌谦和的服务态度才可能弥补不足,取得客户的谅解,不会造成满意度的大幅度下降。

处于项目组和客户之间的第一联系点的服务人员,更要应用文明礼貌用语,语气亲切柔和,会倾听和引导,且有足够的耐心,符合这些条件的人员在经过对岗位职责、项目规范制度、相关技术知识等方面的培训后,才可以正式上线服务。其他各线服务人员也需要在服务过程中,时刻注意自己的语气、态度,确保不会和客户发生争执。

服务人员的服务意识是要逐步培养的,平时接触过程中的每一个小细节,都可以转化为客户对服务质量的感知。只有提高了服务人员的服务意识和服务态度外,服务质量才能真正得到加强,从而更好地服务于客户。

4. 控制服务提供人员的技术水平

服务提供人员的服务意识、服务态度以及技术水平,都是影响服务质量的重要因素,因此除了提高服务意识和服务态度外,对技术水平的控制也必不可少。

技术水平需要通过以下几个方面进行控制:

(1) 注重员工的已有水平。

在为外包服务项目选择项目成员时,要根据供需双方达成的协议做好成员选拔工作。选择的员工要有符合合同要求的技术水平,能够为客户提供有质量保证的服务。

(2) 注重员工的后期培养。

在新员工进入项目组后,就要做好和项目相关的培训工作。除了项目基本情况的介绍外,还要针对项目中的具体技术要求和技术细节对其进行理论培训,在理论培训完成后,由老员工带领进行实际操作。在正式上岗后仍要对其进行培训,保证服务提供人员的技术水平可以不断提升,为客户提供更高质量的服务。

(3) 各线支持的划分。

为了有效分配项目组的技术资源,项目组的所有服务人员需要根据技术水平和能力范围来进行不同线级支持的划分。一线支持一般为服务台人员,技术方面的要求较低,二三线支持人员需要处理由一线支持人员分派的故障请求,这些请求都是一线人员无法处理的,因此对二三线支持人员的技术要求就会提高,越高等级的支持就越需要有更高技术水平的人员来提供服务。

5. 服务规范的制定

众所周知,每个人的性格和个人素质都会因为教育背景、成长环境的不同而存在差异,这种差异也会造成工作习惯、工作方法等方面的不同,这是无法避免的客观因素,想要减少甚至消除这些差异带来的影响,就需要制定各方面的服务规范。

在服务规范中,需要对服务中的各项工作都有明确统一的步骤和要求,能够指导服务人员的实际工作,例如服务台人员的应答用语、信息记录方式,二三线支持人员到客户现场的时间,故障升级的条件以及故障处理的方法等。

规范的服务标准、服务流程可以帮助服务提供商控制服务过程。同时,服务规范也会成为服务提供、各线升级的依据,服务人员按照规范提供服务,能最大限度地减少个体差异造成的整体服务质量的下降。

三、服务外包项目风险控制

(一)服务外包项目风险控制概述

1. 服务外包项目风险的定义

风险(Risk)一词,在字典中的解释是"损失或伤害的可能性",而服务外包项目的风险并不是一定会发生,而是在项目实施过程中事件的不确定性和可能发生的危险,而这些不确定性和危险可能会对服务外包项目目标,包括时间、成本、质量等产生积极或消极的影响。服务外包项目风险控制是指通过风险识别、风险评估等手段或方法去认识服务外包项目的风险,并以此为基础使用各种科学的管理方法、技术和手段对项目风险实行有效控制,妥善处理风险事件所造成的不利后果,以最低的成本保证服务外包项目总体目标的实现过程。

2. 服务外包项目风险的分类

(1)按照风险的来源分类。

① 自然风险:由于自然现象所导致的风险,如地震、火灾、泥石流等。

② 社会风险:由于个人的行为反常或团体的不可预见行为所导致的风险。

③ 政治风险:指由于政局变化、战争等政治因素导致的风险。

④ 经济风险:指由于经营不善、市场竞争、供求关系发生变化等导致的风险。

⑤ 技术风险:指由于科学技术发展或生产方式的改变而带来的风险。

(2)按照风险的影响分类。

① 积极风险:指对项目起到促进作用而不起阻碍作用的风险,如项目工期紧张的风险存在,更激发项目成员的士气和斗志,促使项目更快完成。

② 消极风险:指对项目起到阻碍作用的风险。

(3)按照风险的可控性分类。

① 可控风险:指通过项目风险管理可以预见并避免的风险,比如项目成员技术水平低下、进度估算不切实际等导致的风险,这类型的风险往往可以预测并通过各种手段予以避免。

② 不可控风险：不可控风险往往是无法预料到的来自社会外部的风险，比如天气原因、社会动荡等，这类型的风险无法预测也无法避免其发生。

（二）服务外包项目风险控制过程

一般认为，服务外包项目风险控制主要过程由风险控制规划、项目风险评估、风险定性分析、风险定量分析、风险应对规划和风险监控六个阶段组成，如图6-6所示，这些阶段不仅相互作用，而且与项目管理的其他过程也相互影响。

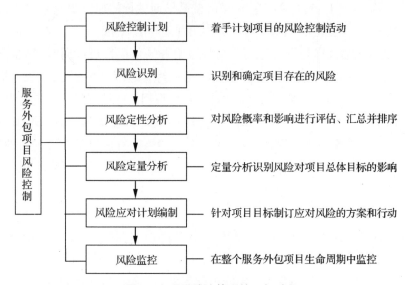

图6-6 项目风险管理的一般过程

1. 服务外包项目风险识别

服务外包项目风险识别是指项目管理者在前期收集资料和调查研究的基础上，明确项目的不确定因素、识别风险来源、确定风险发生条件、描述风险特征并评价风险影响的过程。

（1）服务外包项目风险识别的主要内容。

① 识别并确定项目有哪些潜在的风险。在项目实施前，首先要分析项目发展中有可能出现的风险，判断其可能的来源，并进行整理，汇总成项目风险清单，从而尽可能地避免消极的风险，并对项目进行动态跟踪。

② 识别引起这些风险的主要影响因素。要处理和避免风险，还需要掌握理清项目风险的影响因素以及对项目风险的影响方式、影响方向和影响力度等，并对这些因素之间的关系进行描述，对风险进行应对和控制。

③ 识别项目风险可能引起的后果。从之前的项目风险概述中可以了解到风险分为消极风险和积极风险，所以在进行项目识别时，需要掌握项目风险所引起的风险类别，尽量缩小和消除带来的不利后果，争取扩大项目带来的有利后果。

（2）服务外包项目风险识别的原则。

① 全员参与原则。风险可能发生在服务外包项目中的任意环节，所有参与项目的员工都可能需要面对风险发生的可能性，所以项目的风险管理人员应当征询所有员工的意见和

看法,从而能够更快速和准确地发现潜在风险。

② 经济原则。风险识别的最直接目的就是通过风险识别能够以最小的支出来获得最大的安全保障,因此,在风险识别的过程中,需要考虑到企业自身的财务承受能力,做综合的考察分析,以保证用较小的支出来换取较大的收益。不能够盲目地为了躲避可能发生的潜在风险而让企业陷入资金短缺的境地。

③ 动态识别原则。需要认识到的是,所有的服务外包项目是在不断往前推进和发展的,因而风险也不是一成不变的,并不能够停留在最早期进行的风险识别结果上,而应该对项目进行动态监控,以保证随时能够面对项目中出现的新的风险。

④ 多种识别方法的选择与综合运用。大多数服务外包项目可能同时遇到各种不同性质的风险,因此采用单一的识别方法是不可取的,必须综合运用多种方法,取长补短,多方面识别项目的风险。当然,对于特定活动或者时间,需要根据实际情况采用有效的识别方法。

⑤ 资料积累原则。资料的不断积累是开展风险管理的重要基础,风险识别过程中产生的记录是主要的也是重要的风险资料之一,对于今后的风险管理以及类似项目的风险识别可以提供巨大帮助。风险识别工作开展前应准备好将要用到的记录表格,当风险识别工作完成后,将所获取的相关资料整理保存。

(3) 服务外包项目风险识别过程。

风险识别过程是寻找风险、描述风险和确认风险的活动过程。风险识别过程的依据来源于服务外包项目其他管理活动的输出结果,设计多个活动的成果,如服务外包项目范围说明书、服务外包项目管理计划、综合风险识别过程成果的风险记录手册以及组织在各个管理阶段积累的经验和数据等。服务外包项目风险识别过程如图6-7所示。一般来说,风险识别的方法包括头脑风暴法、德尔菲法、访谈法、情景分析法、流程图法等方法。

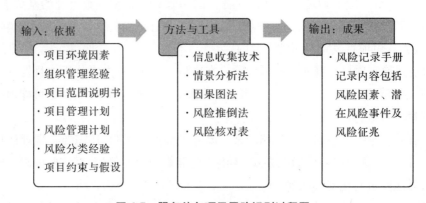

图6-7 服务外包项目风险识别过程图

(4) 服务外包项目风险识别成果。

服务外包项目风险识别成果是风险记录手册,主要包括项目风险来源表、项目风险征兆、项目风险类型说明、项目风险根本原因以及其他要求。

2. 服务外包项目风险分析

服务外包项目风险的分析分为定性分析和定量分析两种类型。

(1) 服务外包项目风险定性分析。

服务外包项目风险定性分析是在风险识别之后,对已识别风险的影响和可能性大小的评估过程,并按风险对项目目标潜在影响的轻重缓急给出风险排序。通过风险定性分析可以确定对具体风险应采取的措施,避免风险对项目目标的重大影响,风险定性分析结果成为指导风险应对行动的依据。其主要实施过程如图 6-8 所示。

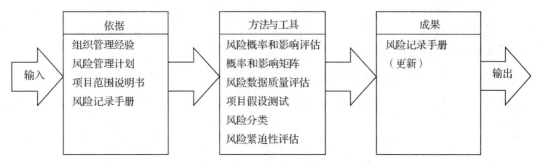

图 6-8　风险定性分析活动过程

服务外包项目风险定性分析的结果可能需要对风险记录手册中的相关内容进行更新。风险记录手册是在风险识别过程中形成,并根据定性风险分析的信息进行更新,更新后的风险记录手册被纳入项目管理计划。来自定性风险分析的风险记录手册更新包括如下几项内容:

① 项目总体风险等级。
② 服务外包项目风险的相对排序或优先级清单。
③ 按种类分组的风险。
④ 需要在近期采取应对措施的风险清单。
⑤ 需要补充分析和应对的风险清单。
⑥ 低优先级风险观察清单。
⑦ 定性风险分析结果中的趋势。

(2) 服务外包项目风险定量分析。

服务外包项目风险定量分析是指对定性风险分析过程中确定的可能对项目目标实现产生重大影响的风险进行分析,是在不确定情况下进行决策的一种量化方法。服务外包项目风险定量分析活动过程如图 6-9 所示。

图 6-9　风险定量分析活动过程

风险记录手册是项目管理计划的组成部分,风险记录手册在风险识别过程中形成,在风险定性分析过程中已更新,并在风险定量分析过程中会进一步更新。此处的更新内容主要包括:

① 项目概率。
② 实现费用和时间目标的概率。
③ 风险优先级清单。
④ 风险的趋势。

3. 服务外包项目风险应对计划

(1) 消极风险或威胁的应对策略。

通常,使用回避、转嫁、减轻这三种策略应对可能对项目目标存在消极影响的风险或威胁。

① 回避。回避风险指改变项目计划,以排除风险或条件,保护项目目标不受影响,或对受到威胁的一些目标放松要求,例如延长长度、改变策略或减少范围等。出现于项目早期的某些风险事件,可以通过澄清要求、取得信息、改善沟通或获取技术专长而获得解决。

② 转嫁。转嫁风险指设法将风险的后果连同应对的责任转移到第三方身上。转嫁风险实际只是把风险管理责任推给另一方,而并非将其排除。转嫁工具丰富多样,包括(但不限于)利用保险、履约保证书、担保书和保证书。可以利用合同将具体风险的责任转嫁给另一方。在多数情况下,使用费用加成合同可将费用风险转嫁给买方,如果项目的设计是稳定的,可以用固定总价合同把风险转嫁给卖方。

③ 减轻。指设法把不利的风险事件的概率或后果降低到一个可接受的临界值。例如,采用不太复杂的工艺,实施更多的测试,或者选用比较稳定可靠的卖方,都可减轻风险。如果不可能降低风险发生的概率,则应设法减轻风险的影响,主要着眼于决定影响严重程度的连接点上。

(2) 积极风险或机会的应对策略。

通常,使用开拓、分享、提高这三种策略应对可能对项目目标存在积极影响的风险。

① 开拓。该项策略的目标在于通过确保机会肯定实现而消除与特定积极风险相关的不确定性。直接开拓措施包括为项目分配更多的有能力的资源,以便缩短完成时间或实现超过最初预期的高质量。

② 分享。分享积极风险指将风险的责任分配给最能为项目之利益获取机会的第三方,包括建立风险分享合作关系,或专门为机会管理目的形成团队、特殊目的项目公司或合作合资企业。其目的就是要充分利用机会,使各方都从机会中受益。

③ 提高。该策略旨在通过提高积极风险的概率或积极影响,识别并最大程度发挥这些积极风险的驱动因素,致力于改变机会的"大小"。通过促进或增强机会的成因,积极强化其触发条件,提高机会发生的概率,也可着重针对影响驱动因素以提高项目机会。

4. 服务外包项目风险监控

服务外包项目风险监控是在项目实施过程中,实施风险应对计划、跟踪已识别的风险、监测残余风险,识别新风险和评估风险过程有效性的过程。服务外包项目风险监控的实质是按照预先设定的措施,对新出现的以及随时间的推移而发生改变的风险因素进行分析、评估,同时制定出新的风险应对措施。

(1) 服务外包项目风险监控的内容。

服务外包项目风险监控的主要内容包括:

① 持续开展项目风险的识别与度量,及早发现项目存在的各种风险以及项目风险各方面的特性。

② 监控项目潜在风险的发展。

③ 追踪项目风险发生征兆。

④ 通过采取各种有效措施避免项目风险的实际发生,减少风险发生的可能性,从而减少项目风险所造成的损失。

⑤ 对于不可避免的项目风险要积极采取行动,努力削减这些风险时间的消极后果。充分吸取项目风险管理中的经验与教训,努力避免同类风险事件的发生。

⑥ 加强对项目不可预见费用的有效管理和合理使用。

⑦ 实施项目风险管理计划等。

(2) 服务外包项目风险监控的方法。

服务外包项目风险监控的方法包括审核监察法、监视单和费用偏差分析法等。

第四节　项目交付

【引导案例】

索尼公司IT外包的成功应用

发包方:索尼(中国)有限公司。

接包方:IBM(国际商用机器公司)。

外包内容及实施过程:

在索尼公司信息化的五年中,IBM 的产品起到了关键的作用。IBM 作为一家处于国际领导地位的 IT 公司,与索尼公司一直在中国有着长期深入的合作。索尼公司在网络建设、网络安全及内部网与互联网的连接等方面,都采用了 IBM 的产品。在电子商务方面,索尼公司自 1999 年以来陆续在中国推出了定位于公司信息和融合电子营销与时尚生活的网站——"索尼在中国"(www.sony.com.cn)与在线购物网站(www.sonystyle.com.cn)。为了保持网络与客户资料管理的安全性,索尼公司应用了防火墙及 IBM 的

NQ 等信息安全解决方案。NQ 服务器能保证数据时时交换、传输 100% 的准确，同时能够保证数据加密、保护内网系统。

目前索尼公司很多的站点都是由 IBM 来进行 7×24 小时的监测服务。索尼公司现有的 14 个仓库，位置比较分散，也一同交给 IBM 的蓝色快车计算机工程技术有限公司来负责。这样，索尼公司的客户端及其网络与应用的维护，都由 IBM 的蓝色快车做现场的支持。将 IT 外包，索尼公司可以更专注于自己核心业务的发展，为自己的用户提供优质的产品和服务。

（资料来源：www.yunyoubar.com）

案例思考：
该项目中，IBM 作为接包商，最终要交付给索尼公司哪些东西？

服务外包项目从开展到收尾是一个漫长的过程，其过程需要发包方和接包方对项目进行共同的监管，在项目完成之后，整理完所有的相关文件，就需要开始进行项目的交付。而服务外包项目的交付环节包括了验收及移交等环节。

一、服务外包项目的验收

（一）服务外包项目验收的含义

服务外包项目的验收是基于合同上的要求进行的，发包方与接包方需要进行如下工作：
(1) 项目的结果（包括进度、质量、费用等）符合合同中的要求。
(2) 接包方需要完成合同中要求的工作内容，并进行自检。
(3) 发包方按合同的有关条款对开发方交付的项目产品和服务进行确认。

服务外包项目的验收是项目交付前的最后一道环节，也是非常重要的环节。验收环节把控的严格程度直接影响了整个项目的结果，也影响了发包方的利益。

（二）服务外包项目验收的流程

如图 6-10 所示，服务外包项目的验收程序主要包括接包方自检、提交验收申请及相关资料、发包方检查验收资、初审、正式验收、签署验收合同等环节。项目验收小组由于项目性质的不同，组织构成差异较大，如对一般小型服务型服务外包项目，只需要由发包方验收即可，验收小组也以发包方的人为主；而对大型服务外包项目而言，需要比较复杂的验收程度和环节以检验相对更多的项目内容，所以验收小组的构成也会相对比较复杂，包括发包方成员、接包方成员以及其他相关专家等。

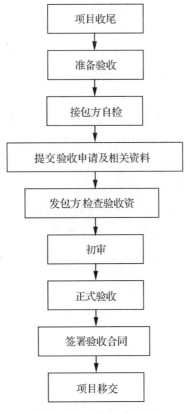

图 6-10　项目验收程序

（三）服务外包项目验收的依据

服务外包项目验收是一个系统而复杂的过程，需要整理项目所有的相关档案资料，为项目提供全面的书面资料和系统的书面技术支持，验收的目的是为了进行错误修正和提高质量，从而正式结束项目。服务外包项目验收的基本标准就是项目交付的成果是否符合项目合同中的要求，其中包括项目计划、项目需求说明书、行业开发文档、技术图样等。同时，对于一些较为重大的项目或一些行业性非常强的项目来说，国家标准、行业标准以及该行业的一些法令法规也是项目验收过程中起着重要决定作用的因素。

（四）服务外包项目验收的内容

服务外包项目验收需要考虑项目的性质和特点，但是无论是什么样的项目，都需要系统严格的验收环节。验收的内容可以分为质量和文件两个类型。

1. 服务外包项目的质量验收

服务外包的质量验收是根据合同中所指明的指标要求以及质量条款，按照相关的质量检验评定标准进行的，质量验收是控制和确定项目最终质量的重要手段，也是项目验收的一项重要内容。服务外包项目质量验收的范围包括项目规划阶段的质量和项目实施阶段的质量验收两个部分。

(1) 项目规划阶段的质量验收。

项目规划阶段需要考虑到项目的总体需求与质量目标,平衡项目进度、成本和质量三者的关系,并寻找达到质量目标的途径和方法;同时指明项目验收时质量验收评定的范围、标准和依据,质量事故的处理程序和惩罚措施等。

(2) 项目实施阶段的质量验收。

在项目实施过程中,需要进行严格的质量控制,进行阶段性的质量检验和记录,才能够保证项目的顺利完成。而最终得到的验收结果需要按照等级,一般分为"优良""合格""不合格",对于不合格的项目不予验收。

2. 服务外包项目的文件验收

服务外包项目的文件是证明项目验收以及后期维护的重要凭证,项目资料一定要收集整齐,发包方在接受了文件资料并进行验收后才能够开始整个项目的验收工作。项目验收合格后,发包方应当进行文档整理并妥善保管,以备将来查阅和参考。项目文件验收的主要程序如图 6-11 所示:

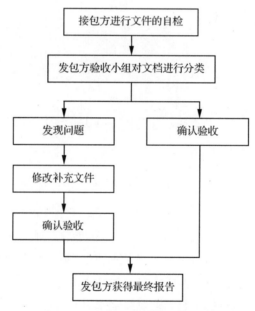

图 6-11　项目文件验收的主要程序

二、服务外包项目的移交

在服务外包项目验收之后,就可以进行项目材料的移交。材料进行移交之后,发包方和接包方的项目合同关系就基本结束了,这之后接包方对于项目只是进行后期支持和服务,不再运作该项目。在移交的过程中,需要进行项目的实体和项目的文件的移交,移交后形成报告并由发包方和接包方双方签字做实。

(一)项目的实体移交

项目的实体移交包括可交付的一切项目实体或项目服务。在提供项目移交报告之前应当进行项目移交的检查工作,仔细填写移交检查表。项目的移交检查表是罗列项目所有交付成果的表格,并对其中的具体细节进行描述,以便今后核对。其形式比较简单,见表6-1。

表6-1 项目移交检查表

项目可交付成果	备注
可交付成果1	
可交付成果2	
……	
可交付成果n	

(二)项目的文件移交

一般情况下,项目文件的移交是一个贯穿项目整个生命周期的过程,只是在最后的收尾阶段,项目的文档移交具有很深刻的意义和作用。项目的各个阶段移交的文档资料是不同的。初始阶段应当移交的主要文档资料有:项目初步可行性研究报告及其相关附件、项目详细可行性报告及其附件、项目方案报告、项目评估与决策报告。但是,并不是所有的服务外包项目都具备这些文档。

计划阶段应当移交的主要文档资料有:项目描述文档、项目计划文档等。实施阶段应当移交的主要文档资料有:项目中可能的外购和外包合同、标书、项目变更文件、所有项目会议记录、项目进展报告等。

收尾阶段应当移交的主要文档资料有:项目测试报告、项目质量验收报告、项目后评价资料、项目移交文档一览表、各款项结算清单、项目移交报告等。

(三)项目移交报告

项目的实体和项目的文件移交后,要形成项目移交报告并由发包方和接包方签字,如表6-2所示。

表 6-2　项目移交报告

项目名称 客户名称 我方名称 项目说明			
关键联系人通讯录			
	姓名	电话	E-mail
客户主要联系人 我方主要联系人 项目经理 主要技术联系人 主要财务联系人			
项目初始信息			
项目开始日期 项目计划成本 项目合同是否已签 项目建议书是否附在该表 合同是否附在该表		规定完成日期 项目计划收入	
项目收尾信息			
指标	计划	实际	偏差
项目实际开始时间 项目实际完成时间 项目实际成本 项目实际收入 是否满足合同条款 是否通过验收 费用是否结清 文档是否交付完毕			

本章小结

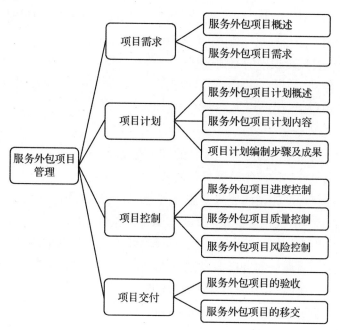

思考练习

一、单项选择题

1. 美国哈佛商学院著名战略学家(　　)提出了"价值链分析法"。

A. 大卫·李嘉图　　　　　　　　B. 孔茨

C. 迈克尔·波特　　　　　　　　D. 法约尔

2. 下列不属于项目人力资源管理过程的是(　　)。

A. 项目团队组建　　　　　　　　B. 项目经理选拔

C. 项目团队建设　　　　　　　　D. 项目团队管理

3. 进行项目计划制订的依据不包括(　　)。

A. 项目质量验收　　　　　　　　B. 所需要的资源

C. 活动定义　　　　　　　　　　D. 活动持续时间估算

4. 进度控制的措施不包括(　　)。

A. 组织措施　　　B. 合同措施　　　C. 技术措施　　　D. 出口控制

5. 在质量控制过程中,要遵循的原则不包括(　　)。

A. 坚持"质量第一、用户至上"

B. 以人为核心

C. 以改正为主

D. 坚持质量标准,严格检查,一切用数据说话

二、多项选择题

1. 服务外包项目计划编制的原则包括(　　)。
   A. 目的性原则　　B. 系统性原则　　C. 经济性原则
   D. 动态性原则　　E. 相关性原则

2. 服务外包项目风险识别的原则包括(　　)。
   A. 全员参与原则　　B. 经济原则　　C. 动态识别原则
   D. 发包商承担原则　　E. 资料积累原则

三、判断题

1. 服务外包项目只是由服务外包项目的接包商完成。(　　)
2. 服务外包项目计划的成果是项目计划书。(　　)
3. 服务外包项目进度控制的成果是服务外包项目进展报告,它是记录检查结果、项目进度现状和发展趋势等有关内容的最简单的口头形式报告。(　　)
4. 按照风险的可控性分类,服务外包项目的风险可以分为可控风险和不可控风险。(　　)
5. 在服务外包项目移交的过程中,只需要进行项目实体的移交。(　　)
6. 服务外包项目验收不需要严格的考核环节。(　　)
7. 服务外包项目计划只需要考虑到时间。(　　)

四、简答题

1. 简述服务外包项目计划编制的步骤。
2. 简述服务外包项目进度控制的系统。
3. 简述服务外包项目风险识别的主要内容。
4. 简述服务外包项目风险应对计划。

项目名称:
情景模拟:分角色扮演服务外包项目接包方与发包方。

实训目的:
1. 理解服务外包项目开展流程;
2. 理解服务外包项目开展过程中各种项目控制内容。

实训内容:
根据企业业务流程(可根据企业沙盘模拟或价值链图),选取不同组员扮演不同工作内容,组建服务外包项目接包方和发包方,选取某一具体项目进行服务外包项目计划,并预测项目中可能出现的风险及规避方案。

实训成果形式:
拟写情景模拟剧本,并进行演示。

第七章 服务外包风险管理

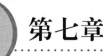

1. 了解服务外包与其涉及的主要法律之间的关系；
2. 能够从法律的视角理解服务外包；
3. 对服务外包中的风险和问题有初步的认识。

1. 了解服务外包的合同约定内容；
2. 了解我国服务外包和各项法律之间的关系；
3. 掌握服务外包发展过程中的信息系统安全与风险问题。

在当前经济全球化背景下，细化劳动分工显得越来越重要，同一产业链下对各环节的专业性要求也越来越严格，外包行业由此应运而生。外包行业的发展初期，大部分外包企业只能够承做基础的制造业外包，为发包企业提供简单的零部件；而随着市场需求的发展，产生了更加精细并对技术要求更高的服务业外包；服务外包行业的出现能够使企业在复杂的经济环境中专注于自身领先产业，做大做强，突出优势，提高核心竞争力。

就服务外包市场的地域分类而言，发包商更倾向于采用离岸服务外包的形式，借此可充分利用海外的廉价劳动力来大幅降低业务成本，并且可以借助同时展开多个不同时区的服务外包业务来延长服务时间，以便更好地满足全球各地客户的不同需求。因此这种服务外包形式受到全球企业的逐渐关注，具有良好的市场潜力。全球离岸服务外包的发包国主要集中在欧美和日本等发达国家，其中美国约占了三分之二，欧盟和日本占了近三分之一，这些主要发包国占据了九成以上的市场份额；而以中国、印度、巴西等为代表的新兴市场国家正日益成为重要的服务外包业务承接国。当下我国正处于一个整体产业结构的调整进程中，正需要大力发展服务外包产业,争取增加在全球服务外包行业中的份额,增强整体行业水平。

服务外包已经成为一个国际性的行业,那就必然会涉及法律相关的问题,在服务外包发展的过程中,也会出现一些合规和风险的问题,所以服务外包的风险管理就自然而然成为一个重要的管理目标。

第一节 服务外包与《合同法》

【引导案例】

外包中的合同关系效力

原告天津东旭瑞晟电机有限公司与被告北京凯伟金融服务外包有限公司天津经济咨询分公司(以下简称凯伟天津分公司)、被告北京凯伟金融服务外包有限公司(以下简称凯伟公司)服务合同纠纷一案。原告因资金紧张计划向银行贷款缓解资金压力,被告于2015年2月13日以给原告办理贷款业务为由,向原告宣传可为原告提供银行贷款服务业务,只需原告提供企业营业执照及相关手续,便能得到银行贷款。双方自愿签订服务合同。原告当时正急需用钱,让被告为其办理贷款,被告收取原告服务费6 800元。被告至今未给原告办理贷款业务。原告多次索要,被告以种种理由拖延至今,原告无奈,故依据有关法律法规诉至法院。原告天津东旭瑞晟电机有限公司请求法院解除合同、二被告返还服务费并支付案件受理费。对于此案件,原告的诉求是否能够得到法院支持呢?

在本案例中,经法院审理查明,被告凯伟天津分公司系被告凯伟公司在天津开设的分公司,原告与被告凯伟天津分公司系服务合同关系。2015年2月13日,原告(甲方)与被告凯伟天津分公司(乙方)签订服务合同,约定:甲乙双方在自愿情况下达成协议,乙方按照甲方要求为其办理金融服务业务,甲方向乙方交纳服务费用6 800元。合同签订后,原告于2015年2月13日向被告凯伟天津分公司交纳现金6 800元,被告凯伟天津分公司开具了收据。此后,被告凯伟天津分公司未能按照合同约定为原告提供相关服务,原告多次要求被告返还服务费未果。原告为此起诉,请求法院判令二被告退还原告所交6 800元。

2016年3月被告凯伟天津分公司因为资金链断裂,不再经营,凯伟天津分公司和凯伟公司原负责人和原法定代表人于2016年6月22日和2016年7月12日由张志红变更为杨改素。

> 法院经过审理判决如下：现原告要求解除合同、二被告连带向其退还服务费 6 800 元的诉讼请求，符合法律规定，法院予以支持。
>
> （资料来源：http://wenshu.court.gov.cn/）
>
> **案例思考：**
> 1. 贷款是否可以让签订服务合同的一方代办？
> 2. 原告当初选择让被告帮忙办贷款业务是否不妥？

一、合同法

（一）合同法的概念

合同法是调整平等主体之间交易关系的法律，它主要规范合同的订立，合同的效力，合同的履行、变更、转让、终止，违反合同的责任及各类有名合同等问题。合同法并不是一个独立的法律部门，而是我国民法的重要组成部分。

（二）合同法的特征

合同是两个或两个以上平等民事主体之间的法律行为。合同的这一特征区别于单方法律行为。单方法律行为是基于民事主体单方的意思所决定，而合同则是双方或多方民事主体的合意，且合同是合法行为。依法成立的合同对当事人具有法律约束力，得到国家法律的承认和保护。

合同是以设立、变更和终止民事权利义务关系为目的的民事法律行为。民事主体之间订立合同是具有一定的目的和宗旨的，即订立合同最终的目的是为了设立、变更、终止民事权利义务关系。

合同是平等主体在平等自愿基础上意思表示相一致的协议。意思表示一致是合同构成的基础。

合同是非身份关系的协议。我国婚姻法中有关结婚、离婚以及《民法通则》中关于监护以及继承法上遗赠扶养协议的合同，是属于身份上的合同，依照我国合同法第2条第2款之规定，并非合同法上所称的合同。

二、服务外包与合同法

服务外包的外包协议书会涉及《合同法》，大致包括服务内容、服务周期、甲乙双方的权利和义务、服务外包项目的实施、咨询费用及相关费用支付以及其他事项。

服务外包是一种民事合同，其所涉及的法律关系虽然可以笼统地称为服务外包关系，但从合同法角度来说，这是一种无名合同，其有关的权利义务关系完全依靠合同有关各方当事人的明确约定，如果没有约定或约定不明，容易引发合同解释和履行过程中的争议。因此，在可能的条件下，有必要根据具体的外包事项及其所涉及的具体外包法律关系的性质，明确其适用的合同法中相应的有名合同法律关系，利用有名合同中的相关法律规定，减少无名合同可能发生的无约定或约定不明的情况，从而防范相应的法律风险。

根据我国《民法总则》《合同法》,合同的当事人就合同的条款协商一致,合同即宣告成立。合同成立以后,便产生一定的法律效力。合同缔结方满足以下三个要件合同方可生效:

(1) 行为人具有相应的民事行为能力。

(2) 行为人意思表示真实。

(3) 不违反法律、行政法规等强制性规定。

据此,一个服务外包应当受到我国《合同法》规制,且在合同缔结的全过程都应当在《合同法》的指导下进行。

三、服务外包合同范本

企业在制定和签署外包合同时应注意以下内容:

(1) 完善业务外包合同的管理制度。包括外包合同的管理部门及职责界定、外包合同的签署方式和审批流程、外包合同的定期复核和调整机制、外包合同争议的处理方式等管理制度。

(2) 完善业务外包合同的内容。完善的业务外包合同应包括以下内容:外包服务的范围,术语界定,服务的最低标准,外包商人员、技术、设备的配备要求,支付标准与要求,激励与惩罚,考核标准,数据资料的所有权及保密,是否允许与第三者合作,是否允许分包,对对方及第三方造成损害的责任承担,纠纷解决机制与法律适用,合同变更、终止、解除条件和不可抗力等。

【知识拓展】

服务外包合同范本

甲方:

法定代表人:

办公地址:

电话: 传真:

乙方:

法定代表人:

办公地址:

电话: 传真:

(本合同上述各方分别称为"一方",合称为"各方"或"双方")。

鉴于:甲方拟委托乙方向其提供本协议及附件所列的业务外包管理服务,乙方具有向甲方提供该等服务的能力,并同意接受甲方委托,为甲方提供该等服务。

第一条 定义

1. 外包服务:甲方根据自身经营需要,将其部分业务交由具有该类业务服务经验以及高效管理团队的乙方承接,要求乙方利用甲方的工具和设备,向甲方提供服务。具体服务内容及范围由双方以书面形式确定,作为本合同有效附件。

2. 服务人员:是指根据本合同约定,为甲方提供本合同项下外包范围内相关工作的,由乙方合法录用的工作人员。

3. 项目服务费:是指基于本合同约定的乙方提供服务内容,甲方所应当支付的费用。具体项目服务费以本合同附件相关约定为准。

第二条　协议期限

本合同有效期自＿＿＿＿年＿＿＿月＿＿＿日起生效,任何一方提出解除或终止本合同的,均须至少提前三个月书面通知对方,并应结清本合同项下全部费用,但本合同另有约定的情形除外。

第三条　服务内容

1. 本合同项下甲方所要求的服务范围、服务内容及具体需求,均以甲方书面通知内容为准,作为本合同有效附件。

2. 对于本合同涉及的服务内容及范围的任何修改,均须由甲乙双方协商一致并以书面形式加以确认。

第四条　费用的结算和支付

1. 项目服务费:

(1) 项目服务费用根据本合同项下结算月度当月乙方为完成本合同项下外包业务而安排为甲方提供服务的人月为准计算。

(2) 服务费用包含乙方服务运作成本和服务利润,在服务人员到岗后即开始计算。服务费用一旦确定,未经双方协商一致,不得随意变更,但若由于法律政策等客观原因直接导致乙方服务成本增加的,甲方应当同意乙方在服务期间相应调整服务费用标准。

(3) 甲方应在每月 25 日前,按照乙方出具的当月项目服务费账单,经核对无误后,支付当月全部服务费用。

(4) 因甲方违约导致乙方无法继续履行本合同的,乙方将撤回提供外包工作的人员,因此导致乙方的一切损失均由甲方承担。

2. 乙方指定下列银行账户为本协议费用结算账户:

账户名:

人民币账号:

开户行:

第五条　甲方权利义务

(1) 甲方应建立、健全劳动安全卫生制度,严格执行国家劳动安全卫生规程和标准,防止对乙方服务人员造成劳动事故或职业危害,并为乙方的项目服务人员提供符合国家规定的工作条件、劳动安全卫生条件和必要的劳动防护用品,对服务岗位的设施、设备定期进行维护和安全检查,保证设施设备的安全运转。

(2) 乙方提供每天不超过8小时且每周不超过40小时的服务,休息日及法定节假日暂停服务。若甲方要求乙方提供超时服务或者在休息日、法定节假日提供服务的,应当按照本合同及其附件约定的标准,向乙方支付项目超时服务费。

(3) 甲方使用乙方服务人员时,未经乙方事先书面同意,不得擅自调整、变更甲乙双方确定的相应服务人员具体服务内容。

(4) 在乙方服务人员提供项目外包服务过程中产生的,或者主要利用甲方的物质条件或资料所开发出的任何成果,归甲方所有。

(5) 若在服务期间或者为了提供或完成本合同项下服务而导致乙方服务人员发生工伤的,由此导致需由乙方承担或理赔的工伤费用,均由甲方予以支付。

第六条 乙方权利义务

1. 乙方将向甲方出示乙方的劳动纪律和规章制度要求,并将教导和督促服务人员遵守该劳动纪律和规章制度。

除上述乙方劳动纪律和规章制度要求外,若甲方对服务人员有其他服务要求的,应依法制定相应规章制度并事先交乙方备案,乙方将相应教导和督促服务人员遵守甲方的相关规章制度要求,以避免对甲方、甲方员工的正常工作造成影响。

2. 为完成本合同项下服务内容,乙方负责对其服务人员进行相应的培训及指导;同时,乙方有权结合本合同项下甲方的服务要求,对其服务人员进行相应的考核及评估,甲方应当予以协助配合。

3. 若发现甲方有严重侵害乙方服务人员合法权益的行为,乙方有权在书面通知后立即撤回服务人员,由此造成的乙方损失,均由甲方承担,包括但不限于继续支付全额项目服务费。

第七条 特别约定

1. 甲乙双方共同确认:乙方为甲方提供的本合同项下服务为独立的服务,乙方服务人员仅接受乙方安排,从事本合同项下乙方所承接外包业务中的相关工作,并未作为甲方的员工与甲方建立或存续任何劳动关系或者雇佣关系,故亦不享受甲方员工所享有的工资、各项法定的社会保险、福利待遇以及甲方员工依据甲方的规章制度所可能获得的包括但不限于奖金、津贴、补贴等各类费用。

2. 除本合同另有约定的情形外,未经甲乙双方协商一致,任何一方不得擅自调整、精减或者退回乙方服务人员,否则由此造成的对方损失,应当由违约方承担赔偿责任。

3. 本合同期间,甲乙双方各指派一名联络人,进行本合同项下服务信息的传达和反馈。若指定联络人信息发生变更的,变更方应提前以书面形式告知对方。

甲方指定联络人	联系电话	邮件地址

乙方指定联络人	联系电话	邮件地址

第八条 违约责任

1. 任何一方违反或者擅自变更本合同及其附件相关约定，导致另一方遭受任何损失、处罚、索赔或被要求承担经济责任的，均应当承担全部赔偿责任。

2. 如由于本合同任何一方因无法合理预见、控制或避免的不可抗力事件而导致其未能按约履行其在本合同下的义务的，则该方对此无须承担任何责任。不可抗力是指下列不能预见其发生且超出合同一方合理控制范围的事件，如包括但不仅限于：天灾、自然灾害、战争或类似战争的状况、暴乱、破坏、火灾以及政府行为。遇有上述不可抗力的一方应立即将不可抗力事件对履行合同的影响向本合同另一方予以通报。

第九条 合同的变更和终止

1. 本合同及其附件内容的变更须经本合同双方协商一致，并以书面形式确定。

2. 本合同任何一方有权在下述情形出现时终止本合同：

（1）如任何一方严重违反其在本合同项下之义务，在收到通知后未予以纠正的，则守约方有权即刻解除本合同；

（2）一方通过提前至少三个月的书面通知对方。

第十条 其他

1. 本合同在履行过程中如发现有未尽事宜，应由甲、乙双方依法律另行订立补充约定作为本合同的附件。

2. 如双方在本合同执行过程中发生争议，应本着平等互利的原则友好协商，如协商不成，任何一方均可向原告所在地人民法院诉讼解决。

3. 本合同一式两份，经双方签署后生效，由甲、乙双方各执一份，均具有同等法律效力。

甲方： 乙方：

日期： 日期：

第二节 服务外包与《知识产权法》

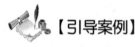【引导案例】

服务外包知识产权的规定

一、案情

北京天成公司委托北京天宝技术服务外包公司开发一种浓缩茶汁的技术秘密成果,双方签订了《技术服务外包合同》。北京天成公司按照约定支付了研究开发费用。北京天宝技术服务外包公司按照约定时间开发出该技术秘密成果后,在没有向天成公司交付之前,将其转让给青岛福兴科技公司。

北京天成公司知晓后,向法院提起诉讼,请求法院判令技术秘密成果的使用权、转让权为其专属所有,并主张北京天宝技术服务外包公司与青岛福兴科技公司的转让合同无效。

法院经审理后查明,原告北京天成公司与被告北京天宝技术服务外包公司之间自愿达成一份《技术服务外包合同》,合同真实有效。但双方并未在合同中约定成果的使用权、转让权以及利益分配办法。合同签订后,原告支付了研究开发费用,被告依约开发出技术秘密成果,并转让给第三人青岛福兴科技公司。

法院经查明后认定,现原告请求法院判令原告专属技术秘密成果的使用权、转让权,并主张北京天宝技术服务外包公司与青岛福兴科技公司的转让合同无效。法院不予支持其专属权利,该技术秘密成果由原、被告双方共享,被告与第三人青岛福兴科技公司合同无效。

二、简要分析

1. 该浓缩茶汁的技术秘密成果的使用权、转让权问题

《合同法》第三百四十一条规定,委托开发或者合作开发完成的技术秘密成果的使用权、转让权以及利益的分配办法,由当事人约定。没有约定或者约定不明确,依照本法第六十一条的规定。仍不能确定的,当事人均有使用和转让的权利,但委托开发的研究开发人不得在向委托人交付研究开发成果之前,将研究开发成果转让给第三人。

也就是说,合作开发合同的当事人可以在合同中约定,因履行技术开发合同产生的技术秘密的使用权、转让权的归属以及利益的分配办法。如果当事人没有约定或者约定不明确,可以协议补充;不能达成补充协议的,按照合同的有关条款或者交易习惯确

定;仍不能确定的,当事人各方对技术秘密都有使用和转让的权利,但委托开发的研究开发人在向委托人交付研究开发成果前,不得擅自将研究开发成果转让给第三人。

2. 关于上述"当事人均有使用和转让的权利"的简要分析

"当事人均有使用和转让的权利",包括当事人均有不经对方同意而自己使用或者以普通使用许可的方式许可他人使用技术秘密,并独占由此所获利益的权利。当事人一方将技术秘密成果的转让权让与他人,或者以独占或者排他使用许可的方式许可他人使用技术秘密,未经对方当事人同意或者追认的,应当认定该转让或者许可行为无效。

3. 被告与青岛福兴公司的技术秘密转让合同的效力问题

根据上述规定对于该委托开发技术秘密成果的权利归属无约定时,甲公司与乙公司均有使用权和转让权。但委托开发的研究开发人在向委托人交付研究开发成果前,不得擅自将研究开发成果转让给第三人。因为被告转让权存在瑕疵,合同成立之后属于效力待定合同,经过法院审理认定,该技术秘密转让合同无效。

(资料来源:http://wenshu.court.gov.cn/)

案例思考:
1. 该浓缩茶汁的技术秘密成果的使用权与转让权应该属于谁?
2. 怎样理解分析中所说的"当事人均有使用和转让的权利"?
3. 被告私自将技术秘密成果转让是否有效?

一、知识产权的概念

知识产权是指人类智力劳动产生的智力劳动成果所有权。它是依照各国法律赋予符合条件的著作者、发明者或成果拥有者在一定期限内享有的独占权利,一般认为它包括版权和工业产权。

二、知识产权的特点

(一) 专有性

专有性也可称为垄断性或者独占性,是指获得知识产权专属权利的所有人对该知识产权享有占有、使用、收益等权利。

(二) 地域性

地域性是指知识产权的保护范围受到地域的限制。任何一个国家或者地区所申请的知识产权仅在该国或该地区受到保护,离开这一地域范围将不再发生效力。

(三) 时间性

对于知识产权的保护除了空间上的限制外,同时还受到时间上的限制,即在规定的时间范围内,法律能够提供对知识产权的保护,但超过了这一期限将不再保护该项权利。

（四）法定性

法定性是指有关知识产权的内容、申请以及变动等都必须符合相关法律法规的规定。知识产权作为一种智力成果，其内容是隐形的，难以具体体现的。

三、《知识产权法》中软件外包知识产权所有权的归属问题

（一）服务外包中有可能涉及的知识产权

（1）发包方直接转移已确定识别的知识产权。

（2）外包关系期间改进或产生的知识产权。

（3）企业雇员产生的知识产权。

（4）外包中的第三方知识产权。

（二）知识产权的归属上的四种情况

（1）在外包关系期间改进或产生的全部知识产权归接包方所有，同时发包方可以通过协商使用许可协议来使用知识产权。

（2）所有知识产权归发包方所有，接包方可以通过协商得到使用许可。

（3）接包方和发包方共同拥有知识产权成果。

（4）有关各方之间，即在接包方、发包方和一个或多个第三方之间分配各种改进或产生的知识产权资产的所有权，要通过各方根据当前和未来利益需要进行谈判，在此基础上达成正式协议来实现。

四、服务外包中保护知识产权的重要性

（一）发展服务外包的重要前提

外包要求共享大批所拥有的知识。虽然知识产权的性质和重要性在各工业和商业部门是不同的，但每种知识产权资产如商业秘密、商标、工业品设计、专利、版权和相关权利等都与不同层次的外包关系相关。我国要加强知识产权保护方面的工作，才能够吸引更多的国际客户。此外还有政府管制、合同管理等问题，也需要有良好的环境给予支撑。

（二）提升外包竞争力的必要途径

有专家指出，印度之所以能在二十年里成长为世界的 IT 外包中心，除了劳动力的高性价比和规模效应外，还因为知识产权得到了政府和企业的多方保护，给发包方提供了充分的安全感。

（三）树立外包大国形象的基础

必须要从打造规模和控制质量开始，就把知识产权放到重要的位置，才能在世界市场上树立起一个强大的外包市场形象。

第三节 服务外包与《侵权责任法》

【引导案例】

服务外包要避免侵权责任

一、案情

2004年北京中科希望软件股份有限公司(下文简称希望公司)针对社会教育考试培训市场,与MACROMEDIA、工信部等几家单位合作开展教育考试市场,并因此设计、开发了"希望考试考务管理软件",其中将软件的一部分功能外包给国内北和软件外包公司,双方约定希望公司享有全部软件的著作权。2006年COREL公司开始正式进入国内教育考试市场,COREL公司看好希望公司已有的成熟运行的希望考试考务管理软件,以及由希望考试考务管理软件所支撑的营销网络,COREL公司将教育考试业务授权给希望公司。双方合作一年之后,COREL公司找到北和软件外包公司,委托其开发一个类似于希望考试考务系统的软件,北和服务外包软件公司在利益的驱动下,将希望公司外包给他的那部分软件,以及在外包过程中通过技术沟通而获得的非外包部分(由希望公司自己开发的)交付给COREL公司。同年COREL公司宣布解除与希望公司的合作关系,开始启用新的教育考试考务软件,并在其上继续开展相同的教育考试业务。2008年希望公司提请诉讼,认为COREL公司与北和软件外包公司共同侵权。

二、法律分析

1. 希望公司与软件外包公司的法律关系

2004年希望公司将"希望考试考务管理软件"的一部分功能开发外包给北和服务外包软件公司,双方在自愿的情形下签订了服务外包合同并且约定,北和服务外包软件公司开发的技术成果由希望公司享有全部软件的著作权,合同中没有违反国家强制性规定,合同真实有效。根据服务外包合同,合同双方为受法律保护的委托开发关系。并且,在合同成立后,双方根据合同的规定,完整地履行了合同规定的义务。在双方正确行使合同的权利与义务之后,于2004年订立的合同完成。

2. 原告希望公司与被告COREL公司、北和软件外包公司纠纷性质

被告北和软件外包利用之前为希望公司提供服务的便利,未经希望公司允许,擅自将希望公司外包给他的那部分软件,以及在外包过程中通过技术沟通而获得的非外包部分(由希望公司自己开发的)交付给COREL公司。不仅违反了基于服务外包合同中的附随保密义务,并且侵犯了原告希望公司的著作权。

而被告COREL公司明知著作权权属，仍然授意北和软件外包公司做出侵犯希望公司著作权的行为，二者有共同侵权的故意，并且做出侵权行为，因此COREL公司与北和软件公司构成共同侵权。

据此，原告希望公司与被告COREL公司、北和软件外包公司的纠纷为共同侵权纠纷。

3. 被告COREL公司、北和软件外包公司行为认定

被告COREL公司、北和软件外包公司没有经过希望公司的允许，擅自使用他人作品，并开始启用新的教育考试考务软件，在其上继续开展相同的教育考试业务，有侵权的事实。

被告行为具有违法性。凡行为人实施了《著作权法》第四十七条和第四十八条所规定的行为，侵犯了他人的著作权造成财产或非财产损失，都属于对著作权的侵权。

被告两方明知希望公司具有软件的著作权，仍然利用之前合同关系中形成的便利，侵犯他人著作权，主观上具有过错。

据此，被告COREL公司、北和软件外包公司的行为为共同侵权行为，应当停止运营该软件，赔偿希望公司的损失，消除社会上的恶劣影响。

（资料来源：http://wenshu.court.gov.cn/）

案例思考：
1. 希望公司和软件外包公司之间的合同是否明确有效？
2. 原告希望公司与两个被告的纠纷原因有哪些？
3. 被告COREL公司、北和软件外包公司二者的行为是否违反法律？

一、侵权责任概述

侵权责任是指民事主体因实施侵权行为而应承担的民事法律后果。侵权责任是任何人都对他人承担这样一种义务，即不因为自己的错误（过错）行为而侵害他人的合法权益，否则即能构成侵权行为，要对受害方承担责任。侵权行为基本上都是违法行为。

侵权责任的法律特征表现在：

（一）侵权责任是民事主体因违反法律规定的义务而应承担的法律后果

民事义务有法定义务和约定义务，法定义务是通过法律的强制性规范、禁止性规范设定的义务。这种义务对于每个自然人、法人具有普遍的适用性，违反此种义务，即构成侵权行为责任。而约定义务则是特定当事人之间设定的某种义务，违反约定义务，构成违约责任。

（二）侵权责任以侵权行为为前提要件

侵权责任产生的基础是侵权行为，没有侵权行为则不存在承担侵权责任的问题。侵权责任正是行为人实施侵权行为应承担的法律后果。

（三）侵权责任的形式具有多样性

侵权责任的行为人或责任人除了要承担赔偿损失、返还财产等财产责任外，在很多情况下，还可能同时承担停止侵害、恢复名誉、消除影响、赔礼道歉等非财产形式的责任。

二、侵权行为的特征

侵权行为是行为人因过错或不以过错为要件侵害他人绝对性权利，或受法律保护的已公开的权利及利益，因而须就所产生损害负担赔偿义务的行为。

侵权行为有以下特征：

(1) 侵权行为是事实行为，是引起损害赔偿的法律事实之一。

(2) 侵权行为是侵犯了绝对性（支配性）权利和受法律保护利益的行为。

(3) 侵权行为是应就损害行为的结果负担赔偿义务的行为。

三、外包业务中涉及的法律关系

在服务外包中，不同的外包业务，根据其性质不同，可能涉及不同的合同法律关系，要根据外包业务事项的不同性质，准确认定相应的法律关系，并在外包合同中订明。一般来说，外包业务可能涉及以下几种法律关系：

（一）买卖法律关系

如对于信息咨询、广告发布、物业管理、安全保卫、后勤支持服务等，可以通过向第三方购买服务的方式进行外包。

（二）承揽法律关系

对于一些如印刷广告品、各项业务用礼品或奖品等有形产品，可以通过向第三方进行定制的方式进行外包。

（三）技术合同法律关系

对于IT软硬件产品的开发与维护、咨询等，适宜通过技术合同向第三方进行外包。

（四）委托代理关系

对于法律、会计、评估、拍卖等事项，应向符合资质的中介服务机构以委托代理方式进行外包。

（五）根据外包事项确定的其他法律关系

在实现外包的同时，并不意味着将管理风险、安全风险也转移出去。在外包过程中，极可能出现侵犯他人权利的情况，也可能出现外包服务提供方利用在合同中的有利条件对发包方实施的侵权。

四、认定侵权案件所应具备的主要要件

（一）应当具有损害事实

损害事实即权利人的权利和受法律保护的其他利益受到破坏或失去以及降低了原来具有的价值，侵权人须负赔偿义务的事实。

（二）损害事实与侵权行为之间必须具有因果关系

这种因果关系必须是侵权人的行为与损害结果之间的内在、本质、必然的联系。

（三）加害人具有过错

侵权人在事实行为时在主观上对其行为后果具有故意或者过失的一种可归责的心理状态。

（四）加害人所为行为违反法律对人的权利和利益保护规定，具有违法性

服务外包案例中，侵权行为一般体现为侵犯知识产权的行为，具体包括：侵犯著作权、侵犯专利权、侵犯商标专用权等。

我国《侵权责任法》中规定了侵权人承担侵权责任的方式主要有：

（1）停止侵害；

（2）排除妨害；

（3）消除危险；

（4）返还财产；

（5）恢复原状；

（6）赔偿损失；

（7）赔礼道歉；

（8）消除影响、排除妨害。

以上承担侵权责任的方式可以单独适用，也可以合并适用。

在《侵权责任法》之外，我国法律还规定了很多侵权特别法规范。侵权责任法第五条明确规定："其他法律对侵权责任另有特别规定的，依照其规定。"

据此，在识别服务外包中的侵权案件时，应当精准判断侵权行为性质，从而准确使用规制侵权的法律法规，维护自己的权益。与此同时，也应当合理规避风险，避免侵犯他人的合法权益。

第四节 服务外包与信息系统安全

【引导案例】

服务外包中的侵犯商业秘密

一、案情

2014年5月,可孚软件服务外包公司与华康制药公司约定为其提供信息系统维护,双方签订了为期一年的服务外包合同。2015年,可孚软件服务外包公司私自接受安平制药公司的邀请,成为其技术顾问合作公司,并告知其原告的客户信息(包括在原告信息平台上所留的客户名称、地址、联系方式、交易意向及含有众多客户的名册),之后安平制药公司进行与原告相同的招商业务。同年5月,原告得知后质问可孚软件服务公司,其表示不再续约,并承诺不以任何直接或间接方式在任何一家制药公司任职或者提供服务,否则向原告华康制药公司支付100万违约金。但是,泄露的客户信息已经给华康制药公司造成了经济损失。2015年1月,华康制药公司以可孚软件服务外包公司和安平制药公司为被告提起侵犯商业秘密的诉讼。

二、法律分析

1. 本案中涉及的客户信息是否构成"商业秘密"?

一般来讲,商业秘密都是其权利人投入了一定的时间、资金或精力而得来的,对其权利人具有实际的或潜在的经济价值和竞争优势,同时,其权利人为了保持其秘密性,通常还要投入一定的资金或精力。因此,可以说商业秘密是一种特殊的知识产权,应当受到法律保护。我国现行的知识产权法律,对商业秘密的保护一直是一个薄弱环节。就本案中的客户信息是不为公众所知悉,能为权利人带来经济利益,具有实用性并经权利人采取保密措施的经营信息,因此属于商业秘密。

2. 被告可孚软件服务外包公司和安平制药公司的行为是否构成侵犯商业秘密?

《反不正当竞争法》第十条规定,经营者不得采用下列手段侵犯商业秘密:

(1) 以盗窃、利诱、胁迫或者其他不正当手段获取权利人的商业秘密;

(2) 披露、使用或者允许他人使用以前项手段获取的权利人的商业秘密;

(3) 违反约定或者违反权利人有关保守商业秘密的要求,披露、使用或者允许他人使用其所掌握的商业秘密。

本案中可孚软件服务外包公司将原告的客户信息透露给他人,违反约定或违反权利人有关保守商业秘密的要求,披露、使用或允许他人使用其所掌握的商业秘密。在原告签订有保密协议或权利人对其商业秘密有保密要求的情况下,掌握或了解权利人商业秘密的人,应当遵守有关保密协议或权利人的保密要求,严格为其保密。否则,这些人如果违反上述协议或要求,擅自向他人披露、自己使用或允许他人使用其所掌握或了解的商业秘密,就不仅仅是一种违约行为,而且是一种侵犯商业秘密的不正当竞争行为,是为法律所禁止的。

《反不正当竞争法》第十条第三款还规定:"第三人明知或者应知前款所列违法行为,获取、使用或者披露他人的商业秘密,视为侵犯商业秘密。"也就是说,直接侵犯商业秘密行为人以外的人,安平制药公司在明明知道或应当知道其所获取、使用或披露的他人的商业秘密,是通过不正当手段获取的情况下,仍然获取、使用或者向外披露这些商业秘密的,也应当被认定侵犯商业秘密行为,而为法律所禁止。

(资料来源:http://wenshu.court.gov.cn/)

案例思考:
1. 客户信息属于商业秘密吗?
2. 怎样算构成侵犯商业秘密?

一、信息系统安全的含义

信息系统安全可分为狭义安全与广义安全两个层次,狭义的安全是建立在以密码论为基础的计算机安全领域,早期中国信息安全专业通常以此为基准,辅以计算机技术、通信网络技术与编程等方面的内容;广义的信息安全是一门综合性学科,从传统的计算机安全到信息安全,不但是名称的变更也是对安全发展的延伸,安全不再是单纯的技术问题,而是将管理、技术、法律等问题相结合的产物。

二、服务外包企业所面临的信息系统安全风险

随着信息技术和互联网技术的发展,信息系统与互联网的结合越来越深入,甚至有些系统已经完全在互联网环境下运行,互联网的高开放性引起的安全问题,如黑客攻击、系统漏洞、木马病毒等都对信息系统的信息安全构成了更大的威胁,这也使得信息安全成为服务外包供应商和客户日益关注的焦点。

服务外包涉及大量知识的共享、知识使用权的转让以及关于最终产品的知识产权的所有权问题。因此,知识产权生态环境将直接决定该环境所属区域和企业在服务外包领域的竞争力。企业所面对的知识产权问题也发生了相应的变化。原本以发包方为导向的知识产权保护问题转向了围绕接包方自身的多元化的知识产权保护、转让和使用问题。

(一)发包方与接包方之间知识和信息共享的风险

发包方若不向接包方提供任何信息和知识,接包方则无法充分理解其需求,也就无法交

付符合一定质量标准的成果。同理,接包方若不将自身专业知识运用到服务过程中,不使用自身"诀窍"有创造性地开展工作,也无法交付高质量的、独特的成果,无法保持在相关领域的竞争力。并不是任何知识或信息都能产生知识产权,但在服务外包业务中发生的知识和信息的共享,基本上都涉及信息安全的保护问题。

(二)侵犯发包方商业秘密及知识产权的风险

在这一背景下,转型前的软件外包企业,在接包过程中所形成的工作成果将依约毫无保留地移交,自身只获得工作经验,新的著作权或是专利权归发包方所有。因此,企业所面临的信息系统安全风险主要是"开发中"泄露发包方商业秘密的风险,以及"交付后"侵犯发包方知识产权的风险。由于其业务主要涉及软件程序的代码编写工作,其面临的信息安全风险应当分为"开发中"和"交付后"两类。软件企业在发包方委托开发的程序上市前,关于该程序的全部信息,包括创意、架构、代码、开发工具等,均属于商业秘密。因为该类信息一旦透露,发包方的竞争对手就可以利用这些信息抢先研发类似的软件抢占市场。因此,"商业秘密"泄露的后果对于发包方而言是不可弥补的。而接包方如果在软件开发阶段泄露了相关商业秘密,则会失去发包方的信任,如其在合同中对秘密泄露的责任有约定,还将受到发包方起诉的威胁。此外,潜在的客户也会因为接包方在信息系统安全方面的声誉较差而放弃与其合作。

(三)接包方在信息系统安全方面的对策

(1)在合同中承诺保守客户委托项目的所有相关信息。如有泄露,须承担法律后果。

(2)提高项目管理水平。对项目流程进行优化,降低信息的集中度,减少信息泄露的可能性。

(3)完善信息安全措施。对项目团队进行物理空间的隔断,设置有权限的门禁系统;项目所使用的计算机网络和互联网物理隔断;对携带移动存储器和纸张进出工作场所进行严格的检查和管理等。

(4)通过 ISO27001 等国际认证,给客户展示其在信息安全方面的能力,并给予客户信心。

(5)和员工签订保密协议。

在"交付后"阶段,发包方会对项目的成果申请相关的知识产权,如软件著作权等。在这种情况下,知识的内容已经公开或部分公开,信息安全的问题也转化为如软件著作权保护的问题。接包方侵犯发包方软件著作权的情况较少,因为双方多数在合同中对知识产权归属有约定,接包方不会冒着声誉受损的风险去获取如贩售该软件盗版拷贝等带来的微小利益。但是服务外包行业是一个流动性非常高的行业,其员工在服务外包企业之间跳槽的频率很高。一个员工在开发某软件后获取的部分知识可能被其带往新的雇主处,并应用于另一个新软件的开发,而新雇主缺乏对原软件的了解并不会意识到自己已经侵犯了软件著作权。不过,这个问题虽然或多或少存在,但是由于知识产权的判定难度较大,所以在现实世界中发生纠纷的可能性较小。尽管如此,服务外包企业一般情况下还是会和员工签订保密协议,并定期开展培训,培养员工尊重和保护知识产权的意识。如前所述,服务外包企业逐步从软件开发等业务转向研发自有软件著作权的软件产品或是提供一体化的解决方案。前一种趋势称为通用型服务,后一种趋势为定制型服务,其面对的知识产权问题也不尽相同。向开发通用型软件转型的服务外包企业,其知识产权的保护围绕所开发的计算机软件进行,重点是如何顺利取得相关软件的登记证明文件(当然,是否发表与登记不影响著作权,登记有助于对著作权的保护,在离岸服务外包中此项尤为重要),协调软件在传播中与使用方发生的利益关系,维护知识产权所带来的商业利益。

因此,这类企业的知识产权保护策略应当包括:

(1)有效率地申请并获取软件著作权。

(2)对软件内各模块加强界定和把握,并注重搜集市场上类似软件的信息,主动防御侵权行为的发生。

(3)在软件授权使用时,在合同中明确规定使用的范围、对象等,并加强对使用者的监督。

三、信息安全对服务外包企业的重要性

(一)信息安全对供应商的重要性

完善有效的信息安全管理是供应商开展服务外包业务的必要条件,一方面,为了赢得客户对其服务的认可和信任,供应商提供的产品和服务必须是安全、高效、方便可用的,这就要求供应商对自身的信息管理首先要做到安全有效;另一方面,随着企业规模的不断扩大,供应商所服务的客户越来越多,这也意味着供应商将掌握大量的客户信息。如何对这些数据资料进行安全管理、规避各种风险隐患就显得尤为重要。因此,无论是从对客户负责的角度,还是从自身长远发展的角度,服务外包供应商都必须建立安全高效的信息管理机制。

(二)信息安全对客户的重要性

服务外包之后,客户所考虑的信息安全问题主要包括两个方面。一是从外包服务业务自身的特点考虑,外包服务的开展主要依赖于能够安全稳定、有效运转的信息系统,这一系统涉及基础配套设施、软硬件、数据接口标准、服务标准、用户需求等诸多方面,随着业务种类、业务流程的日趋复杂,上述任何一个环节出现问题都有可能导致整个系统的瘫痪。因此,供应商所提供的服务和产品必须是安全稳定的,才能保证客户的整个系统的安全运行。二是从有效管理的角度考虑,客户将部分业务外包给供应商,同时失去了对这部分业务的直接管理控制权,转变为管理难度更大、风险更高的间接管理。因此,客户只能依赖供应商进行信息安全管理,供应商所具备的信息安全管理能力将成为降低客户信息安全风险的重要影响因素。

第五节　服务外包与网络安全

【引导案例】

服务外包与信息网络安全

一、案情

被告人李丙龙系金林软件服务外包公司程序员。2013年，金林软件服务外包公司与九州互联网公司签订协议，定时维护其网站安全运营，排除其潜在的安全隐患，金林软件服务外包公司指派被告人李丙龙作为项目工作人员对网站进行维护工作。2014年，被告人李丙龙为牟取非法利益，利用其工作便利，以修改大型互联网网站域名解析指向的方法，劫持互联网流量访问相关赌博网站，获取境外赌博网站广告推广流量提成，导致网站不能正常运行，访问量锐减。被害人九州互联网公司发现这一情况，立即报案。

上海市徐汇区人民检察院提起公诉后，人民法院认定李丙龙的行为构成破坏计算机信息系统罪，结合量刑情节，判处李丙龙有期徒刑五年。

该案的起诉和判决，明确了修改域名解析服务器指向，强制用户偏离目标网站或网页进入指定网站或网页，造成计算机信息系统不能正常运行的域名劫持行为，属于破坏计算机信息系统。

二、法律分析

（一）破坏计算机信息系统罪的相关法律规定

我国《刑法》第二百八十六条规定，违反国家规定，对计算机信息系统功能进行删除、修改、增加、干扰，造成计算机信息系统不能正常运行，后果严重的，处五年以下有期徒刑或者拘役；后果特别严重的，处五年以上有期徒刑。违反国家规定，对计算机信息系统中存储、处理或者传输的数据和应用程序进行删除、修改、增加的操作，后果严重的，依照前款的规定处罚。

故意制作、传播计算机病毒等破坏性程序，影响计算机系统正常运行，后果严重的，依照第一款的规定处罚。

（二）破坏计算机信息系统罪的犯罪构成

首先，主体要件是本罪的主体为一般主体，即年满16周岁具有刑事责任能力的自然人均可构成本罪。实际能构成其罪的，通常是那些精通计算机技术、知识的专业人员，如计算机程序设计人员及计算机操作、管理维修人员等。

其次,本罪所侵害的客体是计算机信息系统的安全。对象为各种计算机信息系统功能及计算机信息系统中存储、处理或者传输的数据和应用程序。

再次,本罪在主观方面必须出于故意,过失不能构成本罪。如果因操作疏忽大意或者技术不熟练甚或失误而致使计算机信息系统功能或计算机信息系统中存储、处理或者传输的数据、应用程序遭受破坏,则不构成本罪。至于其动机,有的是想显示自己在计算机方面的高超才能,有的是想泄愤报复,有的是想窃取秘密,有的是想谋取利益,等等。但不管动机如何,不会影响本罪成立。

最后,本罪在客观方面表现为违反国家规定,破坏计算机信息系统功能和信息系统中存储、处理、传输的数据和应用程序,后果严重的行为。根据本条规定,包括下列3种情况:破坏计算机信息系统功能;破坏计算机信息系统中存储、处理或者传输的数据和应用程序;故意制作、传播计算机病毒等破坏性程序,影响计算机系统正常运行。

(三) 全国人民代表大会常务委员会《关于维护互联网安全的决定》

为了保障互联网的运行安全,对有下列行为之一,构成犯罪的,依照刑法有关规定追究刑事责任:

(1) 故意制作、传播计算机病毒等破坏性程序,攻击计算机系统及通信网络,致使计算机系统及通信网络遭受损害;

(2) 违反国家规定,擅自中断计算机网络或者通信服务,造成计算机网络或者通信系统不能正常运行。

利用互联网实施本决定第一条、第二条、第三条、第四条所列行为以外的其他行为,构成犯罪的,依照刑法有关规定追究刑事责任。利用互联网实施违法行为,违反社会治安管理,尚不构成犯罪的,由公安机关依照《治安管理处罚条例》予以处罚;违反其他法律、行政法规,尚不构成犯罪的,由有关行政管理部门依法给予行政处罚;对直接负责的主管人员和其他直接责任人员,依法给予行政处分或者纪律处分。

(四) 破坏计算机信息系统罪与非罪的界限

有无严重后果发生,是本罪与非罪行为的分水岭。如果对计算机信息系统功能进行删除、修改、增加、干扰,造成计算机信息系统不能正常运行,或者对计算机信息系统中存储、处理或者传输的数据和应用程序进行删除、修改、增加的操作,或者故意制作、传播计算机病毒等破坏性程序,计算机病毒等破坏性程序尚处于潜伏期,虽然可能占用一定的系统资源,但没有造成严重后果的,均不构成本罪。这就是说,从这种高科技犯罪的特点上考察,本罪不存在预备犯、未遂犯和中止犯三种犯罪未完成形态。因为在没有发生严重后果的情况下,认定行为人主观方面的罪过形式存在一定的难度,容易将技术水平不高或操作失误的行为作为犯罪来处理,可能扩大打击面,同时也不利于计算机技术的普及和我国信息产业的发展。

(资料来源:http://wenshu.court.gov.cn/)

案例思考：
1. 服务外包中的破坏信息系统安全有哪三种形式？
2. 破坏计算机信息系统罪与非罪的界限是什么？

网络天生就处于风险中,黑客攻击、未经授权的入侵和其他网际威胁风险正在增加。而且网络本身的复杂性和多样性,也决定了并不是每一个利用网络的单位,都可以管理网络的方方面面。虽然个体单位的网络安全意识在不断加强,安全花费和管理花费也在上涨,但这些问题的复杂度和变化频率也在提高。对于网络安全,仅靠市场上的网络安全产品或是一般的企业自身的技术力量无法从根本上解决,用户需要完整的企业安全解决方案和建立完整的企业信息安全策略,由此安全外包成为一种趋势。在服务外包的过程中,服务外包也可能成为威胁网络安全的一个缺口。

一、网络安全概述

网络的安全是指通过采用各种技术和管理措施,使网络系统正常运行,从而确保网络数据的可用性、完整性和保密性。网络安全的具体含义会随着"角度"的变化而变化。比如:从用户(个人、企业等)的角度来说,他们希望涉及个人隐私或商业利益的信息在网络上传输时受到机密性、完整性和真实性的保护,而从企业的角度来说,最重要的就是内部信息上的安全加密以及保护。

网络安全应具有以下四个方面的特征：
(1) 保密性:信息不泄露给非授权用户、实体或过程,或供其利用的特性。
(2) 完整性:数据未经授权不能进行改变的特性,即信息在存储或传输过程中保持不被修改、不被破坏和丢失的特性。
(3) 可用性:可被授权实体访问并按需求使用的特性。即当需要时能否存取所需的信息。例如网络环境下拒绝服务、破坏网络和有关系统的正常运行等都属于对可用性的攻击。
(4) 可控性:对信息的传播及内容具有控制能力。

二、网络安全外包

网络安全外包是国外兴起的一种 IT 服务外包形式,指企业将通信、计算机网络建设及电子商务运营等设备或管理职能,以外包的形式交由第三方的专业管理机构进行维护和管理,外包供应商通过硬件或软件等设备,对该企业的网络运营进行安全维护服务。

从 20 世纪 90 年代末开始,随着因特网的成熟和广泛应用,引发了一场全球范围内的信息革命,全球信息化的步伐不断加快。信息作为一种重要的社会战略资源,其安全问题也日益凸显,源于计算机病毒和黑客攻击的网络安全问题日益突出。这使得众多企业网络运行时常出现问题,在影响工作的同时也会造成巨大的经济财产损失。然而很多企业本身没有能力独立承担网络安全的重任,所以,把网络安全外包给专业服务提供者的做法就产生了。

三、服务外包引发的网络安全风险

服务外包的服务方接触到企业的关键业务数据,尤其是客户信息、交易记录等,容易发生信息泄露。对于安全外包的服务中,除了保证与计算机的软、硬件的安全外,非计算机有关的外部环境也非常重要。比如,我国有的大型企业项目,对网络安全要求非常高,不允许将涉及公司秘密的资料向外部公开。此时,若服务外包公司的可信度不高,项目实施的工作人员将公司商业秘密透露出去,后果将不堪设想。

此外,还有服务质量风险。服务商资质和信用不足,因技术或者财力限制,不仅不能完成承包的工作,而且无力采取补救措施,导致网络服务质量瑕疵;服务商服务质量低劣,或者操作方式不符合企业的做法,以至不能提供与企业同一标准的服务;企业难以对外包项目实施检查或检查成本过高也会带来风险。

四、应对网络安全风险的主要策略

(一)系统规划和合理确定服务外包范围

企业在确定服务外包前,要进行切实的分析和评价,认真分析本机构的竞争力和发展战略,找出本机构的核心业务和核心市场,从而识别哪些业务可以进行外包,哪些业务需要自己运作,并在此基础上制订一个全面的计划,对业务外包的成本、收益和外包风险进行评估,并通过相应的内部外包决策程序确定是否进行外包。

(二)谨慎选择和有效监控服务商

1. 要谨慎选择服务商

服务商的业务水平直接关系到外包活动的成败。在做出外包决策后,企业管理层应听取来自内部法律、人力资源、财务专家的意见,然后按照自身的需求去寻找擅长该业务的相关公司,通过仔细的调查、分析、比较,寻找最适合的服务商。要注意服务商是否真正理解企业的需求,以及它是否有足够的能力解决相关服务问题。除此之外,也要考虑服务商的财务状况。

2. 对服务商进行有效的监控

在外包服务过程中,对服务商进行有效的监控是风险控制的重要一环。可以采取以下措施:

(1)完全竞争控制。企业的外包业务通常是普通的非核心业务,对于大多数企业来说,可以通过完全竞争的方式规避风险。

(2)合约控制。企业可通过合约的方式来规定自己和服务商双方的权利和义务,如服务的质量标准、外包的执行程序、款项的支付、知识产权的规定、后续合同的延续等。

(3)技术输出控制。为避免出现道德风险,企业对于某些外包所需要的技术可采取黑箱的方式提供给服务商。

（三）充分利用合同约定控制服务外包的风险

企业服务外包涉及业务种类繁多，没有也不可能有具体的法律法规或行政规章直接进行规范，因此商业企业在业务外包过程中要注意充分利用合同约定控制服务外包的风险。要通过谈判与服务商签订一个可操作性强、尽可能完备的合同，准确、清楚地表述涉及外包的所有实质性要素，包括权利、义务、各方预期和责任。具体而言，服务外包合同中一般应约定如下内容：外包服务的范围；协议涉及的术语界定；最低服务标准，包括对各种附属服务的规定；支付要求；激励条款；保留与第三者合作的权利；合同分包的可否；数据与资料所有权的保护及保密；承诺、保证、责任与追偿权；外包产生知识产权的归属；违约责任；纠纷解决机制与法律适用；协议终止与破产问题；应急措施与商业回复计划；不可抗力等。对于信息技术的外包，商业企业在合同中必须对服务商的人员以及技术准备和维持做出明确约定，并注意保持合同对未来环境变化的充分估计，留有必要的弹性空间以应对可能发生的变化。对于跨国外包，还应包括法律适用条款和争议解决条款，以明确外包合同的法律适用、争议解决方式（仲裁或诉讼等）、争议解决地点以及争议解决机构等。此外，鉴于外包合同的重要性，商业企业应该注意运用外聘律师审查与内部法律顾问审查相结合的机制，防范外包合同风险。

（四）建立实施业务外包的各项配套机制

1. 服务商的评级准入机制

通过完善的服务商准入评级体系，对服务商的技术实力、经营状况、社会信誉等因素进行综合评定，以测定服务商资质等级，从而选择竞争实力强、技术有保障的企业作为业务外包合作伙伴。

2. 外包业务风险监测和后续评价机制

在业务外包的实施和管理阶段，要保持对外包业务性能的随时监测和评估，定期对外包业务综合效益、业务质量层次的提升及业务外包后对核心业务的影响等做出测算评价，并及时与服务商交换意见，以推进建立和完善有关业务外包长期发展战略的机制。

3. 协助参与外包服务管理控制

企业应参与到外包业务活动的监督管理中，通过现场调查及时了解外包业务的准确信息，从而为防范风险采取相应措施，避免因时滞或信息失真而导致损失，从而可以更加主动地预防网络安全出现漏洞。

本章小结

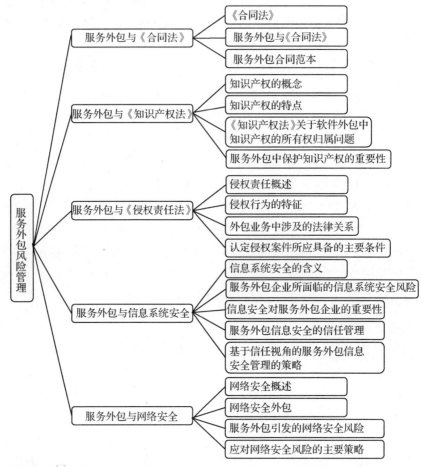

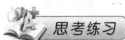

一、单项选择题

1. 合同是( )关系的协议。
   A. 身份　　　　　　B. 非身份　　　　　　C. 法律
2. 服务外包的外包协议书会涉及《合同法》,大致包括( )、服务周期。
   A. 服务期限　　　　B. 服务流程　　　　　C. 服务内容
3. 知识产权的特点是( )。
   A. 专有性　　　　　B. 国家性　　　　　　C. 法律性
4. 服务外包中保护知识产权的重要性是( )。
   A. 开发服务外包的重要阶段
   B. 提升外包竞争力的必要途径

C. 树立形象基础

5. 侵权责任是指民事主体因实施( )而应承担的民事法律后果。

　　A. 违规行为　　　　　B. 犯法行为　　　　　C. 侵权行为

6. 外包业务可能涉及( )这种法律关系。

　　A. 买卖法律关系　　　B. 承接法律关系　　　C. 法律关系

7. 信息系统安全可分为狭义安全与广义安全两个层次,狭义的安全是建立在以( )为基础的计算机安全领域。

　　A. 数理论　　　　　　B. 密码论　　　　　　C. 数量论

8. 当供应商能够完好保护客户信息的时候,相互信任的管理( )。

　　A. 完全不可能　　　　B. 大概可以　　　　　C. 非常容易

9. 网络的安全是指通过采用各种技术和管理措施,使网络系统正常运行,从而确保( )的可用性、完整性和保密性。

　　A. 网络数据　　　　　B. 网络安全　　　　　C. 网络速度

10. 在外包服务过程中,对服务商进行有效的监控是风险控制的重要一环,可以采取( )的措施。

　　A. 完全竞争控制　　　B. 口头控制　　　　　C. 技术输入控制

二、判断题

1. 服务外包的外包协议书会涉及《合同法》。( )
2. 服务外包的合同范本和其他合同完全不同。( )
3. 企业雇员产生的知识产权是服务外包中可涉及的知识产权。( )
4. 侵权行为是行为人因过错或不以过错为要件侵害他人绝对性权利。( )
5. 发包方与接包方之间不存在任何知识和信息共享的风险。( )
6. 可以充分利用合同约定控制服务外包的风险。( )
7. 鉴于外包合同的重要性,商业企业应该注意运用外聘律师审查与内部法律顾问审查相结合的机制,防范外包合同风险。( )
8. 网络安全应具有保密性、完整性、可用性、可控性四个方面的特征。( )
9. 在互联网高度开放的背景下,服务外包供应商和客户日益关注信息安全问题。( )

三、简答题

1. 违约责任包括哪些?
2. 知识产权包括哪些范围?
3. 侵权责任包括哪些责任?
4. 信息系统安全分为哪几个方面?
5. 简述网络安全外包的含义。

项目名称：

《厨房外包合同的性质界定》的案例分析。

实训目的：

对服务外包合同的法律相关问题进行深入了解，熟悉服务外包合同中的一些法律相关问题。

实训内容：

2011年7月，云阳县某酒店（甲方）与孙某（乙方）签订了厨房整体承包合同书，约定乙方人员的劳动关系、福利待遇均由乙方自行解决，甲方只负责工伤险。甲方每月通过银行转账方式支付乙方55 000元。孙某牵头招录了包括樊某在内的厨房所需人员，樊某等人的考勤及报酬发放均由孙某负责。2012年11月，甲方要求孙某及其所招录人员（包括樊某）离开单位。樊某向云阳县劳动人事争议仲裁委员会申请仲裁，要求酒店支付樊某等人经济补偿等相关劳动待遇。酒店于2013年2月收到仲裁裁决书后诉至一审法院要求处理。

一审法院认为，根据双方签订的合同，酒店虽有监管行为，但酒店与孙某之间系平等的主体关系，没有构成劳动关系。樊某等人受孙某雇佣并由其支付劳动报酬，两者之间成立雇佣关系。因此，樊某与酒店双方没有建立劳动关系，酒店不须支付樊某经济补偿等相关劳动待遇。一审判决：原告云阳县某酒店不支付被告樊某不签订书面劳动合同的双倍工资差额及经济补偿。案件受理费10元，予以免收。

樊某不服一审判决，向市二中法院提起上诉，请求被上诉人支付双倍工资差额3 616元，经济补偿金1 600元并负担本案所有诉讼费用。

二审法院依法组成合议庭对案件进行了审理，经法官耐心调解，双方当事人自愿达成协议：由被上诉人云阳县某酒店于2013年9月9日前一次性支付上诉人樊某840元经济帮助后，双方因本案所涉劳动合同纠纷终结。二审案件受理费10元，减半收取为5元，由上诉人樊某负担。双方当事人一致同意本调解协议内容，自双方在调解协议上签名或捺印后即具有法律效力。

实训成果：

围绕本案的焦点：(1) 厨房承包合同究竟是什么性质的合同？(2) 厨房外包后的用工性质是什么？小组讨论分析，发表自己的观点。

第八章 服务外包通用技能

1. 理解商务沟通的重要性；
2. 理解服务外包会议的要点及意义；
3. 理解时间管理的重要性；
4. 理解服务外包领导力的培养与提升方法。

1. 学会时间管理及会议管理；
2. 学会服务外包英语沟通；
3. 学会提升自我的管理能力。

近年来，随着经济全球化和信息化的快速发展，跨国公司经营和竞争的环境也急剧变化，国际服务外包已成为跨国公司提高核心竞争力的主要战略之一。这对发展现代服务业的中国来说充满着巨大的机遇与挑战。

服务外包的主要领域包括软件行业、电信运营业、信息服务业和人力资源管理、金融服务等。在全球服务外包支出中，美国所占比例最大，欧盟和日本次之。而亚洲是承接服务外包业务最多的地区，约占全球外包业务的45%。可以看出，中国的服务外包行业存在着巨大的市场，那么，企业应该如何规划自己的外包流程呢？又该如何对此流程进行有效管理与不断优化呢？

服务外包业务的执行需要接发包方之间的互相协同。接包方与发包方之间卓越的业务流程与科学有效的管理，是确保服务外包业务顺利交付的重要保障，也是提高服务外包接包企业绩效的重要保障。

第一节　服务外包业务流程管理能力

【引导案例】

福特汽车的烦恼

20世纪80年代初,美国三大汽车巨头之一福特汽车公司为了应对日本竞争对手的挑战,正在想方设法削减管理费用和各种行政开支。公司位于北美的应付账款部有500多名员工,负责审核并签发供应商的供货账单。有人提出要利用电脑等设备使办公实现自动化,也许会提高一定的效率。但是,按照传统观念,500多名员工处理如此庞大的业务量也在情理之中。

真正促使福特公司认真考虑"应付账款"工作的是日本的马自达汽车公司。这是一家福特参股的小公司,尽管规模远小于福特公司,但也有一定的规模,不过马自达公司负责应付账款公司的只有5名员工,这让福特公司再也无法泰然处之了。应付账款部本身只是负责核对"凭证",符合则支付,不符合则查询后再付,单凭自动化也帮不了多少忙。应付账款本身不是一个业务流程,而采购却是。焦点集中到流程上,业务流程重组的思路渐渐产生。重组后的业务流程完全改变了应付账款部及其工作,现在整个部门只有125名员工了,可以说业务流程重组为其节约了75%的人力资源。

案例思考:
1. 为什么要对服务外包业务流程进行管理?其真正目的是什么?
2. 如何才能有效管理业务流程?

一、服务外包业务流程

(一) 业务流程的含义

业务流程就是服务外包企业(或组织)为完成服务外包业务而由不同的角色(多个企业的人或机器)在规定时间内,根据明确的流程,协同完成的以客户为导向的一系列活动。这些活动之间不仅有严格的先后顺序限定,而且活动的内容、方式、责任等也必须有严格的安排和界定。比如软件服务外包的业务流程主要由外包决策流程、接包方选择确定流程、软件开发流程、软件验收流程等构成。

(二) 服务外包业务流程分类

按照企业业务流程的思想,企业是流程的集合体,所有的企业目标都要通过一个个业务流程来实现,我们可以从价值链或是流程所属层次的维度对企业流程进行分类。

从价值链角度来看,企业可以分为价值增值类流程(就是运营类流程)与管理和支持类流程。所谓运营类流程是指直接的价值创造流程,包括市场开发与战略规划流程、产品与服务开发流程、市场营销与销售流程、服务或产品的生产流程、产品或服务的交付流程以及客户服务流程。这些属于企业的核心部分。而管理和支持类流程是为创造价值而服务的,这部分辅助流程可以外包的方式交给第三方公司去做,称为服务外包业务流程,一般可包括人力资源管理流程、信息技术管理流程、财务管理流程、外部关系管理流程以及知识管理与变更流程等。

从层次的维度来看,每个服务外包业务流程都是由一系列活动组成,按照服务外包业务流程中的活动是否可以进一步细分为多个更细的活动,可以对流程进行层次划分,分为0层流程、1层流程、2层流程、3层流程……如图8-1所示。

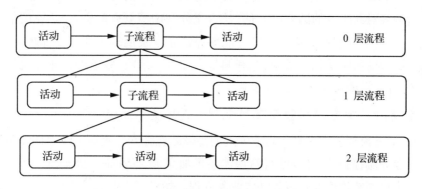

图8-1　服务外包业务流程活动分层示意图

二、服务外包业务流程管理的定义

(一)业务流程管理的定义

IBM公司将业务流程管理(Business Process Management,BPM)描述为:在业务流程的整个生命周期中对业务流程进行建模、开发、部署和管理来实现业务策略的管理过程。可见,BPM是一系列用于设计、定制、分析以及控制可操作业务流程的方法论、技术和工具的总和,是一种以流程为中心用于将流程同管理方法与信息技术相结合以改进性能的方法。BPM将联合业务分析人员和信息技术专家共同促成高效、敏捷且透明化的业务流程。简言之,BPM就是一种以规范化地构造端到端的卓越业务流程为中心,以持续地提高组织业务绩效为目的的系统化管理方法。

(二)服务外包业务流程管理的含义

服务外包业务流程管理,就是对服务外包业务流程进行的管理,是指企业为提高业务绩效,从科学的角度出发构造发包方与承接方之间的卓越业务流程,并用规范化、系统化的方法对其进行持续性管理的过程。我们认为,服务外包业务流程管理就是围绕服务外包业务,以服务客户为导向,开展服务外包业务流程规划、梳理、执行、审查、优化等的一系列管理过程。

服务外包业务流程管理的过程是对服务外包业务流程进行全面追踪的过程,它以企业战略为出发点,从做出外包决策开始,到在信息系统中实施流程,再到自动监测以及考核关键业务指标,并结合市场和公司的需求不断进行调整,最终形成业务流程管理的完整闭环。

三、服务外包业务流程管理的意义

(一)服务外包业务流程管理有利于企业创造更高的绩效

企业想要获得更高的绩效,取得更好的经营成果,就必须管理好目标实现的所有节点,比如:准确的战略定位、快速高效的产品研发、敏锐的市场营销策略、有利的物流保障、优质的售后服务等一系列活动。服务外包企业通过对业务流程的管理,可以时刻追踪流程的运行状况,包括顾客对此服务的满意度如何,是否充分利用了双方的资源、企业的信息安全是否有保障等。企业对外包业务流程的管理能够保证企业发展外包业务目标的实现,最大可能提高顾客的满意度,实现成本最小化、利润最大化等。因此,服务外包业务流程管理是保证外包企业经营成果顺利实现的关键步骤。

(二)服务外包业务流程管理有利于企业获得整体最优

服务外包业务流程管理有利于企业管理的整体效益提升。企业与企业的竞争是全方位的竞争,通过业务流程管理,可以使得管理体系更加完善,提升企业的整体优势。在服务外包企业中,为客户创造价值的是服务外包业务流程。如果把企业系统看成一个大的流程,那么它就是以客户需求为输入、以客户满意为输出的流程系统。因此,良好的系统管理是企业成功的关键,会让企业的整体竞争力得以巩固提升。

(三)服务外包业务流程管理有利于提高企业营运效率

运行效果良好的流程体系可以在服务外包企业中进行流程体系的固化及良性提升。但是业务流程也是动态变化着的,在设计出来以后,随着市场环境的变化,原有流程不一定就能保持合理、科学及有效。

据统计,企业中不增值的活动大概占85%~95%,这意味着存在无限的外包空间,这些不增值的活动都可以通过设计卓越的外包流程由第三方来完成。因此,服务外包企业通过加强业务流程管理,可以形成一套良性的业务流程管理系统,而且随着流程的执行流转,系统能够以数据、直观的图形报表指出哪些流程制定完善,哪些需要改善,以便提供给决策者科学合理决策的依据,从而提高流程运行的效率。

(四)服务外包业务流程管理有利于企业战略的实现

企业的战略有效执行的关键在于必须和流程建立关联。比如发包企业一直在强调与接包方沟通的重要性,但是企业高管却想当然地认为接包方属于自己控制范围的一部分,这就无法保证流畅的沟通。如果无论公司战略如何,员工根本不去关注,他们的工作和往常一样一成不变,那么公司制定新战略的意义何在?所以,如果战略变了,实际执行过程中的流程并没有变,那么想要实现公司战略是非常难的。

战略要落地,需要流程去接轨。根据战略成功的关键因素找出战略执行的关键举措,将这些举措与目标要求从高阶到低阶逐层分拆,一直到基于执行岗位的活动,把战略目标等落实到流程上,使得战略目标的压力传递给不同岗位的人员,改变他们的行为,确保战略的实现。

四、服务外包业务流程管理的步骤

(一)服务外包业务流程规划

做好服务外包业务流程规划对于流程管理十分重要,流程规划是基于企业战略和外包模式的分析,从系统角度编制企业的业务流程关系,明确各项业务活动之间的价值关系和接口,明确各流程的负责人等。

为了使服务外包企业更好地管理服务外包业务流程,体现流程对公司战略的支持,使得设计的流程更好地满足全局的需要,突出流程的重点,使得流程更适合公司,必须要重视对业务流程的规划。因此,做好流程规划的前提是要了解流程规划的目标和目的。

1. 服务外包业务流程规划的目的和目标

服务外包业务流程规划的目的是降低成本、控制风险、提高质量和响应速度,更好地为客户服务等,如表8-1所示。

表8-1 服务外包业务流程规划的目的

规划时考虑的因素	说　明
质量	用适当的业务控制满足并超越客户现在与将来的服务期望
成本	争取竞争机遇,降低资源消耗,良好的流程设计可以使服务外包业务流程成本大幅度下降,其幅度会远远超出传统削减成本的做法
时间	缩短业务处理时间,增加业务机会,超越客户需求,降低成本,提高质量
风险	通过适当的关键控制点的设立来降低营运的风险

2. 服务外包业务流程规划的方法

流程规划必须要围绕企业的发展战略,有这样两种思路来制定规划。

一种是从岗位职责开始的规划。对每个部门的主要岗位进行访谈,分析主要工作并进行评估,梳理出流程和关键节点,并征求部门负责人的意见完善流程,最后集成各部门的流程,形成流程规划。

另一种是从业务模型开始的规划。根据公司业务情况制定业务模式的模型,并对模型进行分解,与部门负责人就流程模型与现有业务进行对接,制定流程规划。

这两种思路各有优缺点,前者工作细致,但工作量大;后者工作量相对较小,但由于没有对工作进行详细的分析,容易出现疏漏。

3. 组建服务外包业务流程规划小组

选择好规划的方法后,就要开始组建业务流程规划小组并启动流程规划工作了。但这个小组并不是企业的常设部门,可以是一个跨部门的虚拟组织。由于规划小组成立后需要协调和解决许多部门或岗位之间的利益冲突和矛盾,因此,通常建议由企业一把手担任规划小组组长,小组成员由流程管理部门的负责人、企业相关部门的负责人或代表以及各业务项目的负责人构成。

流程规划小组的工作包括制订流程规划的总体计划,明确流程规划的目标,制定流程规划的操作指导等。

4. 设计服务外包业务流程体系

要根据服务外包业务流程,系统考虑、逐层细化地设计流程体系。梳理影响服务外包业务流程体系规划的关键要素,而后设计服务外包业务流程的体系模型。图 8-2 所示的就是某软件外包项目的全过程流程的体系模型,发包方、接包方与监理方三方各有不同的职责与活动。比如,接包方主要负责软件的策划、需求分析、软件的设计、编码与测试以及过程中的跟踪监督等活动。

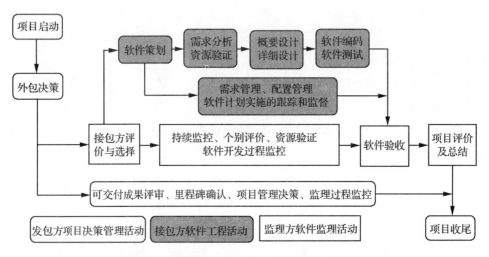

图 8-2　某软件外包项目业务流程体系框架模型

在图 8-2 框架的指导下,根据服务外包不同业务性质,确定各业务的详细流程框架。比如:软件外包项目对发包方来说要确定外包决策、接包方评价与选择、项目验收等相关流程的框架,而对于接包方来说要确定软件策划、需求分析、需求设计、软件编码测试等环节的业务流程框架。

5. 服务外包业务流程的分类分层

服务外包业务流程的类型可以分为战略流程、经营流程、支持流程。其中战略流程是企业最高一级流程,包括企业对中长期目标的规划、目标的分解、目标的实现步骤以及商业模式和竞争策略等;经营流程是对日常的外包业务管理的工作,反映服务外包业务经营情况的流程,包括产品价值链、市场推广和扩展链、供应链、客户服务链等的各项流程;支持流程为战略流程和经营流程提供支持服务,通常包括决策支持、后勤支持和风险控制等。

服务外包流程的分层,通常可以分为一级流程、二级流程、三级流程和四级流程。一般一级流程都是企业战略层面的流程,执行不到位会影响全局;二级流程主要是外包业务部门之间信息流和工作流程;三级流程是部门内部的流程;四级流程是各个岗位的操作流程。

完成分类与分层后,就进入服务外包业务流程规划的最后一步:服务外包业务流程所有者确认并形成规划的业务流程图。

(二)服务外包业务流程分析和设计

服务外包业务流程分析设计是业务流程梳理的重要环节,在流程分析设计之前,要充分了解流程各环节的信息,在此基础上进行流程的设计和分析。

1. 确定服务外包业务的客户

服务外包业务的客户一般包括内外部客户,需要站在整个服务外包业务流程系统的角度去看待本流程的客户。可以找一些客户代表进行访谈,分析客户是如何看待此服务外包业务流程的,客户对此流程的价值期望是什么。

2. 确定服务外包业务流程的目的

一般需要从服务外包业务流程产出的接受者,即客户的需求与公司经营管理两个方面来分析。同样一个服务外包业务,项目目的不同会影响服务外包业务流程路线的设计和效果。

3. 对目标进行量化及寻找关键控制点

将服务外包业务流程的每一个目标转换成可量化的目标,并找出关键控制点,要求做到具体可测量,可以从质量、成本、速度等几个维度去设定。目标一般可以作为服务外包业务流程绩效评估的标准。

4. 任命服务外包业务流程责任人

一般挑选相对责任最大或受流程绩效影响最大部门负责人为流程的负责人。

5. 完善组织设计,明确岗位职责

在流程设计的过程中,一定要明确岗位职责。各个部门之间的职责有时没那么容易界定,那就需要明确各部门之间的职责并达成一致意见,需要本着确保服务外包业务流程整体效益最大化、责权对等、职责清晰的原则。

6. 确定服务外包业务流程图

关于流程图有如下建议:

(1)流程图应简洁明了,尽量不要超过一页,不要用过多的专业符号。

(2)活动按照发生的逻辑先后顺序从上到下、从左至右排放。

(3)各节点的颗粒度大小需要一致。

(4)服务外包业务流程图中应该把与此流程相关的上下端流程嵌套进来。

(5)验收标准:要求外行能看懂。

(三)服务外包业务流程的实施

服务外包业务流程只有得到好的实施,才能发挥流程规划设计的效能,要确保流程的实施,必须在重视有效执行的前提下,管理好接包与发包方之间的关系。

要确保业务流程的有效执行,必须保证流程设计要结合实际,流程的执行人员需要理解流程,必须对流程执行进行必要的检查,可以利用信息技术把流程固化到 IT 系统中,加强制度建设,确保流程管理的制度化。

(四)服务外包业务流程检查和优化

1. 服务外包业务流程检查

流程检查是流程管理中很重要的环节,可以促进对流程设计的反思,确保流程设计符合战略要求,运行线路得到精简,使流程得到更好的执行。

服务外包业务流程检查可以通过流程稽查、流程绩效评估、客户满意度评估、服务外包业务流程审计等方式来进行。

2. 服务外包业务流程优化

检查后的优化是服务外包业务流程管理的生存之本。基本步骤有以下四步:

第一步,分析优化的需求。先确定需要优化什么、怎么做,然后思考方法。

第二步,对现有流程进行诊断,进行流程优化的需求整合。流程优化需求的分析可以从问题导向、绩效导向和企业战略调整几个维度进行分析。

第三步,流程优化的方案设计。我们可以用 ESEIA 方法或是鱼骨图、思维导图等方法进行流程优化的设计。

【知识拓展】

ESEIA 方法

E(Eliminate)消除:找到并彻底消除不增值的无效活动,比如重复的活动、跨部门协调和审批等。

S(Simply)简化:清除不必要的活动后,对必要的活动进行简化。

A(Addition)增加:根据顾客和业务管理的需要,增加创造价值的活动。比如增加有利于提升客户满意度的环节等。

I(Integrate)整合:对简化后的活动进行整合,使得流程过程流畅。优化后的流程能够提高整体销量,使得更多流程能够并行,从而缩短流程运行的时间。

A(Automate)自动化:运用先进的信息技术,实现流程的自动化功能,提高流程处理速度和质量。

鱼骨图法

这是一种发现问题根本原因的方法,其特点是简洁实用、深入直观。它看上去有些像鱼骨,问题或缺陷标在"鱼头"处。在鱼骨上长出鱼刺,上面按出现机会多寡列出产生问题的可能原因,有助于说明各个原因之间是如何相互影响的。这种方法用在

优化服务外包业务流程时,可以按照以下步骤进行:

(1) 查到需要解决的问题,并把问题写在鱼骨的头上。

(2) 小组成员间头脑风暴,共同讨论问题出现的原因,并将原因进行分组,标在鱼骨上。

(3) 针对这些原因继续提问,深入到一定层次后,列出所有原因,并列出相应的解决方法。

第四步,细化流程优化的方案,进行新旧流程的切换。

适时召开流程优化方案的确认会议,确保流程实施的可行性,并在此基础上制订相应的实施计划,而后逐步推进新旧流程的切换。当然,新流程方案的实施需要各项配套方案的支持,包括编制相关制度文件、组织与人员的调整、IT技术的支持以及相关岗位的培训工作等。在新流程运行之后,要及时检查和继续总结优化,不断完善和规范新流程。

第二节　服务外包沟通管理能力

【引导案例】

大晋和小晋的故事

一位老者有两个儿子,老大叫大晋,老二叫小晋,年龄相差三岁。大晋小时候就是孩子王,喜欢交朋友,身边不乏玩伴,上了小学,每次回家都要和父亲唠叨学校里发生的事情,说哪个同学怎么聪明,怎么好,还给老者讲一些小故事。小晋小时候常常一个人玩,因为他经常和小伙伴吵嘴打架,身边没有什么朋友。上小学回来和父亲聊的是学校哪个学生如何坏,以及和别人打架的事情。

老者当时感慨说:"我这两个孩子,看现在的状况就可以预料到他们以后的发展。大晋能够看到别人的优点,能够不断欣赏别人,因此,他的人际关系会很好;周围会有很多追随者,小伙伴愿意和他交朋友,以后的人生发展一定也会很好;小晋认为人家这个不行那个不行,每天所接触的不是吵架就是打架,经常有孩子来告状,他这样下去不会有真正的好朋友,不会发展很好的人际关系,以后的人生发展前途渺茫。"

如今,大晋49岁,小晋46岁,同是大学毕业,分配到两个不同学校任教。两个孩子的发展,正如老者预料的那样。大晋事业、人生发展非常顺利,现任某大学的主要领导,在高校享有很高的声誉,家庭生活也很幸福。小晋还在某所学校教书,人际关系较差,事业默默无闻,还经历了一次婚姻失败。

案例思考:
1. 你认为沟通重要吗?为什么?
2. 如何才能提高自己的沟通能力?

一、沟通的内涵与要素

(一)沟通的含义

所谓沟通,是为了一个设定的目标,把信息、思想和情感在个体或群体间传递达成共同协议的过程。

(二)沟通的意义

沟通是一种自然而然的、必需的、无所不在的活动。通过沟通可以交流信息、获得感情与思想。在人们工作、娱乐、居家、买卖时,或者希望和一些人的关系更加稳固和持久时,都要通过交流、合作、达成协议来达到目的。在沟通过程中,人们分享、披露、接收信息。

沟通是人类的基本特征和活动之一。没有沟通,就不可能形成组织和人类社会。家庭、企业、国家,都是十分典型的人类组织形态。沟通是维系组织存在,保持和加强组织纽带,创造和维护组织文化,提高组织效率、效益,支持、促进组织不断进步发展的主要途径。有效的沟通能高效率地把一件事情办好。善于沟通的人懂得如何维持和改善相互关系,更好地展示自我需要,发现他人需要,最终赢得良好的人际关系和成功的事业。

(三)有效沟通的基本要素

一个正常人每天60%~80%的时间花在"听、说、读、写"等沟通活动上。但20%的沟通是有效的,80%是无效的。

要做到有效沟通,需要注意三大基本要素:

1. 要有明确的目标

在和对方沟通之前,首先要想好和对方沟通应该达成怎样的目标,或者说希望获得怎样的结果。

2. 要达成彼此认可的共识

所谓彼此认可的共识有两个含义,第一层含义是达成的协议,对方是发自内心的认可和认同的。第二层含义是所达成的协议,在当前情况和环境之下是能够被有效执行的。

3. 要注意沟通信息、思想和情感

一般来说,通过语言文字能传递信息,而思想和情感一般需要借助于声音的声调和肢体语言。有统计数据显示:语言文字能够达成8%的沟通效果,声音声调能达成37%的沟通效果,而肢体语言能传递出55%的沟通信息。因此,声音声调和肢体语言在人际沟通过程中是相当重要的,在所有的沟通方式中,只有面对面的沟通方式才能够使得语言、思想、信息和情感以最少损耗的方式传递给对方。所以,相较于电子邮件,应该尽可能地倡导面对面的沟通。

二、沟通中"说"的技巧

(一)真诚地"说"

由于说话态度不同,语言既可以成为建立和谐人际关系的强有力的工具,也可以成为刺伤别人的利刃。语言可以表现出一个人的人格。即使是语言比较笨拙的人,只要具有发自内心地关怀对方的思想,其思想就能在话语间充分流露出来。相反,如果没有发自内心的关怀,即使用再多华丽的语言,也会被对方看穿。所以,满怀真诚是最重要的。

在洽谈生意或说服对手时,应用真诚的语言,容易招人喜欢,被人接纳。入情入理地说话,一方面可显示说服者坦诚的态度,另一方面又显示了尊重对方并为对方着想。这样,无论在交易原则上,还是在人的感情上都达成了沟通,扩大了双方的共识,促使合作成功。

【小案例】

当松下电器公司还是一家乡下小工厂时,作为公司领导的松下幸之助总是亲自出马推销产品。在碰到杀价高手时,他就说:"我的工厂是小工厂。炎炎夏天,工人在炽热的铁板上加工制作产品。大家汗流浃背,却努力工作,好不容易制出了产品,依照正常利润的计算方法,应当是每件××元承购。"对方一直盯着他的脸,听他叙述。听完之后,展颜一笑说:"哎呀,我可服你了,卖方在讨价还价的时候,总会说出种种不同的话。但你说得很不一样,句句都在情理之上。好吧,我就照你说的买下来好了。"

松下幸之助的成功,首先在于他真诚的说话态度。他强调自己是依照正常的利润计算方法确定价格的,自己并无贪图非分之财之意,同时也暗示对方无讨价还价的余地。这就使对方调整角度,与其达成共识。松下幸之助的语言充满感情,他描绘了工人劳作的艰辛、创业的艰难、劳动的不易,语言朴素、形象、生动,语气真挚、自然,唤起了对方切肤之感和深切同情。正如对方所说,松下幸之助的话"句句都在情理之上"。对方接受自在情理之中。

(二)"投其所好"地说

对人说话,应该投其所好。能够投其所好,才能在心中发生作用。反之,则自然发生不了效用。

【小案例】

  美国西雅图有一家美籍华人开的餐厅,为招揽顾客,每当客人餐后离去时,总要奉送一盒点心,内附精致"口彩卡"一张,上印有"吉祥如意""幸福快乐"等吉言。有两位虔诚的基督徒是这家餐厅的老顾客。他俩结婚后的某一天,满怀喜悦来到这家餐厅,在他们期待良好祝愿的时刻,打开点心盒,却意外发现没有往常的"口彩卡",顿感十分不吉利,心里老大不高兴,他们便向老板"兴师问罪",不论老板怎样赔礼道歉,他们就是不依不饶。看到这种情景,刚到美国探亲的老板的弟弟微笑着走上前去,用不太熟练的英语说了一句美国常用谚语:"No news is the best news."听到这句话,新娘破颜一笑,新郎转怒为喜,高兴地和他握手拥抱,连连道谢。

  在意外事件面前,兄弟俩的处理方式不大相同,兄长采取的是正面消极应对的说话策略,而弟弟采取的则是侧面出击,主动地投其所好的说话策略。兄长的语言表达不能消除意外事件给这对新婚夫妇造成的不祥之感,越赔礼道歉越加重了这种情绪。弟弟通过对意外事件(没有口彩卡)做出机智的解释,较好地满足了对方的心理需要,既掩盖了过失,也消除了对方的不祥之感。

  那么,在实际工作中如何与上司、前辈、同事建立和谐、融洽的人际关系呢?如果连礼貌用语都说不好的人,说实话,要建立起和谐、融洽的人际关系真是太难了。但不管怎样,下功夫进行自我表现的训练和积极阅读一些有关交谈技巧的书籍,终会有所收获的,所以要对自己有信心。

  有一位学者说过这样的话:"如果你能和任何人连续谈上10分钟而使对方感兴趣,那你便是一流的沟通高手。"这句话看起来简单,其实并不容易,因为"任何人"这个概念的范围是很广泛的,也许是工程师、律师、教师和艺术家。总之,无论三教九流,各阶层人士,你能和他谈上10分钟,并使他们感兴趣的话,需要很高的说话涵养,要做到这一点很不容易。

  (三)善用赞美的艺术

  赞美他人,是在日常沟通中常碰到的情况。要建立良好的人际关系,恰当地赞美别人是必不可少的。事实上,每个人都希望自己的工作受到别人的赞美,花了很大的精力,都希望从他人那里得到赏识,但是,我们之中认为周围的人能充分理解自己言行的并不多,而我们自己也很少评论那些发生在周围的、自身所喜欢的言行。

【小案例】

　　我国清朝出现过一部《一笑》的书,里面记载了这样一则笑话:古时有一个说客,当众夸口说:"小人虽不才,但极其能奉承。平生有一愿,要将1 000顶高帽子戴给我最先遇到的1 000个人,现在已经送出999顶,只剩下最后一顶了。"一长者听后摇头说道:"我偏不信,你那最后一顶用什么方法也戴不到我的头上。"说客一听,忙拱手道:"先生说的极是,不才从南到北,闯了大半辈子,但像先生这样秉性刚直、不喜欢奉承的人,委实没有!"长者顿时手捻胡须,洋洋自得地说:"你真算得上是了解我的人啊!"听了这句话,那位说客立即哈哈大笑:"恭喜恭喜,我这最后一顶帽子刚刚送给先生你了。"

　　这只是一则笑话,却有深刻的寓意。其中除了那位说客的机智外,更包含了人们无法拒绝之辞的道理。如果你能以诚挚的敬意和真心实意的赞扬之辞满足一个人的自我,那么任何一个人都可能变得令人愉快、通情达理。

(四)建立共鸣

在你看你与别人的合影照的时候,你首先看的是哪个人?如果你对别人不感兴趣,为什么别人要对你感兴趣?如果我们只努力使人们对我们感兴趣,就难以找到真正真诚的朋友。人与人之间很难在一开始就产生共鸣,往往必须先诱导对方与你交谈产生兴趣,经过一番深刻的交谈,才能让彼此更加了解。

尝试说服别人或对另一个人有所求的时候,这种方法也同样适用。不要过早暴露自己的意图,让对方一步一步地赞同你的想法,当对方跟着你的思路走完一段路程时,便会不自觉地认同你的观点。

要与有戒备心理的人进行情感交流,困难之一就是对方认为"我和你属于两个完全不同的世界"这种思想。如果对方认为在各方面都与你格格不入,那么他就不会与你进行沟通。要解决这个问题,应该让对方意识到,你们是属于同一个世界,即同一个集体。有经验的推销员,一进入顾客家中,总会立刻找到与这家主妇的共同话题而进行交谈。例如,看到花瓶里的康乃馨,马上会说:"好漂亮的康乃馨,我也很喜欢这种花……"这样,通过各种话题就可在心理上与对方进行沟通。每个人大概都有这样的体会,如果知道对方与自己是校友,即使是初次见面,也会觉得很亲切,并能轻松愉快地交谈。

对方越是难以说服时,在进入主题之前,越要多谈谈和主题无关的事情。例如,彼此的经历、爱好或家庭状况等,让对方多了解一下自己,这很有利于你说服对方。

三、沟通中的倾听技能

(一) 80∶20比例关系

在听对方讲话的时候,尽可能保持对方说的时间占整个沟通时间的80%,甚至是90%。

在沟通的过程中,不要打断对方,注意听他们在说什么,有可能的话记录下他说的要点,而不是假装在听,但其实是在考虑你接下来想要说的话。

(二) 确认自己是否理解

理解对方要表达的意思是倾听的主要目的,同时也是使沟通能够进行下去的条件。以下是提高理解效率的几个建议:

(1) 听清全部的信息,不要听到一半就心不在焉,更不要匆匆忙忙下结论。

(2) 注意整理出一些关键点和细节,并时时加以回顾。

(3) 听出对方的感情色彩。要注意听取讲话的内容,听取语调和重音,注意语速的变化,三者结合才能完整地领会谈话者的真义。

(4) 注意谈话者的一些潜台词。

(5) 克服习惯性思维。人们常常习惯性地用潜在的假设对听到的话进行评价,倾听要取得突破性的效果,必须要打破这些习惯性思维的束缚。

(三) 表明你正在倾听

应当通过肢体语言自然流露倾听的意愿。比如,你应当保持与对方的目光交流;保持开放的体态,不要双臂交叉环抱;身体应略向前倾,但不要侵入对方的私人空间;在做出反应时采用感兴趣的语调。

(四) 诊断式倾听

将倾听看成是一个诊断的过程,不要总是争辩、反驳或寻找借口,想办法解决问题,而不是为困难寻找借口。在谈话者准备讲话之前,自己尽量不要就已经针对所要谈论的事情本身下定论,否则,会带着"有色眼镜",不能设身处地、从对方的角度看待问题,出现偏差。

四、服务外包企业的沟通和交流

服务外包企业的沟通通常包括内部与外部沟通。内部沟通通常指的是外包企业内部所进行的沟通。就其形式而言,可以分为下行沟通、上行沟通与平行沟通。外部沟通通常是指外部企业与发包商之间的沟通与交流。

(一) 下行沟通

下行沟通指的是由上往下的沟通,就是管理层与下属的沟通。在内部沟通的三种类型中,下行沟通起着主要的作用,因为它经常涉及发布指令、做出决定、提出建议、发出通知等。就其形式,下行沟通可以是书面的,比如通知、报告等,也可以是口头的,比如会议、讲话等。

下行沟通应当遵循四个基本原则:

第一个原则是了解。一方面,上级要充分了解下级的需求、情感、价值观以及个人的问题。除了沟通信息的本身之外,还要注重情感的表达。另一方面,很多管理者理所当然地认为,是他们在关心着公司的发展,承担一切的重担,因此员工不需要了解他们在忙些什么,只要干好手头工作就行。这种想法非常不妥。员工有权了解组织目前的状况,这对增强员工对公司的凝聚力有着深刻的影响。向员工说明公司所面临的实际状况将有益于澄清一些谣言。向员工讲明他们所感兴趣或关心的事实,管理层能因此从员工那里得到必要的反馈,这在员工方面一定会产生有利的影响。

第二个原则是主动,上级应主动放下架子去和下级分享信息和主动接近下级,有的上级忽略了员工们对下行信息的需求,今天的员工们不仅仅是为了生计在工作,他们往往关心很多其他事情。比如:工作的稳定系数如何,加薪的可能性怎样,或是公司所提供的福利待遇(如休假、出于"充电"考虑的培训项目等),又或者是关心公司外部的形象和整体发展计划等。上级主动与员工沟通,会增加自身的亲和力,也会从员工处获得一些反馈。

第三个原则是参与,决策前多征询下级的意见,让他们有机会表达看法、想法。这将对员工方面产生有利影响,使他们对公司有一种"家"的感觉。

第四个原则是激励,上级传达命令和意见给下级时,一定要有激励因素,包括物质激励与精神激励。

(二)上行沟通

上行沟通指的是逆向的沟通,即从下一级往上一级的沟通。有两种情况,一种是职工向上级反应情况、汇报工作、提出建议;另一种是上级领导主动搜集信息、征求意见、听取汇报,也属于上行沟通。

上行沟通使管理层能够听到下级的看法,这对管理层来说非常有益,他们可以检查其决策的正确性,并改善下行沟通的质量。然而,有时员工对管理层会存在畏惧或不信任的心理,因此要达成高质量的上行沟通必须在员工自觉自愿的基础上才有可能。因此,对于管理层而言,针对上行沟通,应鼓励员工参与管理,建立快速的沟通反馈机制。对于及时有效的上行沟通应进行通告奖励,在企业中建立公开、透明的文化理念,优化企业的沟通环境,提高上行沟通的质量。

(1)提问的方式:管理者可以通过提出一些有意的问题来鼓励上行沟通。这一措施向员工表明管理层对员工的看法感兴趣,希望得到更多的信息,重视员工的意见。

(2)有效倾听:管理者应当用心倾听员工的声音,站在员工的角度想问题,可以更好地理解员工的想法,赢得员工的信任,从而找到对双方都有利的解决方法。

【小案例】

　　公司行政部经理:"简化费用报销手续根本不可行,这样无法监督费用的使用情况,很多人会借此乱花公家的钱。"

　　销售部经理:"行政部经理讲的也有一定的道理,他负责行政费用,如果日常行政上的报销都像销售部这样的话,钻空子的事就真不好管了……"

(3)与员工座谈:鼓励员工发言,让他们谈论工作中的问题、自己的需要,以及管理中的促进或阻碍工作绩效的做法。这些座谈尝试深入探究员工内心的问题。由此,加上相应的跟进措施,员工的态度会得到改善,辞职率会下降。

(4) 开放政策(Open-door policy):这是指鼓励员工向他们的主管或更高管理层反映困扰他们的问题。通常,员工们被鼓励首先找自己的主管。如果他们的问题不能被主管解决,可以诉诸更高管理层。此政策的目的是去除上行沟通的障碍。但这实施起来并不容易,因为在管理者和员工之间常常有真实的和想象的障碍。虽然管理者的门是打开的,但心理的和社会的障碍依然存在,使员工不愿意进门。对管理者来说,更有效的开放政策是走出自己的房间,与员工打成一片。管理者可以此了解比以往坐在办公室里更多的信息。这种做法描述为走动式管理(Management by Walking Around,MBWA),管理者以此发起与大量员工的系统接触。通过走出办公室,管理者不仅从员工中得到重要的信息,并利用这一机会建立支持性的氛围。这种做法使双方都受益。

(三) 平行沟通

平行沟通是指在一个企业内同一层面间的沟通。平行沟通的特点是:随意、亲密、快捷。位于同一层面的员工经常随意相互交换信息、最近的新闻以及评价等。在平行沟通中员工们尽管可以谈论他们所喜欢的话题,当然谈论最多的是与工作有关的话题。平行沟通有时因其非正式性而被忽略,但其实平行沟通非常重要。

平行沟通是一把"双刃剑"。如果适当引导,可以协调双方的想法和行为,使公司文化在员工间内化形成内驱力推动公司发展;反之,它也可能会传播负面情绪,对特定层面员工的士气产生消极影响。

(四) 外部沟通

外部沟通是指企业与外面有关机构和个体之间的沟通。服务外部企业的外部沟通通常是指外包企业与发包方之间的沟通。在外包合作关系确立之后,外包企业与发包方之间将存在大量的信息交流,沟通是否通畅将对双方合作关系的发展造成很大的影响。

1. 外包企业与发包方沟通存在的问题

(1) 对于发包方,企业与外包服务供应商的信息交流如果游离于企业内部信息系统之外,会在很大程度上使信息交流的准确性和快速性受到影响。在企业和外包供应商的信息交流没有整合到企业信息系统的情况下,企业的内部信息交流可能在外包业务处中断。

(2) 服务外部供应商和发包商的信息搜集与处理方式不一致会影响外部业务的效率和效果。为了方便双方进行信息的交流,需要统一信息的转换格式,进一步增加信息搜集和信息处理的工作量。

(3) 服务外包企业和发包企业可能存在的人事变动或人员职责不清,使企业和发包方的信息交流陷入混乱。

(4) 服务外包企业和发包企业由于各自保密的需要而产生的不信任感影响双方的正常交流和沟通。双方都有自己的核心机密,一旦双方在信息交流中涉及此部分信息,就会对进一步的信息交流存在顾虑,从而不利于以后的沟通。

(5) 外包双方由于各自立场的不同而对信息有着不同的理解导致双方认识上的差异,

因此服务外包提供商与发包企业相互传递的信息可能会出现一定程度的失真。

2. 外包企业与发包方沟通障碍解决的方法

（1）发包方的解决方法。

① 慎重选择外包的服务商。企业需要从各个角度去考察外包服务商，包括资信情况、服务质量、财务状况、专业能力、价格等；同时，还要考虑业务外包的成本，包括显性和隐形成本。

② 与外包服务商建立信息共享机制。企业要与外包服务商建立完善彼此的信任机制，提高沟通效率，实现长期的互利互惠。要想让外包给企业带来外部的战略竞争优势，就必须与外包服务商建立信息共享机制，通过信息技术建立信息共享系统，提高信息共享的水平。

③ 构建对外包服务商的控制机制。企业对外包活动进行有效控制，是保证外包业务能够达到预期效果的重要措施。企业在给外包服务商提供业务信息的同时，要注意监控它的业务活动，通过与外包服务商一起制定业务流程、确定信息渠道、编制操作规则等方式，来加强对外包服务商的监控。同时，企业内部也要建立监控制度，对外包业务实施严密的控制。

④ 加强对外包服务商的绩效考核。企业应建立绩效考核制度，定期对外包业务进行绩效考核，评估外包的效果和决策的正确性，为下一阶段的企业决策提供可靠信息。

（2）外包企业的解决方法。

① 搭建服务外包沟通平台。成熟的服务外包公司应搭建自身的外包招商与信息交流平台，通过平台及时发布自身的技术特色与发包信息。该平台的建立可以为外包双方提供快速有效的信息交流渠道，即使出现企业内部信息沟通渠道不顺畅的情况，也可以通过沟通平台上的信息交流达到快速解决双方沟通不顺的问题。

② 建立多种沟通方式。服务外包企业必须具备多种沟通方式以满足不同客户的需求。比如某些国外企业高层由于距离等原因，需要通过远程视频会议来沟通项目进展，如果外包企业无法实现这样的沟通方式，是很难成功承接该外包项目的。

③ 外包业务出现的问题和最新进展及时与发包方进行沟通，达到信息透明。

④ 派遣相关人员进驻发包企业。通过派遣人员来实地了解发包企业的服务特色和市场定位，具有针对性地设计产品服务，这样能够使外包企业合理确定自身的业务重点，从而能将资源和精力更多地放在产品和服务的开发生产上，最大限度满足发包企业的需求。

五、服务外包企业的跨文化沟通

由于服务外包行业的国际化特性，很多服务外包企业承接来自欧美发达国家的离岸服务外包项目，有着各种不同文化背景的商务人士，会在同一家服务外包企业工作。在他们中间，有些人工作相处和谐，很快就能融入不同的文化环境；而有些人由于文化背景的差异性，会感到不愉快，继而分道扬镳。实际上，作为商务人士，尤其是服务外包行业的从业人员，更应当学会如何在多种文化的环境中工作。只有这样，我们才能够扩展服务外包业务并使其向前发展。

(一)学会尊重彼此的文化

每个国家或民族都有自己独特的文化。比如:欧洲人有贴面礼,中国人则是握手;对西方人讲,圣诞节是每年最重要的节日,对中国人而言,春节才是一年中最隆重的节日;按照西方的习惯,礼品应当着送礼者的面打开,并表示喜欢;而中国人、日本人、印度人则是将礼品带回去再拆;等等。

在服务外包企业工作,办公室可能就是一个"地球村",你必须要学习和尊重不同国家的文化和习俗。有时候,不了解对方当地的文化往往会引起一些不必要的麻烦,比如,下面这位上海某公司的高管曾经所经历的事件。

"尽管在和来自不同国家、有着不同文化背景的人打交道时我十分小心,但在接待一位来自香港的50岁开外的女士时(她是我的一位顾客的朋友),我却犯了一个错误。我认为香港人和我们内地有着同样的文化,因此我称呼其为'太太',但我所不知道的是:那位女士尚未结婚。我立刻就我的错误称呼向她道歉,但她却一直抱怨说:今后不会有人来娶她,其原因就在于我所犯的错误。后来当我们坐下来就有关生意开始谈判时,她开始挑我们的刺……"

(二)避免引起误解

在跨文化沟通中,任何误解都会影响工作的顺利开展。为了避免产生误解,我们应当注意这样几点:

1. 客观看待文化差异

每一种文化都有其信仰、价值、态度、行为准备等体系以及处理事情的方式等特点,我们应客观看待文化差异。

2. 注意语言障碍的影响

语言是信息的载体,在跨文化沟通中,我们需要通过一些方式去克服语言障碍。比如,聘请跨文化沟通顾问,或是询问比较了解该国文化的同事,又或是去对方国家感受异域文化等。

3. 跨文化沟通时注意运用技巧

当你进行跨文化沟通时,应该运用技巧,比如共性和差异性、文化敏感性问题、灵活性和耐心等。以共性和差异性为例,所有人都希望收到礼貌的对待,所有人都希望给对方留下好印象,所有人都希望业务能够做得更好,等等。而另一方面,差异性体现在哪?比如,美国人比较直接,做事目标性较强;日本人则是在听别人说话时不会盯着说话人的眼睛,因为这在日本是不礼貌的表现;墨西哥人由于时间观念松散,所以总是约会迟到。在跨文化商务沟通中,需要始终注意彼此间的共性和差异性,这样沟通会更顺畅。

(三)进行有效的谈判

商务人士每天都在谈判,有时他们坐在办公桌前,商谈价格、交货条件、退换货要求等,这样的谈判属于正式谈判;还有另一种形式是非正式谈判,比如你和老板谈加薪,你要求下属尽快完成工作等。所有这些方面都在考验你的沟通能力。

不同国家的谈判风格也不一样,比如:美国谈判桌统筹以一种非个人的姿态出现,他们始终有一种使命感,希望迅速就有关方面达成协议。在他们看来,谈判时就有关方面发生冲突是十分正常的。

对日本人来说,他们希望在谈判的过程中建立一种长期合作关系,一般来说,他们倾向于以非正式的方式进行个人接触。对他们来讲,信任的重要性远超协议本身。

中国谈判者的做法也是着眼于长期的合作关系。中国谈判者开始一般会有缓慢的热身过程,然后提出一些尝试性的建议。并且,无论是因何种原因,中国谈判者都不希望出现公开的重提,他们希望能为双方"保全面子"。

因此,在进行跨文化沟通谈判的时候,对其他谈判者背景文化的提前了解,将有益于各方的合作。

【小实训】

沟通能力测评

实训目的:

通过倾听能力测评,明确自身目前的倾听水平状况,以便更好地进行倾听的学习和实践。

实训步骤:

对下面的问题,一一作答。请选择一个最能表达你自己真实想法或做法的答案。

(1) 努力回忆一下你最近倾听讲话或情况介绍时的情景,看看哪一点与你的情况最符合。

A. 我拒绝浪费时间去倾听一次令人乏味的演讲。

B. 我很善于倾听。即使是位乏味的人也能讲一些东西。

C. 除非我觉得讲演实在不错,否则我将一边假装在听,一边去做些其他事。

D. 我努力总结出讲话者真正想说些什么,这样就迫使我认真听。

(2) 你的下属、上司或者你的家人是如何评价你的倾听能力的?

A. 我心不在焉。

B. 我没有听。我总要人重复他们刚说的话。

C. 我看起来没有听,实际上一个字也没听漏。

D. 我专心致志。

(3) 某人讲话口音很重,很难听懂。你最可能怎么办?

A. 请他重复一下。

B. 停止听讲。

C. 努力去听懂一些话,然后将其余的猜出来。

D. 非常仔细地听——也许做笔记或录音,因此我可以再听一遍。

(4) 在一次谈话中,某人说了如下一些话。你最可能接受哪一句?

A. 我并不害怕在大庭广众之中说话。只是有几次该我站起来讲话的时候嗓子哑了,运气真不好。

B. 我想,提升他是再合适不过了。如果我来决定的话,这就是我想要提升的人。

C. 我真的不知道怎样回答那个问题,我从来没有费心去考虑过。

D. 你能用更简单的语言再将它解释一下吗?我对它了解不多。

(5) 某人说话声音很低。这可能表明该人:

A. 想努力掩饰他的一个错误。

B. 害羞。

C. 嗓门低。

D. 和附近一位大声说话者形成对比——这迫使人们仔细听。

依据评分标准,计算自己的得分,并参考评价。

评分标准:

题目 \ 选项	A	B	C	D
1	1	3	2	4
2	1	2	3	4
3	2	1	3	4
4	1	2	3	4
5	3	2	1	4

结果评价:

● 如果你的得分在16~20分,表明你很注意倾听那些明显的要点,也很注重了解其中的含义。你是一位很好的倾听者,具有较强的倾听能力。

● 如果你的得分在10~15分,则表明你的倾听能力一般。当他人告诉你一件事情时,你开始会显示出倾听的兴趣;但当你认为他人的讲话不重要时,你就有些心不在焉。

● 如果你的得分在5~9分,则表明你是个糟糕的倾听者,你必须加强倾听能力的培养和训练。

【小案例】

杨瑞是一个典型的北方姑娘,在她身上可以明显感受到北方人的热情和直率,她喜欢坦诚,有什么说什么,总是愿意把自己的想法说出来和大家一起讨论,正是因为这个特点她在上学期间很受老师和同学的欢迎。今年,杨瑞从西安某大学的人力资源管理专业毕业。她认为,经过四年的学习自己不但掌握了扎实的人力资源管理专业知识,而且具备了较强的人际沟通技能,因此她对自己的未来期望很高。为了实现自己的梦想,她毅然只身去广州求职。

经过将近一个月的反复投简历和面试,在权衡了多种因素的情况下,杨瑞最终选定了东莞市的一家研究生产食品添加剂的公司。她之所以选择这家公司是因为该公司规模适中、发展速度很快,最重要的是该公司的人力资源管理工作还处于尝试阶段,如果杨瑞加入,她将是人力资源部的第一个人,因此她认为自己施展能力的空间很大。但是到公司实习一个星期后,杨瑞就陷入了困境中。

原来该公司是一个典型的小型家族企业,企业中的关键职位基本上都由老板的亲属担任,其中充满了各种裙带关系。尤其是老板给杨瑞安排了他的大儿子做杨瑞的临时上级,而这个人主要负责公司研发工作,根本没有管理理念,更不用说人力资源管理理念,在他的眼中,只有技术最重要,公司只要能赚钱,其他的一切都无所谓。但是杨瑞认为越是这样就越有自己发挥能力的空间,因此在到公司的第五天杨瑞拿着自己的建议书走向了直接上级的办公室。

"王经理,我到公司已经快一个星期了,我有一些想法想和您谈谈,您有时间吗?"杨瑞走到经理办公桌前说。

"来来来,小杨,本来早就应该和你谈谈了,只是最近一直扎在实验室里就把这件事忘了。"

"王经理,对于一个企业尤其是处于上升阶段的企业来说,要持续企业的发展必须在管理上下功夫。我来公司已经快一个星期了,据我目前对公司的了解,我认为公司主要的问题在于职责界定不清;雇员的自主权力太小致使员工觉得公司对他们缺乏信任;员工薪酬结构和水平的制定随意性较强,缺乏科学合理的基础,因此薪酬的公平性和激励性都较低。"杨瑞按照自己事先所列的提纲开始逐条向王经理叙述。

王经理微微皱了一下眉头说:"你说的这些问题我们公司也确实存在,但是你必须承认一个事实——我们公司在赢利,这就说明我们公司目前实行的体制有它的合理性。"

"可是,眼前发展得好并不等于将来也可以发展,许多家族企业都是败在管理上。"

"好了,那你有具体方案吗?"

"目前还没有,这些还只是我的一点想法而已,但是如果得到了您的支持,我想方案只是时间问题。"

"那你先回去做方案,把你的资料放这儿,我先看看然后给你答复。"说完王经理的注意力又回到了研究报告上。

杨瑞此时真切地感受到了不被认可的失落,她似乎已经预测到了自己第一次提建议的结局。

果然,杨瑞的建议书石沉大海,王经理好像完全不记得建议书的事了。杨瑞陷入了困惑之中,她不知道自己是应该继续和上级沟通还是干脆放弃这份工作,另找一个发展空间。

请分析:你认为杨瑞的问题出现在哪里?如果你是杨瑞,会如何来和经理沟通?

第三节　服务外包时间管理能力

【引导案例】

大石头的故事

一天,时间管理专家为一群商学院学生讲课。

他现场做了演示,给学生们留下了一生难以磨灭的印象。

站在那些高智商、高学历的学生前面,他说:"我们来个小测验。"接着拿出一个一加仑的广口瓶放在他面前的桌上。

随后,他取出一堆拳头大小的石块,仔细地一块块放进玻璃瓶里。

直到石块高出瓶口,再也放不下了,他问道:"瓶子满了吗?"

所有学生应道:"满了"。

时间管理专家反问:"真的?"他伸手从桌下拿出一桶砾石,倒了一些进去,并敲击玻璃瓶壁使砾石填满下面石块的间隙。

"现在瓶子满了吗?"他第二次问道。

但这一次学生有些明白了,"可能还没有",一位学生应道。

"很好!"专家说。他伸手从桌下拿出一桶沙子,开始慢慢倒进玻璃瓶。

沙子填满了石块和砾石的所有间隙。

他又一次问学生:"瓶子满了吗?"

"没满!"学生们大声说。

他再一次说:"很好。"

然后他拿过一壶水倒进玻璃瓶直到水面与瓶口齐平。

他抬头看着学生,问道:"这个例子说明什么?"

一个心急的学生举手发言:"它告诉我们:无论你的时间表多么紧凑,如果你确实努力,你可以做更多的事!"

"不!"时间管理专家说,"那不是它真正的意思"。

"这个例子告诉我们:如果你不是先放大石块,那你就再也不能把它放进瓶子里。"

"那么,什么是你生命中的大石块呢?与你爱人共度时光?你的信仰?教育?梦想?或是和我一样,教育指导其他人?"

"切切记得先去处理这些'大石块',否则,一辈子你都不能做到。"

那么,今晚,或许是今晨,在新的一年来临之际,你正在阅读这篇短文,可曾试着问自己这个问题:我今生的"大石头"是什么?然后,请把它们先放进你人生的瓶子,不仅要珍惜时间,还要利用好空间。常言道:"行善要趁早,求法要及时。"星云大师也曾说:"此日不复,寸阴尺宝。把握时间行善求法,利用空间自利利人。"贪爱愚痴的人,永远不懂得利用时空、创造效率,甚至错过了时空,只有懂得利他利众的人,才能把握无限时空。

(资料来源:《高绩效人士的七个习惯》)

案例思考:

1. 从案例可以看出,大石头对于人生来说的意义是什么?
2. 沙子、石块和瓶子告诉我们什么?

一、什么是时间管理

(一)时间管理的定义

时间管理是指通过事先规划和运用一定的技巧、方法与工具实现对时间的灵活、有效运用,从而实现个人或组织的既定目标,EMBA、MBA等主流商业管理教育均将时间管理能力作为一项对企业管理者的基本要求涵括在内。

(二)时间管理的方法

1. 计划管理

关于计划,有日计划、周计划、月计划、季度计划、年度计划。时间管理的重点是待办单、日计划、周计划、月计划。

待办单:将你每日要做的一些工作事先列出一份清单,排出优先次序,确认完成时间,以突出工作重点。要避免遗忘就要避免半途而废,尽可能做到,今日事今日毕。

待办单主要包括的内容有:非日常工作、特殊事项、行动计划中的工作、昨日未完成的事项等。

待办单的使用应注意:每天在固定时间制定待办单(一上班就做)、只制定一张待办单、完成一项工作划掉一项、待办单要为应付紧急情况留出时间、最关键的一项,每天坚持。

每年年末做出下一年度工作规划,每季季末做出下季末工作规划,每月月末做出下月工作计划,每周周末做出下周工作计划。

2. 时间"四象限"法

管理学家科维提出了一个时间管理的理论,把工作按照重要和紧急两个不同的程度进行了划分,基本上可以分为四个"象限"(图8-3):既紧急又重要(如人事危机、客户投诉、即将到期的任务、财务危机等),重要但不紧急(如建立人际关系、新的机会、人员培训、制定防范措施等),紧急但不重要(如电话铃声、不速之客、行政检查、主管部门会议等),既不紧急也不重要(如客套的闲谈、无聊的信件、个人的爱好等)。时间管理理论的一个重要观念是应有重点地把主要的精力和时间集中地放在处理那些重要但不紧急的工作上,这样可以做到未雨绸缪,防患于未然。在人们的日常工作中,很多时候往往有机会去很好地计划和完成一件事,常常却又没有及时地去做,随着时间的推移,造成工作质量下降。因此,应把主要的精力有重点地放在重要但不紧急这个"象限"的事务上,这需要很好地安排时间。一个好的方法是建立预约。建立了预约,自己的时间才不会被别人占据,从而有效地开展工作。

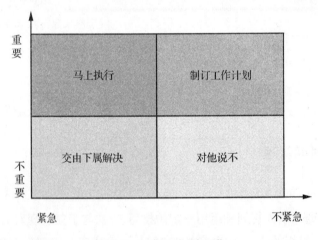

图8-3 时间四个"象限"

3. GTD(Getting Things Done)

GTD来自David Allen的一本畅销书《Getting Things Done》,国内的中文翻译本《尽管去做:无压工作的艺术》。基本方法:GTD的具体做法可以分成收集、整理、组织、回顾与行动五个步骤:

(1) 收集:就是将你能够想到的所有的未尽事宜(GTD中称为stuff)统统罗列出来,放入inbox中,这个inbox既可以用来放置各种实物的实际文件夹或者篮子,又需要有用来记录各种事项的纸张或 PDA。收集的关键在于把一切赶出你的大脑,记录下所有的工作。

(2) 整理:将 stuff 放入 inbox 之后,就需要定期或不定期地进行整理,清空 inbox。将这些 stuff 按是否可以付诸行动进行区分整理,对于不能付诸行动的内容,可以进一步分为参考资料、日后可能需要处理以及垃圾分类,而对可行动的内容再考虑是否可在两分钟内完成,如果可以则立即行动完成它,如果不行则对下一步行动进行组织。

(3) 组织:组织是 GTD 中的最核心的步骤,组织主要分成对参考资料的组织与对下一步行动的组织。对参考资料的组织主要是一个文档管理系统,而对下一步行动的组织则一般可分为:下一步行动清单、等待清单和未来/某天清单。

等待清单主要是记录那些委派他人去做的工作,未来/某天清单则是记录延迟处理且没有具体的完成日期的未来计划等。而下一步清单则是具体的下一步工作,而且如果一个项目涉及多步骤的工作,那么需要将其细化成具体的工作。

GTD 对下一步清单的处理与一般的 to-do list 最大的不同在于,它做了进一步的细化,比如按照地点(电脑旁、办公室、电话旁、家里、超市)分别记录只有在这些地方才可以执行的行动,而当你到这些地点后也就能够一目了然地知道应该做哪些工作。

(4) 回顾:回顾也是 GTD 中的一个重要步骤,一般需要每周进行回顾与检查,通过回顾及检查你的所有清单并进行更新,可以确保 GTD 系统的运作,而且在回顾的同时可能还需要进行未来一周的计划工作。

(5) 行动:现在你可以按照每份清单开始行动了,在具体行动中需要根据所处的环境、时间的多少、精力情况以及重要性来选择清单以及清单上的事项来行动。

二、服务外包时间管理

服务外包中的时间管理主要针对的是外包项目的时间管理,即在双方约定好的时间内完成合同中约定好的任务,这个时候的时间管理即项目管理,而项目的时间管理通常以项目周期来进行。在整个项目生命周期中,需要合理地进行时间管理,详细地进行计划明细安排,从而更加准确地进行估算,减小误差,使得项目能够正常开展。

(一) 项目的周期

一般可以将项目从启动到收尾这一整个阶段看成是一个项目生命周期,同样的,也根据这一周期进行时间安排管理。大部分项目在初期人力和成本投入较低。

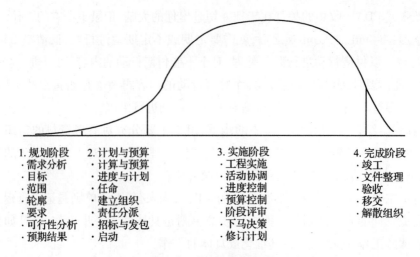

图8-4 项目生命周期图

如图8-4所示的这个周期安排,可以让管理层或者不熟悉项目的人对细节进行沟通了解。每一个周期可以在整体项目层面执行和重复执行。

(二) 项目时间管理

时间管理包括按照项目要求按时完成各个时段的任务,进行进度管理,为规划、编制、管理、执行、控制项目进度制定相关的规则。根据活动工作范围、所需资源类型、资源数量等来进行,随着数据越来越详细,时间估算也会越来越准确,从而提高整体的完成度,获得良好的结果(表8-2)。

(1) 明确的目标帮助进行项目规划。

(2) 明确的内容促进项目的进行。

(3) 明确的执行保证项目的完成。

(4) 明确的总结保证项目的完善。

表8-2 时间管理表

编号	需求人员类型	需求度	计划入场时间	人数	原因	备注

【小测试】

时间管理能力测试

(1) 下面的每个问题,请你根据自己的实际情况,如实地给自己评分。

(2) 计分方式为:选择"从不"为0分,选择"有时"记1分,选择"经常"记2分,选择"总是"记3分。

(3) 我在每个工作日之前,都能为计划中的工作做些准备。

(4) 凡是可交派别人去做的,我都交派下去。

(5) 我利用工作进度表来书面规定工作任务与目标。

(6) 我尽量一次性处理完毕每份文件。

(7) 我每天列出一个应办事项清单,按重要顺序来排列,依次办理这些事情。

(8) 我尽量回避干扰电话、不速之客的来访,以及突然的约会。

(9) 我试着按照生理节奏变动规律曲线来安排我的工作。

(10) 我的日程表留有回旋余地,以便应对突发事件。

(11) 当其他人想占用我的时间,而我又必须处理更重要的事情时,我会说"不"。

评价和解释:

0~12分 非常缺乏时间管理能力。

13~17分 较为缺乏时间管理能力。

18~22分 时间管理能力良好。

22分以上 时间管理能力优秀。

三、情境游戏

游戏题目:一寸光阴一寸金

游戏类型:时间管理

道具:细绳若干(细绳长度大约40寸长),剪刀一把。

操作说明:

绳子的长度象征一个人的寿命,1寸代表1年,正常人1~20岁和60~80岁都无法工作,人的一生真正能用于工作的可能只有40年时间,而我们的时间是如何分配的?

以下是一个正常人的时间账目表(表8-3)。

表 8-3

项目	每天耗时	40 年耗时	结余
睡眠	8 小时	13.3 年	26.7 年
一日三餐	2.5 小时	4.2 年	22.5 年
交通	1.5 小时	2.5 年	20 年
电话	1 小时	1.7 年	18.3 年
看电视及上网	3 小时	5 年	13.3 年
看报、聊天	3 小时	5 年	8.3 年
刷牙、洗脸、洗澡	1 小时	1.7 年	6.6 年
休假、白日梦、闹	2 小时	3.3 年	3.3 年

根据以上的时间账目表,每发生一个项目,就将原来的细绳剪掉相对应绳子的长度。我们只有 3 年的时间去创造价值,我们如何管理时间呢?

四、课内实训

主题:制作自己的一周时间规划表。

内容:填写以下的时间规划表,写明计划任务并执行一周,同时进行追踪管理,每天确认执行情况,最终进行最后的时间管理评价(表 8-4)。

表 8-4

周次	周一	周二	周三	周四	周五	周六	周日
00-06							
06-12							
12-18							
18-24							
本日执行反馈							
本周执行反馈							

第四节　服务外包的领导力管理与发展能力

【引导案例】

乔吉·可辛是一家公司的管理者,他在平时的工作中从来不会随意表扬或者批评员工,也不会动不动就对员工说"你真棒!""简直完美!"这样的空头评价,但是他在员工确实做出出色成绩的时候,一定会具体指出来,并且把这名员工的贡献公之于众,让受表扬的员工内心得到极大的满足。当员工做错事情的时候,他也不会仗着自己是领导来压制公司的员工,而是耐心跟员工沟通,动之以情,晓之以理,并给予及时有效的指导。

在日常的工作中,乔吉·可辛也身体力行地带领员工完成各项工作,以"一个人"的形象体现出无比团结的工作效率!

管理者提高自己领导力的重点,是要给员工一些建设性的意见和引导,并且不用自己的强权压制员工,强迫他们接受自己的管理方式。

案例思考:

有人说:"真正的领导能力来自让人钦佩的人格。"你同意这句话吗?

一、领导与领导力

(一) 什么是领导

意大利政治学家马基雅维利在《君主论》中说,领袖是权力的使者,是那些能够利用技巧和手段达到自己目标的人。美国政治学家伯恩斯说,领导人劝导追随者为某些目标奋斗,而这些目标体现了领袖及其追随者共同的价值观和动机、愿望和需求、抱负、理想等。管理学大师彼得·德鲁克认为,有效的领导应能完成管理的职能,即计划、组织、指导、度量。哈佛大学的约翰·科特教授说,好的领导应能"鼓励人们朝着真正能给他们带来长期最大利益的方向努力,而不是把他们引向绝境。好的领导不会浪费他们稀缺的资源,也不会造成人性的阴暗面"。本书认为,领导就是在特定情境中,通过个体与群体的行动来成功实现目标的过程。

(二) 对领导力的理解

领导力可以分为两个层面:一是组织的领导力,即组织作为一个整体,对其他组织和个人的影响力。这个层面的领导力涉及组织的文化、战略及执行力等。二是个体领导力,对于企业来讲,就是企业各级管理者和领导者的领导力。

组织领导力的基础是个体的领导力,如何突破和提升领导力,如何由一个领导自己的人成为一个领导他人的人,再成为一个卓越的领导者,是当前面临的迫切需要解决的问题。

二、服务外包行业的领导力培养与提升

(一)个人领导力提升的五个层次

个人领导力的提升包括五个层次,这五个层次的进阶过程实际上也就是一个人的自我修炼过程。

第一个层次是职位。人们追随你是因为他们非听你不可。职位型领导者是最初级的境界。领导的头衔给予领导者调配各种资源的能力,实际就是如何运用奖励和惩罚的权力。领导者应当掌控奖励和惩罚权,对于奖惩的决定要严格执行。同时,领导者的硬权力应该在组织的小事上有所体现,类似于"细节决定成败"。比如,新加坡是一个非常有秩序的国家,之所以能够秩序井然,就在于新加坡的国家管理非常严格,在其他国家可能只是给予教育规劝的不良行为,新加坡都严厉地实施鞭刑。因此,在近乎残酷的制度约束面前,其公民都能够自觉遵守公共场所的各种规定。但是,如果领导者只会运用硬权力,或许能成为老板,却难以称得上真正的"领袖"。

第二个层次是认同。人们追随你是因为他们愿意听你的。这类认同型领导者能让员工比仅仅服从命令付出更多。当员工感受到领导者的信任、重视、包容时,他们会与领导者同舟共济,从而团队的凝聚力也会得到提升。比如,三国演义中刘备三顾茅庐,有句话是这样描述的:"玄德泣曰:'先生不出,如苍生何!'言毕,泪沾袍袖,衣襟尽湿。"意思是:你不出山,天下苍生怎么办?你看你多重要啊!诸葛亮见刘备如此真诚,又觉得自己太重要了,终于被打动了。当然,如果宽容和爱护过多,领导者免不了陷入软弱的境地或是被迫与组织中每个人的方方面面打交道。

第三个层次是生产。人们追随你是因为你对组织所做的贡献。生产型领导者不仅本人高产,他们更能帮助下属获得成果。比如:诸葛亮,每次派兵出征前都会给将军几个锦囊妙计,他通过对最终胜局的把握而给予了下属接受其领导的强大动力。因此,下属对其心服口服,充满了敬畏。但是,这也会造成下属对其过多依赖而影响组织的效率。

第四个层次是立人。人们追随你是因为你对他们所付出的。人才培养型领导者投入时间、精力、金钱、思想等,来培养下属成为领导者。他们会观察每个人,挖掘每个人的领导潜力。比如:易中天讲过,在整个灭秦国和楚汉之争中,刘邦只会说一句话:"我该怎么办啊?"问张良,问陈平,问韩信。刘邦和项羽,论才能一定是项羽更优秀,但是论用人,刘邦则比项羽更老练,更善于发挥每个下属的潜力,并控制在自己的利益范围内,这就属于立人型领导者。

第五个层次是巅峰。人们追随你是因为你是谁以及你所代表的东西。领袖型领导者能

够自成一套思想体系,并能得到下属的完全接受和配合,甚至将思想内化。领袖型领导者与众不同,他们似乎不管走到哪里都能给他人带来成功,并且常常具备超越他们所在的组织与行业的影响力。

(二) 服务外包行业的领导力提升

由于服务外包行业的业务特殊性,对于领导力的培养与提升显得尤为重要。多数服务外包企业都是由数个服务外包项目构成,每个项目都需要根据客户的要求去管理经营,因此服务外包行业的领导力考验更多的是团队管理与组织沟通和协调能力。图 8-5 是一家服务外包企业内部的员工领导力培养与提升计划,可以看到这家服务外包企业的领导力培养与提升的路径为咨询顾问—团队经理—高级团队经理—项目经理—总监—总裁。

图 8-5 某服务外包企业领导力培训架构

从事服务外包行业的个人领导力的提升,需要从如下几方面努力:
(1) 提高客户服务技能、质量管理技能、IT 技能等服务外包必备技能。
(2) 提升与不同性格的团队成员共事的技能,愿意为团队成员的成功真诚投入。
(3) 致力于团队目标的实现,愿意为团队做出艰难决定。
(4) 学会组建与带领高效团队。
(5) 理解财务数据,优化团队决策。
(6) 学会独立思考,升级思维模式,建立自己的价值观和思想体系。

第五节　服务外包会议管理能力

【引导案例】

会议管理的细节

"珍妮弗,会议的准备工作都做好了吗?"

"安东尼先生,会议准备已基本就绪。"

"还有什么没有准备好的?"

"噢,刚打印好与会者的名牌,需要马上放到会议室去。"

"请抓紧时间,会议2:00将准时开始。"

"好的,没问题,安东尼先生。"

珍妮弗是这家公司的行政负责人,正在为一个关于公司部门调整的重要会议做最后的检查。她担任这一职务已经有七年之久了,然而,每当公司召开重要会议时,她总要照单检查每一件事,确保每个细节都没有出现纰漏。有时,当会议规模比较大时,会议就需要在酒店举行,那样的话,她需要考虑的事情就会更多,每个流程的环节都需要考虑细致。

"会议组织上的任何事情都不能疏忽",珍妮弗说道,"因为我们是一家有着很多客户的大公司。公司日常事务非常忙碌,总是有需要讨论的事情和需要做出的决定,我这边的任何差错都有可能像蝴蝶效应一样,给公司带来影响。因此,作为行政部门的负责人,我必须在这里,当然,这本来也是我自己的工作"。

案例思考:

你认为有效会议管理的意义是什么?会议管理应当包括哪些环节?

商务人士需要参加或组织各种会议,服务外包企业更是如此。服务外包企业的接包方与发包方以及客户之间需要不断进行各种会议,形式有可能是办公室会议,更多的是电话会议、远程视频会议,甚至跨国的视频会议也是常事。服务外包企业的很多事务都需要通过大大小小的会议讨论来做出决定,因此,无论是组织或参加会议,都需要做好详细而周密的准备。

一、会议概述

(一) 会议的目的

举办会议的目的是为了一个共同的目标而把与会者的想法和建议集中起来。

那么组织中为什么要召开会议?大多数人认为沟通中的问题来自别人,但并没有意识到自己需要提升沟通水平。很多时候企业内部的"沟而不通"需要通过会议来解决。

(二) 会议的优缺点

1. 会议的优点

会议是团队决策的一种方式。会议有如下三个优点:

(1) 会议决策的质量高于个人,异质群体能带来不同信息和更广泛的选择办法,很多闭门造车无法解决的问题或可以通过会议来解决。

(2) 通过会议,个人能够成为决策的主人,一定程度上也提升了个人对于企业或组织的责任感。

(3) 会议利于组织内部的沟通,每个人可以随时表达观点,降低组织沟通的成本。

2. 会议的缺点

(1) 成本可能反而会提升。由于会议往往需要布置场地、发放资料、拉横幅等,如果会议无法得出高质量决策,反而是浪费了成本。

(2) 会议的滥用。有些企业不断开会,一名中层管理者一天需要参加数个会议,这其实是对会议的滥用,一定程度上浪费了企业人员的时间,降低了工作效率。

(3) 会议容易陷入群体迷思。如果会议上大家都不发声,会议原本的决策无法做出,那么也就失去了会议本来的作用。

(三) 会议的意义和功能

会议是现代人必备的团队工作能力之一,是团队合作最常用的沟通协调方式;同时,会议也是企业集思广益的渠道。会议包括如下三个功能:

1. 解决问题

大多数会议的召开都是为了解决企业现存问题。那么此类会议开始时,需要对现存问题做一介绍。比如:如果会议所要谈的是员工近期流动性高的问题,那么在问题介绍时就应该包括介绍最近辞职的人数、辞职人数的百分比、横向与纵向的比较等。会议下一步要做的,是客观分析问题出现的原因。如可以从企业内部沟通、本公司的薪酬福利等方面进行客观分析。接下来,就是得出关于该问题的某种结论,或是解决该问题的有关建议。会议组织者在整个会议过程中,应当尽可能对会议进度实施控制。

2. 做出决策

此类功能的会议重心不是放在解决问题上,而是在采取行动上。比如:当公司某一大型项目出现危机时,决策性会议应立即举行。这类会议的目的是为了尽快采取一些行动,比如削减部分开支,甚至是缩减公司员工规模等。与会者应尽可能考虑多方面的因素,因为参加此类会议的更多角色是"决策者",那么所有与会者都应当事先做好一些调查工作,然后全面地看待所讨论的决策性问题,认真做出决策,绝不能匆忙做出结论。决策者应尽量从多方面来看问题,要看到未来的发展趋势,而不是眼前利益。

3. 信息分享

召开信息分享会议的目的是为了告诉他人在某一特定领域或特定项目上的进展情况,一般采取自上而下的模式,即由组织者介绍有关情况,其他人员聆听即可。这样的会议对组织者要求较高,需要做好充分的会前准备。比如信息准备,打算谈多少内容、大概需要多长时间;设备准备,投影仪、笔记本电脑、音响话筒设施等是否准备好;场地准备,需要准备多大的场地、灯光如何、空调因素;等等。如果有些企业没有可以容纳太多人的宽敞会议室,那就需要在酒店或其他场所租用会议室,那么提前的安排准备需要专人去妥善处理。

二、会议的组织与准备

会议能否达到想要的结果,在很大程度上取决于会前妥善的准备工作。

(一)明确会议的基本流程

1. 确定会议主题

会议主题一般由公司管理层确定,或者由具体办事部门、人员提出。对于必须研讨的会议,就要围绕主题组织会议了。

2. 确定会议具体内容

围绕会议主题,需要研究会议内容,包括会议分几个议题,会议是汇报式、自由讨论式还是其他方式。

3. 确定参会人员

围绕会议内容,要确定出席人员、列席人员、支持人和记录人。只有确定好参加人员,才能安排会议时间和流程。

4. 确定会议时间

确定会议时间要首先征求主要领导意见,只有主要领导有时间,会议才能召开。其次是征求其他人员时间,如果符合会议规定人数,就可以确定时间了。

5. 确定会议地点

我们要按照会议人数和时间安排会议室,既要满足大小需求,又不能和其他活动冲突。

6. 下发会议通知

将以上内容按照通知撰写格式,就可以写成一个会议通知了。当然会议通知还要加上一些要求和说明,例如关于请假或者关于着装等。

7. 会前准备

按照时间,准备各项会议材料,包括安排人员撰写、印刷。确定参会人员的行程,是否能够按时到会。准备桌签,安排桌次,并形成会议指南。摆放茶水、纸笔等。会前这些准备必须到位。

8. 召开会议

会议一般由主持人主持,按照秩序发言、讨论,记录员做好记录。注意提前准备好主持词,并摆放到位。

9. 会议结束

会议结束后,要回收相关资料、恢复会议室、结算费用,并由相关人员形成会议纪要,安排工作跟踪。

(二)会议的日程安排

在开会之前,与会者需要事先了解开会的目的;这样他们可以提前做些准备工作,最好能够提前一两天将议程发到与会者手中。

会议议程是会议话题的清单,也是会议运作的工作文件。会议一定要按照议程进行,若有人试图引入新话题,请他参考书面议程。

任何一个会议的议程,都要表明为什么(why)、什么事(what)、谁(who)、何时(when)、在哪里(where)、怎么样(how)。

(1)为什么(why):明确会议主题,就是为什么要开会以及需要解决什么问题。

(2)什么事(what):明确开会内容,具体完整表述会议的话题。

(3)参会人员(who):明确哪些人参加会议,并且使与会人员彼此清楚。

(4)何时(when):明确会议的时间,几点召开,预计几点结束。

(5)在哪里开(where):视会议规模选择合适的召开地点。

(6)怎么样(how):如何开会,是分小组讨论后派代表发言、每个人依次发言还是由主持人及主要领导进行总结,并且需要明确会议期间的规章制度,比如请假制度、手机调成静音或关机等。

【小案例】

S公司某会议议程

会议日期:2018年5月25日

会议地点:S公司商务会议室

会议主题:S公司与W学校合作项目推进计划

会议时间:13:30—15:00

参加人员:S公司总经理、人事总监、招聘总监、项目总监、总经理秘书;W学校校长、合作交流处负责人、校企合作对接学院院长

会议议题:

1. S公司总经理就合作意向,向W学校做简单介绍

2. S公司项目经理展示共建项目提案

3. 双方现场交流及问题答疑

会议背景及原因:S公司某大型BPO项目将在四月份面临用人高峰,期望与W学校建立合作关系,W学校BPO专业也期望与BPO行业领军企业S公司建立合作。

会议目标:达成合作意向,并敲定合作协议内容,发送给法务审核后签署合作协议。

（三）会议的规模

关于会议规模，会议群体越大，个人参与度越小，所以尽可能控制与会者人数，最多不要超过 15 人。当与会者超过这一上限时，组织者会感到对会议很难做到有效控制或按预定时间达到其预期的目标。当人数超过 15 人时，与会者将很难做到人尽其言；部分与会者可能会选择当听众，而不是发言者。如果一些会议确实需要更多人来参加，那么应事先把与会者分成若干小组，以保证每件事情或问题都能够得到充分讨论。从保证会议效果的角度考虑，建议在与会议有关的部门中，每个部门派一位代表参加；提前将会议的议事日程资料提交到与会者手中，让他们能事先做些准备；并且，当有关部门的负责人因某些原因无法来参会而派人代替其参加时，需要明确该与会者是否有权代表。

（四）安排好环境设施

就会议地点来说，开会必须使用可以满足群体需要的房间，房间大小要与群体规模匹配。如寻求参与或减少地位差别时，宜选择圆桌，避免使用狭窄的长桌，避免按"派别"就座。5~7 人的会议，宜安排成半岛型座位；10~12 人的会议或以上时，则建议选择 U 型桌；若是全体会议，则可布置成阶梯教室型。无论将桌椅排成什么形状，每一种排法都有其特定的含义：椅子按行排放说明所有人的注意力应放在面向他们而坐的人身上；圆形或矩形的排放意味着所有成员应相互交换看法，彼此间没有地位高低之别；半圆形的位置排放会使与会者和说话人之间的距离更近。因此，良好的会议管理需要选择合适的座位摆放方式。

三、会议的管理与控制

无论会议的准备工作如何充分，如果没有一位知道如何主持会议的领导者，会议还是会以失败告终。经常有企业人员抱怨会议太长、讨论离题等，因此，主持会议也要讲究技巧，这对会议的主持人或是领导者提出了一些要求：

（一）会议开始前的认真检查

会议开始之前，会议的组织者应对会议做最后一分钟的检查，以保证所有工作准备就绪，比如现场的议程发放、物料准备、会议设备或是临时出现的突发状况。会议一开始，主持人就应当突出会议的主题和强调会议的目的和重要性，虽然与会者早已收到会议的议程安排，但主持人对主题的强调有助于所有人集中注意力。

（二）会议中的控制

会议开始后，并不是所有流程都会照议程的安排那样严丝合缝。主持人应当做的，是对照会议的进程，确保与议程保持一致。

1. 主持人应当让所有与会者都参与讨论

如果发现有人坐在那里保持沉默，那么应该鼓励此人参与讨论。这不仅能让这位沉默的与会者谈出自己的看法，而且会对其他与会者产生激励作用，使大家都更重视这次会议。

2. 会议是否按照既定的方式进行

随着会议的进行，可能会发生很多情况，比如：讨论偏离了会议原先的目标。当出现这一情况时,主持人应对当前状况迅速做出评估,如果目前的新想法与会议主题无相关性,那么主持人可以进行制止,比如主持人可以这样说:"这个建议很好,但是和我们今天的主题关系不大。咱们还是按照既定的安排进行讨论吧!"这样可以即时控制会议不跑题或偏题。

3. 处理会议中的冲突及不同意见

当与会者之间出现不同意见或是发生冲突时,主持人应当首先倾听双方的意见,然后尽量找出争论背后包含的合理部分。因为会议时间有限,主持人应当在肯定双方对于会议主题的全情投入的同时,指出讨论应当按既定目标进行的重要性。如果出现了当面冲突无法解决的极端例子,作为主持人应当明确自己是主持人的这一特定身份,表现出主持人的专业精神,对与会者的积极参与和提出意见表示肯定,可以说"这一点我们可以会后再谈",暂时不去理会。

4. 防止健谈的与会者"垄断"会议时间

有时有的商务人士比较喜欢在公众场合滔滔不绝地发表自己的观点,这是需要鼓励的,但是往往会造成会议过程中其他与会者很难有机会或时间来表述他们的观点。当出现这种情况时,主持人应当发挥其作用,找个机会巧妙地打断此人的发言,如"我觉得您谈了不少很好的观点,那么下面让我们来听听其他人对此有什么不一样的看法吧"。

5. 需要有时间意识

对很多会议主持人来说,他们需要把控会议的节奏和讨论的时间。当会议进入热烈讨论阶段时,主持人可能会不愿意结束会议,这表明主持人缺乏时间感。作为商务人士,做任何事都需要有很强的时间意识。如果确实针对某项议题需要延长会议时间,可以另外安排会议来进行。

(二) 会议的结尾

会议的结尾同样需要管理。比如:经过讨论后某项决议需要投票表决,这时就需要主持人提出建议。另外,主持人应当对会上讨论的问题及最后通过的决议做一总结,以加强与会者的印象,还应强调会后所应采取行动的意义,确保会议的价值真正被体现。

【拓展阅读】

关于会议的几个凡是

凡是会议,必有准备

永远不开没有准备的会议,会议最大的成本是时间成本,会议没有结果就是对公司的犯罪,没有准备的会议就等于一场集体谋杀。这话听起来有点冠冕堂皇,然而事实如此,只是中国企业多数是"差不多主义"。重大的会议有事先检查制度,没有准备好的会议必须取消。在会议前,必须把会议材料提前发给与会人员,与会人员要提前看材料并做好准备,不能进了会议室才开始思考。

凡是会议,必有主题

开会必须要有明确的会议目的,在会议准备的PPT前3页,必须显示会议主题。没有主题和流程的会议,就好比让大家来喝茶聊天,浪费大家的时间。会议的主题,要事先通知与会人员。

凡是会议,必有纪律

开会设一名纪律检查官(一般由主持人担任),在会议前先宣布会议纪律,对于迟到的要处罚,对于会议上不按流程进行的要提醒,对于发言带情绪的要提醒,对于开小会私下讨论的行为要提醒和处罚,对于在会上发恶劣脾气和攻击他人行为的要进行处罚。

凡是会议,会前必有议程

会议运营人员要在会前把会议议程发给各参加会议的人员,使他们能了解会议的目的、时间、内容,使他们有充分的时间准备相关的资料和安排好相关工作。每一项讨论必须控制时间,不能泛泛而谈,海阔天空。

凡是会议,必有结果

开会的目的就是解决问题,会议如果没有达成结果,将是对大家时间的浪费,所以,每个人都要积极参与到会议议程中来,会议监督官有权利打断那些偏离会议主题的冗长的发言,会议时间最好控制在1.5~2小时以内,太长的时间会超过人的疲劳限度。会议主持人要设置时间提醒,现在还有60分钟,还有30分钟,还有10分钟。会议的决议要形成记录,并当场宣读出来确认。没有确认的结论,可以另外再讨论,达成决议并确认的结论,马上进入执行程序。

凡是会议,必有训练

把培训看成节约时间成本的投资,让员工快速成长。培养员工,让员工减少犯错,提高技能,本质是提高了时间价值。有专门针对如何开会的培训,对每个层级的员工都有足够的"会议训练",许多企业缺乏这样的培训:如何开会,如何主持,如何记录,如何追踪,如何对待分歧,如何会场汇报等。这些必要的训练,会让公司的会议变得高效。

开会难免有意见不一或者争论,如果处理不好,就会影响开会的效果,适当注意一些艺术和技巧,就会化险为夷,例如要尽量做到在会上公开称赞、私下批评,在会中要做到就事论事,对事不对人,争论时也要尊重别人,不可恶意批评别人,不要忘了公开表示你的称赞,对不同意见也要注意措辞,不能伤害别人的自尊,特别是有上级人员参加时更要注意,千万不能为了体现自己而贬低他人。

有时候要采取民主集中模式,开放心胸,容纳意见,要开放自己的心胸去倾听别人的意见,不要被自己先有的立场所左右,不要将你的结论强加于人,如果你要公布既定的政策、决定,要在事前说明不容讨论,需要与会人员讨论的一定不能是既定的决议。

凡是开会,必须守时

设定时间,准时开始、准时结束:准时开始、准时结束实际上就是尊重别人的时间,开会一定要准时,并要对每个议程定个大致的时间限制,一个议题不能讨论过久,如不能得出结论可暂放一下,避免影响其他议题。如果议题需要得出结论,应事先通知与会人员,使他们有思想准备。

凡是开会,必有记录

一定要有一个准确完整的会议记录,每次会议要形成决议,会议的各项决议一定要有具体执行人员及完成期限,如果此项决议的完成需要多方资源,一定要在决议记录中明确说明,避免会后互相推诿,影响决议的完成,这点特别重要。企业的各级管理人员经常会犯的一个毛病就是由于会议没有形成决议,导致会议的作用没有体现出来,更会让一些管理人员误认为开会没有意义,直接影响其不想主持开会或者参与开会。

凡是散会,必有事后追踪

"散会不追踪,开会一场空"。加强稽核检查:要建立会议事后追踪程序,会议每项决议都要有跟踪、稽核检查,如有意外可及时发现、适时调整,确保各项会议决议都能完成。很多企业管理人员都没有这样的意识和习惯,企业的高层也缺乏这样的要求。

最后请记住三个简单却很有意义的公式:

(1) 开会 + 不落实 = 零

(2) 布置工作 + 不检查 = 零

(3) 抓住不落实的事 + 追究不落实的人 = 落实

第六节 服务外包外语能力

【引导案例】

"Thank you for calling. My name is leo. How may I assist you today?"

作为C公司的一名英语客服人员,像这样的开头语Leo每天要说数十遍。Leo是一名中国人,但他所在的项目是来自美国的离岸外包项目,因此他需要用英语为外国客户提供服务,当然英语这项技能能为他每个月带来额外的一笔语言补贴,他觉得很满足。在接听电话的同时,他需要在英文的电脑界面进行熟练操作,帮助电话那端的客户查询订单信息或产品信息等,这一点无论是提供英文服务还是中文服务的客服人员都一样,Leo所在的C公司办公通用语言也是英语。一通电话结束,Leo需要写一封反馈的英文邮件给上一位客户。闲暇时,Leo会与来自国外的同事Mark一起聊天,或是分享客户的案例。Leo已经在C公司工作了两年的时间,接下来,他想好好规划自己的职业生涯,比如,下个月的部门竞聘。

案例思考:

作为服务外包从业人员,你认为外语能力重要吗?体现在哪些方面?

继20世纪制造业全球大转移之后,服务外包已成为新一轮全球产业革命和产业转移趋势。资料显示,全球财富1000强中95%以上的企业已经制定了服务外包战略。随着跨国公司经营理念的进一步变革,非核心业务的离岸外包将成为发展趋势,国际服务外包市场的前景十分广阔。

在这样的背景下,外语沟通能力成为服务外包从业人员的关键技能。服务外包专业人才不仅需要具备外语文档的阅读与编写能力,更重要的是需要具备基本的口语交流能力、邮件交流能力与即时通信工具的交流能力。

一、服务外包专业人员所需要的技能

Skills Required by Professionals in Outsourcing

Every occupation and designation requires appropriate skills, and when it comes to outsourcing, these skills become crucial to possess. Below are some of the most required skills that professionals in this field must possess.

Cultural awareness: Since outsourcing is done within two or more different countries, it is of prime importance that the people working in this profession should have knowledge of the cultures they are dealing with. This is not only logical but also helpful to succeed in this sector.

Excellent communication skills: Whether you work in the lower level management or the high level, you must be proficient in your communication skills. They bring clarity and excellence to your work. Besides, you may have to deal with the vendors either in writing or on conference calls. So, you cannot neglect such skills.

Team work: Involvement of two or more companies means working with different mindsets and ideologies. And this is when your ability to work and contribute to a team becomes important.

Adequate IT skills: To do well at your position you must have thorough knowledge of your domain. What makes this unavoidable is that you will have to deal with people from different nationalities and you will have to match their technical prowess to excel at your work.

Proactive: You should not wait till you have a problem at work or in some project. You need to be proactive so that you have solutions ready for any real or hypothetical problem related to your work.

Open-minded: Whether it is the feedback from your clients or from your superiors, you have to be open to that. Besides this you should be able to adapt to new technologies and ideas easily.

二、服务外包行业的外语沟通

Communication problems

Thomas: Hello, Rebecca. How are you today?

Rebecca: I am fine. Thank you for asking. And how are you these days?

Thomas: I am doing well. I wanted to ask you how is your project going with our outsourcing partners in Asia?

Rebecca: At this point, I am having some communication problems with my partner Angela. She seems to have difficulty understanding me.

Thomas: In what way? Does she seem to have difficulty understanding our native language when she speaks with you, or is it a cultural difference?

Rebecca: I believe it is both a cultural and a language problem. I am having trouble communicating my intentions to her. She understands some English and I am trying to learn her native language. I think we both need to try to become better at communicating with one another.

Thomas: I agree with you. What are your intentions?

Rebecca: I want to express the need to have our product delivered within a specific period of time. She doesn't seem to understand that I need a timely response from her. In our viewpoint, time is money. I may be using words she may not understand.

Thomas: I see. That would seem to be a difficult problem. How do you intend to solve this issue?

Rebecca: I am learning to understand how Asians approach their project work. I understand that I have to be more patient and proactive in my communication. I believe we can solve the communication.

Thomas: That would seem to be a very good idea. I think I will do the same with my counterpart as well.

Rebecca: I believe good communication begins with how well we want to understand one another's culture. I think we can build a solid bridge of communication together and work towards the success of our projects. In fact, I will call Angela now and express my feelings.

Thomas: I wish you well in the success of your project. See you, Rebecca.

Rebecca: See you, Thomas.

从这段对话可以看出，Rebecca在与亚洲的同事沟通时遇到了些问题，文化差异和不同国家语言的表达使她的同事无法快速理解她的意思，但是她表示会耐心且积极主动地去解决跨文化沟通的问题。以下是关于跨文化沟通的一些建议：

As culture influences every aspect of our lives from the way we dress to the way we do business we need to develop certain attitudes and skills to become successful global players, in our own country or abroad. These skills will enable us to interact both effectively and in a way that is acceptable to others when working in a group whose members have different cultural backgrounds.

Depending on the type of interaction, you will need a range of skills, among them:

Tolerance of ambiguity: The ability to accept lack of clarity and to be able to deal with ambiguous situations constructively.

Behavioural flexibility: The ability to adapt your own behavior to different requirements and situations.

Communicative awareness: The ability to identify and use communicative conventions of people from other cultural backgrounds and to modify your own forms of expression correspondingly.

Knowledge discovery: The ability to acquire new knowledge of a culture and cultural practices and to use that knowledge in real-time communication and interaction.

Respect for otherness: Curiosity and openness, as well as a readiness to suspend disbelief about other cultures and belief about your own.

Empathy: The ability to understand intuitively what other people think and how they feel in given situations.

三、服务外包行业的英文邮件撰写

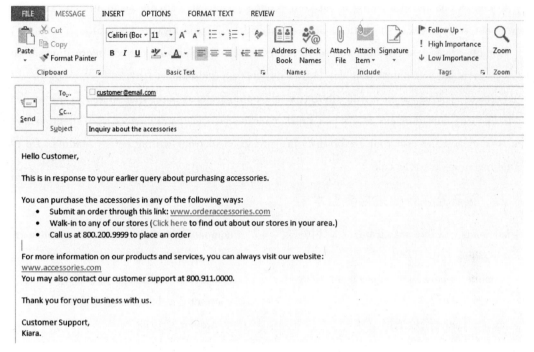

Writing sample

As follows are some business e-mail structures:

Opening salutation: Greet the customer at the beginning of the e-mail.

Subject field: Ensure that the subject field clearly indicates the content of the e-mail.

Body of the e-mail: Begin by paraphrasing or referring to the customer's e-mail. Address their concerns, or respond to their query.

Good closing: Conclude the e-mail by asking how you can help the customer further. Provide contact details.

Differentiate business e-mails from personal e-mails

	Business E-Mails	Personal E-Mails
Language	Formal, but not overly so	Informal and casual
Sentence structure	Well-structured, short sentences, and conversational	Incomplete sentences; run-on sentences
Length	Short and to the point	Length not specified or limited
Mechanics	Limited use of contractions, such as shouldn't, couldn't, and so on; no abbreviations or emoticons	Use of contractions, abbreviations, and emoticons
Grammar	Very important	Important, but does not really matter

Remember: You are responsible for what you write! You should know your audience, and define the audience. What do they already know? What do they need to know? Write for your readers, not for yourself. Reflect the language of your customer, and use the right tone in your e-mail. And what is very important: Before you send the e-mail, do a final check.

If you do not know anything about your product, you cannot write about it. The more you know about your product, the better and easier it will be for you to write about it.

E-mails are a record of what you said. Make sure that you provide correct information. If you are not sure about something, double-check with your supervisors.

Careless spelling errors create a negative and unprofessional impression of you in the reader's mind. Spelling and grammar errors can break your reader's concentration, divert attention away from your ideas, and cost your credibility. Be sure to check your writing before sending. Do not use abbreviations or textspeak.

四、服务外包行业主要专业术语

accounts payable management 应付账款管理
accounts receivable management 应收账款管理
agency factor 代理销售
authentication 认证
average handle time 平均处理时间
average queue time 平均排队时长
average work time 平均工作时长
back-office outsourcing 后台外包
bank deposit management 银行存款管理
business application outsourcing 业务应用外包
business process mapping 业务流程图
business process offshoring 业务流程离岸外包
business process outsourcing 业务流程外包
business transformation outsourcing 企业转型外包
busy hour 忙时
call center 呼叫中心
call center services 呼叫中心服务
cash flow 现金流
cash management 现金管理
company internal system design outsourcing 企业内部制度设计外包
competitive advantage 竞争优势
contract development 制定合同
contractor 接包商
core competence 核心竞争力
corporate culture 企业文化
cost restructuring 成本重组
current state analysis 当前状态分析
customer care center 客户服务中心
customer contact center 客户联络中心
customer intimacy 顾客亲密度
customer awareness 客户意识
customer relationship outsourcing 客户关系外包
customer satisfaction 客户满意度
customer satisfaction survey 客户满意度调查
customer service 客户服务
customer-centric core competence 以客户为中心的核心竞争力
cycle time 周期时间
data processing 数据处理
dealer 经销商

deliverables 可交付成果
distribution processing 流通加工
economies of scale 规模经济
E-mail Respond Management System 电子邮件应答管理系统
escalation 升级
fee-for-service 服务费
final vendor selection 最终的供应商选择
finance costs 财务成本
financial institution 金融机构
financial statement 财务报表
fixed-price model 固定价格模型
franchise 特许经营
front office 前台
general agent 总代理商
grade of service 服务等级
grade of efficiency 效率等级
horizontal management 水平管理
hotline 热线
house list 主要(客户)名单
Human Resource Management 人力资源管理
Human Resource Outsourcing 人力资源外包
information exchange 信息交换
information integrity 信息整合
intellectual property 知识产权
interactive voice responce 交互式语音应答
internal audit 内部审计
job evaluation 工作评估
job role 工作角色
just-in-time 准时制
key performance indicators 关键绩效指标
knowledge workers 知识工作者
knowledge-based system 知识库系统
labor cost 人力成本
launchpad 桌面应用程序的主窗口
load profile 仿真输入数据
logistic management outsourcing 物流管理外包
management consultant 管理顾问
market research 市场调研
multioutsourcing 多方外包
nearshore outsourcing 近岸外包
notifications 通告
offshore outsourcing 离岸外包
onshore outsourcing 在岸外包
operation 运转
outside firm 外部公司
outsourcer 发包商
packet switching 分组交换
performance management 绩效管理
process costs 流程成本
product returns system 产品回收系统
quality monitoring 质量监控
recruitment outsourcing 员工招聘外包
retained HR 人才库
risk management 风险管理
sales force automation 销售自动化
sales outsourcing 销售外包
schedule 排班
server 服务器
sevice provider 服务供应商
shared services 共享服务
staff payroll outsourcing 员工薪酬外包
staff training outsourcing 员工培训外包
strategic league 战略联盟
subcontract 转包合同
supply chain service 供应链管理
temporary service 通话时长
third-party service provider 第三方服务供应商

uniform call distributor 统一呼叫分配

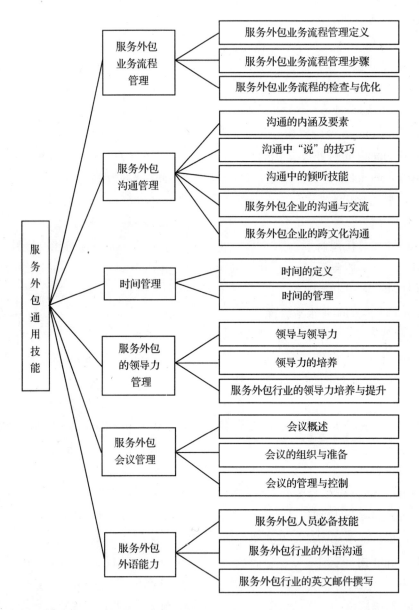

一、单项选择题

1. 流程规划的思路通常有两种,一种是从(　　)开始的规划,另一种是从(　　)开始的规划。

A. 岗位类型；业务类型

B. 岗位职责；业务模型

C. 岗位模型；业务职责

D. 岗位种类；业务职责

2. 关于战略流程的说法，以下错误的是(　　)。

A. 战略流程是企业最高一级的流程

B. 战略流程包括企业对日常外包业务管理类的工作

C. 战略流程通常包括企业的发展规划、商业模式等

D. 一级流程是企业战略层面的流程

3. 开会的缺点不包括(　　)。

A. 成本可能反而会提升

B. 会议的滥用

C. 开会容易陷入群体迷思

D. 开会不利于组织沟通

4. 项目周期的顺序是(　　)。

A. 规划 计划 实施 完成

B. 计划 实施 完成 规划

C. 计划 规划 实施 完成

D. 实施 规划 计划 完成

二、多项选择题

1. 服务外包业务流程管理就是围绕服务外包业务，以服务客户为导向，开展服务外包业务流程(　　)等的一系列管理过程。

A. 规划　　B. 梳理　　C. 执行　　D. 审查　　E. 优化

2. 有效沟通的基本要素包括(　　)。

A. 明确的目标　　　　　B. 达成沟通双方的共识

C. 注意沟通信息、思想和情感　　D. 明确的沟通方式

3. 组织内部的沟通通常包括(　　)。

A. 上行沟通　　　　　B. 下行沟通

C. 平行沟通　　　　　D. 发散沟通

4. 下行沟通的基本原则包括(　　)。

A. 了解　　B. 主动　　C. 参与　　D. 激励

5. 以下关于下行沟通语境的有(　　)。

A. 请示　　B. 汇报　　C. 征询　　D. 下达

6. 平行沟通的特点包括(　　)。

A. 亲密　　B. 积极有效　　C. 随意　　D. 便捷

7. 制定会议议程时，我们应注意(　　)。

A. 写清楚会议主题与时间

B. 明确开会内容,具体完整表述会议的话题

C. 明确哪些人参加会议,并且使与会人员彼此清楚

D. 视会议规模选择合适的召开地点

二、判断题

1. 服务外包业务流程图要求简洁明了,符合逻辑,即使外行也能看明白。( )

2. 服务外包业务流程的责任人通常让流程中相对责任较轻的部门负责人担任。( )

3. 领导力就是管理团队完成团队目标。( )

4. 领导者的使命是提升个人能力,事无巨细,将员工的工作都加在自己身上。( )

5. 人才培养型领导者投入时间、精力、金钱、思想等,来培养下属成为领导者。( )

6. 职位型领导者是最高级的领导境界。( )

三、简答题

1. 你认为服务外包行业的从业人员需要具备哪些领导力?

2. 在服务外包的跨文化沟通时,我们应当注意些什么?

3. 面对压力,我们可以如何进行压力管理?

综合实训

项目名称: 领导力提升实训

实训目的: 培养学生的领导、组织、沟通与协调能力,提升学生的自信心。

实训形式: 分组游戏

实训内容:

环节一:破冰——寻猎游戏

游戏规则:分组后选出每组领导,请领导发动组员在三分钟内找齐"猎物"并上交到指定地点。"猎物"包括:一本有英语内容的书、眼药水、正在播放视频的手机、三根染色的头发、一名可以做三分钟平板支撑的身上衣服带有图案的男生、一枚带有口红印记的镜子(猎物可以视现场情况进行调整)。

时间到后,小组讨论以下问题:

1. 每组的完成程度如何?每找到一样,得1分。

2. 所有"猎物"是否全部放到了指定地点?

3. 在小组里是否有人显得领导力很出色?

4. 小组现任领导能控制你的小组吗?小组可以投票决定是否要更换领导带领接下来的游戏。

环节二:勇于承担责任

游戏规则:每组学生相隔一臂站成几排,老师喊"一"时,向右转;喊"二"时,向左转;喊

"三"时,向前跨一步;喊"四"时,向后退一步;喊"五"时,原地转圈;喊"六"时,原地不动。当有人做错时,做错的人退出游戏,并对大家说:"对不起!我做错了!我先退出了!"直到剩下最后一位同学,所在的组别获胜,得3分。

游戏总结:当你失误时,你愿意真心承认自己在团队中的错误吗?有时,承认失误更有利于团队的团结。

环节三:绳子作画

游戏规则:每组准备5米长的绳子一条,小组成员分成领导、主管、工作人员三部分,每组规定2米×2米(可以使用墙面)范围作为工作场所进行操作。注意领导不能接近工作场所,主管负责传达领导的命令并可以随意走动,工作人员不可离开工作场所。

任务一:在黑板上粘出正方形;

任务二:在黑板上粘出五角星;

任务三:在黑板上粘出圆形。

每个任务之间,领导、主管与工作人员可开会总结沟通中出现的问题,以及如何才能使团队工作效率有效提升。最后,按照形状完成的标准度进行给分,按照标准(给3分)、尚可(给1分)、不标准(不给分)来评定。

环节四:分组总结

请每组领导首先总结游戏的收获,然后分组进行,每位成员总结自己在整个游戏中的表现并讨论团队领导是否在游戏中充分发挥了作用。

第九章

服务外包职业素养

1. 理解服务外包行业职业道德的内容；
2. 理解服务外包通用礼仪；
3. 理解服务外包的高效团队建设。

1. 学会遵守服务外包行业职业道德的基本要求；
2. 学会用合适的礼仪进行服务外包工作；
3. 学会建立高效团队的方法。

不讲理由，只找办法

著名的美国西点军校有一个久远的传统，遇到军官问话，新生只能有四种回答："报告长官，是！""报告长官，不是！""报告长官，没有任何借口！""报告长官，我不知道。"除此之外，不能多说一个字。新生可能会觉得这个制度不尽公平，但都会执行。

比如，军官问你："你的腰带这样算擦亮了吗？"你当然希望为自己辩解："报告长官，是某某同学不小心把肉汤溅到上面弄脏了。"但是，你不能这样回答，你只有四种选择，也许你只能说"报告长官，不是！"如果军官接着询问，唯一合适的可能只有"报告长官，没有任何借口！"

这个例子告诉我们，当自己负责的工作出现问题，首先要勇于承认与承担，接着就是不讲理由，只找解决的办法。就是这么简单。

第一节　服务外包职业道德

【引导案例】

专试陷阱中的职业道德

一家软件公司招聘程序员,待遇非常丰厚,求职者纷至沓来。杰克原先是一家网络公司的程序员,由于公司效益不好失业了,他也在这次求职的队伍中。杰克作为程序员有多年的工作经验,技术能力非常强,笔试轻松过关。到了面试环节,面试官提出了这样的问题:"听说你原来就职的公司已经开发出了一项网络维护的软件包,你应该参与过研发吧?"

杰克愣住了,回答说:"是的。"

面试官接着问:"你能介绍一下这个软件的核心吗?"

杰克有点犹豫,他确实知道整个软件的核心代码,但是他弄不清这位面试官到底在考他技术,还是想打探这个软件的秘密。

面试官见杰克没有立刻回答,又接着问:"如果你加入我们公司,需要多久可以开发出一模一样的软件?"

杰克听明白了,原来面试官想替公司拿到这个软件的技术。杰克非常矛盾,因为于公于私,他都不应该将软件的秘密泄露出去。虽然说原公司效益不好,但这项软件技术是他和他之前的伙伴们开发了两年才完成的,现在,原公司还有几百位同事在坚持,希望凭借这个软件获得新的融资,如果自己现在将这项技术泄露出去,那么原公司就永无翻身之日了。但是现在正在面试,如果不说的话,可能会丢掉这次好的求职机会。

在经过激烈的思想斗争后,杰克拿定主意,说:"对不起,我不能回答这个问题,我宁愿放弃这次机会!"说完,便离开了会议室。

让他没有想到的是,一周后,他突然接到该公司人事部门的入职通知,并被告知:那只是一项考试的内容,他的行为已经交了一份令人满意的答卷!

案例思考:

你认为职业道德对于服务外包从业人员来说,应该对哪些方面尤为重视?

职业道德的概念有广义和狭义之分。广义的职业道德是指从业人员在职业活动中应该遵循的行为准则,涵盖了从业人员与服务对象、职业与职工、职业与职业之间的关系。狭义的职业道德是指在一定职业活动中应遵循的、体现一定职业特征的、调整一定职业关系的职业行为准则和规范。

一、职业道德的主要内容

概括而言,职业道德主要应包括以下几方面的内容:忠于职守,乐于奉献;实事求是,不弄虚作假;依法行事,严守秘密;公正透明,服务社会。

(一)忠于职守,乐于奉献

尊职敬业,是从业人员应该具备的一种崇高精神,是做到求真务实、优质服务、勤奋奉献的前提和基础。从业人员,首先要安心工作、热爱工作、献身所从事的行业,把自己远大的理想和追求落到工作实处,在平凡的工作岗位上做出非凡的贡献。

敬业奉献是从业人员的职业道德的内在要求。随着市场经济的发展,对从业人员的职业观念、态度、技能、纪律和作风都提出了新的更高的要求。我们要求广大从业人员要有高度的责任感和使命,热爱工作,献身事业,树立崇高的职业荣誉感。要克服任务繁重、条件艰苦、生活清苦等困难,勤勤恳恳、任劳任怨,甘于寂寞,乐于奉献。要适应新形势的变化,刻苦钻研。加强个人的道德修养,处理好个人、集体、国家三者关系,树立正确的世界观、人生观和价值观;把继承中华民族传统美德与弘扬时代精神结合起来,坚持解放思想、实事求是,与时俱进、勇于创新,淡泊名利、无私奉献。

(二)实事求是,不弄虚作假

实事求是,不光是思想路线和认识路线的问题,也是道德问题,这是统计职业道德的核心。求,就是深入实际,调查研究;是,有两层含义,一是是真不是假,二是社会经济现象数量关系的必然联系,即规律性。为此,我们必须办实事,求实效,坚决反对和制止工作上弄虚作假。这就需要有心底无私的职业良心和无私无畏的职业作风与职业态度。如果夹杂着个人的私心杂念,为了满足自己的私利或迎合某些人的私欲需要,弄虚作假、虚报浮夸就会背离实事求是这一基本的职业道德。

(三)依法行事,严守秘密

坚持依法行事和以德行事"两手抓"。一方面,要大力推进国家法治建设的有利时机,进一步加大执法力度,严厉打击各种违法乱纪的现象,依靠法律的强制力量消除腐败滋生的土壤。另一方面,要通过劝导和教育,启迪人们的良知,提高人们的道德自觉性,把职业道德渗透到工作的各个环节,融于工作的全过程,增强人们道德意识,从根本上消除腐败现象。

严守秘密是职业道德的重要准则,从业人员要求保守国家、企业和个人的秘密。

(四)公正透明,服务社会

优质服务是职业道德所追求的最终目标,优质服务是职业生命力的延伸。

二、职业道德的特点

(一)职业道德具有适用范围的有限性

每种职业都担负着一种特定的职业责任和职业义务。由于各种职业的职业责任和义务不同,从而形成各自特定的职业道德的具体规范。

(二)职业道德具有发展的历史继承性

由于职业具有不断发展和世代延续的特征,不仅其技术世代延续,其管理员工的方法、与服务对象打交道的方法,也有一定的历史继承性。

(三)职业道德表达形式多种多样

由于各种职业道德的要求都较为具体、细致,因此其表达形式多种多样。

(四)职业道德具有强烈的纪律性

纪律是一种行为规范,是介于法律和道德之间的一种特殊的规范。它既要求人们能自觉遵守,又带有一定的强制性。就前者而言,它具有道德色彩;就后者而言,又带有一定的法律的色彩。一方面遵守纪律是一种美德,另一方面,遵守纪律又带有强制性,具有法令的要求。例如,工人必须执行操作规程和安全规定;军人要有严明的纪律等。因此,职业道德有时又以制度、章程、条例的形式表达,让从业人员认识到职业道德具有纪律的规范性。

三、职业道德的社会作用

职业道德是社会道德体系的重要组成部分,它一方面具有社会道德的一般作用,另一方面它又具有自身的特殊作用,具体表现在:

(一)调节职业交往中从业人员内部以及从业人员与服务对象间的关系

职业道德的基本职能是调节职能。它一方面可以调节从业人员内部的关系,即运用职业道德规范约束职业内部人员的行为,促进职业内部人员的团结与合作。如职业道德规范要求各行各业的从业人员都要团结、互助、爱岗、敬业、齐心协力地为发展本行业、本职业服务。另一方面,职业道德又可以调节从业人员和服务对象之间的关系。如职业道德规定了制造产品的工人要怎样对用户负责,营销人员怎样对顾客负责,医生怎样对病人负责,教师怎样对学生负责等。

(二)有助于维护和提高本行业的信誉

一个行业、一个企业的信誉,也就是它们的形象、信用和声誉,是指企业及其产品与服务在社会公众中的信任程度,提高企业的信誉主要靠产品的质量和服务质量,而从业人员职业道德水平高是产品质量和服务质量的有效保证。若从业人员职业道德水平不高,很难生产出优质的产品和提供优质的服务。

(三)促进本行业的发展

行业、企业的发展有赖于高的经济效益,而高的经济效益源于高的员工素质。员工素质主要包含知识、能力、责任心三个方面,其中责任心是最重要的。

(四)有助于提高全社会的道德水平

职业道德是整个社会道德的主要内容。职业道德一方面涉及每个从业者如何对待职业,如何对待工作,同时也是一个从业人员的生活态度、价值观念的表现,它是一个人的道德意识、道德行为发展的成熟阶段,具有较强的稳定性和连续性。另一方面,职业道德也是一个职业集体,如果每个行业、每个职业集体都具备优良的道德,对整个社会道德水平的提高会发挥重要作用。

四、职业道德修养的基本途径

(一)端正职业态度

有位哲人曾经说过:"你的心态就是你真正的主人。"在工作中,虽然不能控制自己的际遇,但可以控制自己的心态;不能改变别人,却可以改变自己。每个人都会在工作中遇到各种各样的问题,它们会直接影响工作状态、工作质量和工作结果。但不管怎样,如果你期望获得事业上的成功,就必须时刻牢记一点——良好的工作态度是不可或缺的。工作可以平凡,但工作态度不能平庸。一个工作态度非常积极的员工,无论他从事什么工作,都会把工作当成是一项神圣的天职,并怀着浓厚的兴趣把它做好。而一个态度消极甚至扭曲的员工,只会把工作当成累赘,当成让自己不快乐的源头,甚至当成敌人一样地去对待。工作态度决定职业态度,职业态度决定职业生涯。

(二)强化职业道德情感

"有知识的人不实践,等于一只蜜蜂不酿蜜。"在社会实践中有意识地进行体验,进而了解社会、了解职业、了解自我、熟悉职业、体验职业、陶冶职业情感,培养对职业的正义感、热爱感、义务感、主人感、荣誉感和幸福感等情感。

(三)注重历练职业道德意志

职业道德意志是指从业人员在职业活动中,为了履行职业道德义务,克服障碍,坚持或改变职业道德行为的一种精神力量。职业道德意志在职业道德修养中起重要作用,是职业道德情感转化为职业道德行为的桥梁。具备坚强的职业道德意志,从业人员在履行道德义务时,就能够恰当处理职业活动中遇到的各种矛盾和冲突,接受市场经济条件下对从业者道德品质的考验,做出正确的行为选择。

五、服务外包行业人才的职业道德

(一)保密意识

服务外包的协议交易和实施过程中基本都会涉及知识产权问题,对知识产权的保护关系到企业的生存和整个行业的健康发展。服务外包的承接企业对发包企业提供的信息、研究开发中产生的知识产权等,必须按照发包企业的要求和合同约定加以严格控制和管理,一旦向第三方泄露或不经意地披露出去,将要承担法律责任,并且这样的企业从此不会被服务外包发包企业视为合作对象和合作伙伴。因此,从事服务外包工作的从业人员,必须具有为客户保密的职业道德,比如:进出外包项目场所不能够使用手机、数码相机等电子设备;出入必须携带实名制的门禁卡;不能够泄露任何带有客户信息的资料等。

(二) 团队协作精神

服务外包人才需要具有外包项目的团队协作精神和职业态度。团队协作精神要求团队成员必须精诚团结、相互协作。培养团队协作精神有利于服务外包人才综合素质的提高。培养团队协作精神,有利于提高从业人员与人共事时奉献、进取、团结合作的人际交往能力,有利于创新能力的培养。一方面,在长期的实践活动中发扬团队协作精神,能创造出一种和谐快乐的工作氛围,在此氛围下的工作与学习会更具创造性;另一方面,通过发扬团队协作精神,既有利于个人获取更多的信息和知识,也有利于彼此通过合作来创新和发展。

(三) 良好的品质意识

品质意识是指人们在生产经营活动中,对品质以及与之相关的各种活动的客观及主观的看法和态度,也就是通常所说的对提高产品品质的认识程度和重视程度,以及对提高产品品质的决心和愿望。

在服务外包过程中,只有向客户提供优质的服务,时刻注重产品品质,才能够赢得更多的客户,才能够使企业发展壮大。

第二节 服务外包职业礼仪

【引导案例】

职业礼仪的重要性

小张大学毕业后不久到一家企业求职。他来到企业人事部,临进门前,自觉地擦了擦鞋底,待进入办公室后,又随手将门轻轻关上。见到有长者到人事部来,他礼貌地起身让座。人事部经理询问他时,尽管有别人谈话干扰,他仍能注意力集中地倾听并准确迅速地给予回答。与人交谈时,他神情专注,目不旁视,从容交谈。这一切都被到人事部察看情况的企业总经理看在眼里,当场就决定录用了小张。现在,小张已经成为这家企业的销售部经理。

案例思考:
为什么小张能被当场录用?你认为良好的职业礼仪表现能给我们带来什么?

礼仪是社会人际关系中用以沟通思想、交流感情、表达心意、促进相互了解的一种形式,是人际交往中不可缺少的润滑剂和联系纽带。一个人的礼仪修养是个人综合素质的重要组成部分,也是衡量个人道德水平和受教育程度的标准。我国素来有"礼仪之邦"的美誉。古人云:"不学礼无以立。""人无礼则不生,事无礼则不成,国无礼则不宁。"可以说礼仪文化对整个中国社会历史的影响广泛而深远,并已积淀成中国传统文化的重要组成部分。

商务人员个人礼仪是商务人员个体的生活规范和待人处世的准则,是个人仪表、言谈、举止、待人接物等方面的具体规定,是个人道德品质、文化素养等精神内涵的外在表现。商务人员的个人礼仪不仅影响个人形象,也影响一个组织的形象。因此,商务人员必须加强对个人仪容、仪表、仪态等方面礼仪知识和规范的修养。

一、服务外包人员的仪容礼仪

仪容是由面容、发型以及身体所有未被服饰装饰的肌肤所构成的,是个人仪表的基本内容。仪容在个人整体形象中居于显著地位,受两方面因素的影响:一个是个人的先天条件,自然形成,主要受父母遗传因素影响;二是后天的修饰和保养。先天因素无法改变,但可以通过修饰、装扮等弥补自身不足,充分发挥优势。

(一)发型

头发是人体的制高点,是别人第一眼关注的地方。所以在商务场合,个人形象的塑造一定要"从头做起"。整洁的头发配以大方的发型,往往能给人留下神清气爽的良好印象。健康、秀美、干净、清爽、卫生、整齐是对头发最基本的要求。商务人员,头发以短为宜。商界男士头发的具体标准为:前不覆额,侧不掩耳,后不及领,面不留须;商界女士最好剪短发,头发长度不宜超过肩部。如果是长发,可将其挽束起来,不适合任意披散。

(二)化妆

在商务活动中,恰如其分的妆容不但可以增加个人形象的分数值,还能展示良好的精神风貌,体现出对自身职业的尊重。但是,如果不把握好化妆礼仪,则可能起到相反的作用。众所周知,对白领丽人而言,化妆是一种礼貌。基本规范为淡妆上岗,做到妆而不露、化而不觉。

1. 自然

化妆要化得生动、真实,具有生命力。化妆的最高境界,莫过于"天然去雕饰",避免人工修饰的痕迹过浓。一般而言,白领丽人的化妆应清淡自然。

2. 美化

化妆的基本作用就是增加美丽度,并适度矫正身体条件的某些不足,做到扬长避短。白领丽人的化妆以美化为基本要求,应力戒怪异。

3. 协调

化妆不排斥个性化的追求,但必须有"法"可依,不能我行我素。在浓淡、颜色等方面的选择上,应遵循一定的规则。懂得化妆之道者,理当令自己的化妆在整体上相互协调,强调整体效果。

4. 禁忌

忌离奇出众,是指化妆时有意脱离自己的角色定位,追求与众不同的奇特妆容。忌浓妆艳抹,商务活动中,要求以淡妆为主。目的在于不过分地突出商务人员的性别特征,不过分引人注目。浓妆艳抹让人觉得招摇、轻浮、不稳重。忌当众化妆,化妆应该事先做好,或者在专用的化妆间进行。当众化妆或补妆有卖弄甚至勾引之嫌,惹人反感。

二、服务外包人员的仪表礼仪

仪表通常指人的外表,主要包括服饰和装饰两方面。

(一)商务人员着装的TPO原则

TPO原则是指人们在穿着打扮时要兼顾时间、地点、场合,并与之相适应。

1. 着装的时间原则(Time):

商务人士在着装时必须考虑时间的合宜性,做到"随时更衣"。比如,在通常情况下,人们早间在家用和户外的活动居多,外出、跑步、做操时,着装随意。在工作时间就要根据自己工作的性质和特点着装。在商务场合总体上以轻便、薄厚适宜为主。

2. 着装的地点原则(Place):

特定的环境应配以与之相适应、相协调的服饰,以获得视觉与心理上的和谐感。比如,礼仪接待场合一般应穿庄重的服饰,下班或休闲时间可以穿休闲服饰。

3. 区分场合(Occasion):

在商务场合中你的着装是一个符号,代表着个人与企业。服装需要根据自己的工作性质、社会活动的要求、年龄、气质等来选择,从而塑造出与自己身份、个性相协调的外表形象。

(二)穿着西服的注意事项

1. 三色原则

三色原则是指男士在正式场合穿着西服套装时,全身颜色必须限制在三种之内,否则就会显得不伦不类,不够庄重。

2. 三一定律

三一定律是指男士穿着西服、套装外出时,身上有三个部位的色彩必须协调统一,这三个部位是指鞋子、腰带、公文包的色彩必须统一。最理想的选择是鞋子、腰带、公文包皆为黑色。鞋子、腰带、公文包是白领男士身体上最为引人瞩目之处,令其色彩统一,有助于提升自己的品位。

3. 三大禁忌

在正式场合穿着西服、套装时,不能出现以下三种情况:

(1)袖口上的商标没有拆。袖口上的商标应该是在买西服付款之时就由服务人员拆掉。如果在穿着西服时,袖口上的商标还没有拆掉,就显得不懂行。

(2)在非常正式的场合穿着夹克打领带。领带和西服套装是配套的,如果是行业内部的活动,比如领导到本部门视察,穿夹克打领带是允许的。但是在正式场合,夹克等同于休闲装,所以在正式场合,尤其是对外商务交往中,穿夹克打领带是绝对不能接受的。

(3)男士在正式场合穿着西服套装时袜子搭配不当。穿袜子讲究不多,最重要的讲究是两只袜子应该颜色统一。商务交往中有两种袜子不适合穿着,一种是尼龙丝袜,另一种是白色袜子。

【阅读资料】

除了"三个三原则"之外,商务人员在穿西装时,还应特别注意以下几个方面的问题:
(1) 应熨烫平整。
(2) 应不挽衣袖。
(3) 应慎穿毛衫,在冬季寒冷时,可以穿一件"V"领单色羊毛衫,不妨碍戴领带。
(4) 应少装东西,上衣内侧胸袋可用来放钢笔、钱夹或名片夹。

在礼仪场合,西装、衬衫和领带通常的搭配方法有:
(1) 黑色西装配白色或浅蓝色衬衫,系砖红色、绿色或蓝色调领带。
(2) 中灰色调西装配白色或浅蓝色衬衫,系蓝色、深玫瑰色、褐色和橙黄色调领带。
(3) 墨绿色调西服配白色或银灰色衬衫,系银灰色或灰黄色领带。
(4) 乳白色西装配与红色略带黑色、砖红色或黄褐色调领带互补的衬衫会更显得文雅气派。

(三) 制服的分类及选择

所谓制服,是指上班族在其工作岗位上按照规定所必须穿着的,由其所在单位统一制作下发的,款式、面料、色彩均整体划一的服装。国内外的公司、企业中,人们在工作之时都会穿这种整齐划一的服装。对商业人士而言,制服其实就是自己在工作岗位上按规定所必须穿着的上班装,或叫工作服。

1. 制服的分类

(1) 按性别分:男式与女式。
(2) 按用途分:办公服、礼宾服与劳动服三类。
(3) 按职级分:根据职务级别的不同而不同。
(4) 按季节分:根据地区不同而不同,如四季分明的地区分为夏装、冬装与春秋装;一年只有冷暖两季的地区,则分为暖季装和冷季装;热带地区,通常只有夏装。

2. 制服的选择

制服的选择,不仅与每一名必须穿着制服的商务人员有关,同时也体现着该单位决策者的个人态度。制服体现着自己所在企业的形象,反映着企业的规范化程度,每一位商务人员对此绝不可马虎大意。制服的选择应考虑款式、做工、面料、色彩、分类等。

(四) 职业套裙选择的注意事项

穿着裙装,可以马上让一位职业女性显得与众不同,并且能够恰如其分地展示她的认真工作态度和温婉的女性美。

对于女性经理人来说,穿好套裙,形象就会光鲜百倍,气质和风度有了很好的保证,事业也就拥有了更多成功的契机。职业女性的穿着应以简洁明快而典雅为原则,塑造专业而又精明的形象。但下述四大禁忌,不可不察:

1. 穿着黑色皮裙

在商务场合不能穿着黑色皮裙,否则会让人啼笑皆非。在欧美地区,只有街头女郎才会如此装扮。与外国人打交道时,切忌穿着黑色皮裙。

2. 裙、鞋、袜不搭配

鞋子应为高跟鞋或半高跟皮鞋,大小应相宜。颜色以黑色最为正统。此外,与套裙色彩一致的皮鞋亦可选择。袜子一般为尼龙丝袜、羊毛高筒袜或连裤袜。颜色宜为单色,有肉色、黑色、浅灰、浅棕等几种常规选择。袜口要没入裙内,不可暴露于外。袜子应当完好无损。

3. 光脚

光脚不仅显得不够正式,而且会使自己的某些瑕疵见笑于人。与此同时,在国际交往中,穿着裙装,光脚也是不允许的。

4. 三截腿

所谓三截腿,是指穿半截裙子的时候,穿半截袜子,袜子和裙子中间露一段腿肚子,结果导致裙子一截,袜子一截,腿肚子一截。这种穿法容易使腿显得又粗又短,术语叫作"恶性分割",在国外往往会被视为没有教养的妇女的基本特征。

【课堂实训】

请你判断以下人士在正式场合的着装是否正确。
- □ 甲男:上身制服,下身牛仔。
- □ 乙男:制服脏破。
- □ 丙男:西服,全身多色。
- □ 丁男:西服,腰带,鞋子不同色。
- □ 戊男:西服,上衣袖口上有商标,脚穿白袜。
- □ 甲女:制服,拖鞋。
- □ 乙女:制服,贵重饰物。
- □ 丙女:黑皮裙。
- □ 丁女:套裙,旅游鞋。
- □ 戊女:套裙,光脚,拖鞋。
- □ 己女:三截腿。

三、服务外包人员的仪态礼仪

仪态是人的肢体动作,是指人们在商务社交活动中各种举止与表情的规范,包括人的站姿、坐姿、走姿、手势和面部表情等,是一种体现个人风度气质、修养的外在形态。

(一) 站姿仪态

站姿的基本要求是挺直、舒展、自然、亲切、稳重。标准站姿是:头部抬起、双眼平视、下颌微收、颈部挺直、双肩放松、呼吸自然、腰部直立。双臂自然下垂,处于身体两侧,手虎口向前,手指稍许弯曲,指尖朝下。两腿立正并拢,双膝与双脚的根部紧靠于一起,注意身体重量平均分布在两条腿上。

关于站姿,有以下几条需要注意:

(1) 站立时,不要无精打采或东倒西歪。
(2) 忌弯腰驼背,两肩一高一低。
(3) 忌两脚分开太大或交叉两腿而站。
(4) 忌把其他物品作为支撑点,倚物站立(如交叉两腿斜靠在墙壁上)。
(5) 忌手插在衣袋里或双手叉腰或交叉在胸前。
(6) 站立时忌腿不停地抖动。
(7) 忌与别人勾肩搭背地站着等。

(二) 坐姿仪态

得体的坐姿会给人以自信、稳重的好感,同时也显示出高雅端庄的气质。坐姿基本要求是端庄、文雅、得体,给人一种舒适感。其标准做法是:入座时,要走到座位前面再转向,转向后右脚向后退半步,然后轻稳坐下,收左脚;入座后,上身自然坐直,双肩放松,立腰挺胸,两手放在双膝上或两手交叉半握拳放在腿上;两腿自然弯曲,双脚平落地上,双膝并拢或稍稍分开,但女士的双膝必须靠紧,两脚平行,臀部坐在椅子中央。

(三) 体姿仪态

走姿的基本要求是稳健、轻盈、有节奏,规范的走姿要求身体直立、目视前方、挺胸收腹、双臂前后自然摆动,两腿有节奏地向前交替迈出。走路时切记男不扭腰,女不扭臀;忌摇头晃脑,身体左摇右晃;忌弯腰驼背;忌内八字或外八字步伐,不可脚蹭地面,发出声响;忌步幅过大,大甩手,手插兜、手叉腰。

在商务场合中,当与客户告辞或退出上司、领导办公室等时,不宜立即扭头便走,给人以后背。为表示对在场其他人的尊重,在离去时应采用"后退步"的走法。在楼道、走廊等狭窄处需为他人让行时,应采用侧行走(即面向对方,双肩一前一后,侧身慢行,表示对人礼让)。

四、服务外包人员的日常礼仪

(一) 电话礼仪

电话礼仪是人们在商务交往运用电话沟通中应当遵守的礼貌礼节规范。由于服务外包项目中很大一部分是呼入、呼出的客户服务业务,因此服务外包从业人员在接打电话的过程中就需要维护自己的"电话形象"。

1. 接打电话的基本要求

（1）注意礼貌用语。礼貌的语言、柔和的声调往往会给对方留下亲切之感。要熟练运用"您好""请""谢谢""对不起"等礼貌用语。

（2）控制语速。通话时语调温和、语速适中，这种有节奏的声音容易使对方产生愉悦感，从而保证双方在心情舒畅的情况下完成信息传递。

（3）应对简洁。在打电话前，应想清楚要说什么、怎么说，要做到思路清晰，要点明确。如果谈话内容比较多，担心遗漏，可以事前将需要通话的要点归纳在笔记本上。

（4）行为文明。虽然打普通电话的双方只能听到声音，看不见形象，但是双方都能感觉到对方的态度。因此接打电话时，要面带笑容，坐姿端正，口齿清晰，声音柔和，充满活力。

（5）做好准备。打电话时要做好记录，由于一些服务外包企业办公场所是无纸化办公，因此，你需要将打电话时所可能用到的资料放在电脑桌面上或是直接打开。对客户问到的问题，最好能随口说出，即使偶尔有记不清楚的时候，马上查阅资料也可以迅速做出回答。

2. 接打电话的礼仪

接打电话不可太随便，得讲究必要的礼仪和一定的技巧，以免横生误会。无论是打电话还是接电话，都应做到语调热情、大方自然、声量适中、表达清楚、简明扼要、文明礼貌。

（1）铃声响起三声内接听。当铃声响起，应在三声之内接起电话，接听时做好开头语的介绍，比如："您好，这里是某某公司。"如果响到六声以上你还没有接电话，对方会变得急躁，因为他在这段时间内几乎所有注意力都在电话上。遇到这种情况，接听电话后应该首先致歉。如果铃声一响，马上就接起来，对方会吓一跳，没有心理准备，这同样不礼貌。

（2）确认对方。对方打来电话，一般会自己主动介绍。如果没有介绍或者你没有听清楚，就应该主动询问："请问你是哪位？我能为您做什么？您找哪位？"但是，人们习惯的做法是拿起电话听筒问一句："喂！哪位？"这在对方听来，陌生而疏远，缺少人情味。接到对方打来的电话，拿起听筒时应首先自我介绍："你好！我是某某某。"如果对方找的人在旁边，应说："请稍等。"然后用手掩住话筒，轻声招呼同事接电话。如果对方找的人不在，应该告诉对方，并且问："需要留言吗？我一定转告。"

（3）确认要点。接电话时可以根据5W1H做好记录，即何时（When）、何人（Who）、何地（Where）、何事（What）、为什么（Why）、如何进行（How），将客户信息记录完整清楚，对于一些涉及地点、时间、数字的信息要仔细确认，确保记录的要点准确无误。

（4）拨打电话时注意挑选适宜的时间。不要在别人休息的时间打扰对方，比如用餐时间、午休时间，尤其是晚上的睡觉时间，有的人习惯早睡，所以不要太晚打电话，早上七点之前也不宜打扰。

（二）接待礼仪

1. 如何迎接客人

（1）确定迎送规格。通常遵循身份相当的原则，即主要迎送人与主宾身份相当，当不可能完全对等时，可灵活变通，由职位相当的人或副职出面。其他迎送人员不宜过多。

(2) 掌握到达和离开的时间。准确掌握来宾到达和离开的时间,及早通知全体迎送人员和有关单位。如有变化,应及时通知有关人员。迎接人员应提前到达迎接地点,不能太早,更不能太迟,甚至迟到。送行人员应在客人离开之前到达送行地点。

(3) 适时献上鲜花。迎接普通来宾,一般不需要献花。迎接十分重要的来宾,可以献花。所献之花要用鲜花,并保持花束整洁、鲜艳。忌用菊花、杜鹃花、石竹花、黄色花朵。献花的时间,通常由儿童或女青年在参加迎送的主要领导与主宾握手之后将花献上。可以只献给主宾,也可向所有来宾分别献花。

(4) 不同的客人按不同的方式迎接。对大批客人的迎接,可事先准备特定的标志,让客人从远处即可看清;对首次前来又不认识的客人,应主动打听,并自我介绍;而对比较熟悉的客人,则不必介绍,仅向前握手,互致问候即可。

(5) 留下一定时间。客人抵达住处后,不要马上安排活动,要给对方留下一定的时间,再安排活动。

2. 见面礼仪

(1) 握手礼:握手是一种沟通思想、交流感情、增进友谊的重要方式。与他人握手时,目光注视对方,微笑致意,不可心不在焉、左顾右盼,不可戴帽子和手套与人握手。在正常情况下,握手的时间不宜超过3秒,必须站立握手,以示对他人的尊重、礼貌。

握手讲究一定的顺序,一般讲究"尊者决定",即待女士、长辈、已婚者、职位高者伸出手来之后,男士、晚辈、未婚者、职位低者方可伸出手去呼应。若一个人要与许多人握手,那么有礼貌的顺序是:先长辈后晚辈,先主人后客人,先上级后下级,先女士后男士。

(2) 鞠躬礼:鞠躬,意即弯身行礼,是对他人敬佩的一种礼节方式。鞠躬前双眼礼貌地注视对方,以表尊重的诚意。鞠躬时须郑重,必须立正、脱帽,嘴里不能吃任何东西,或是边鞠躬边说与行礼无关的话。

(3) 致意:致意是一种不出声的问候礼节,常用于相识的人在社交场合打招呼。在社交场合里,人们往往采用招手致意、欠身致意、脱帽致意等形式来表达友善之意。

3. 公务礼仪

(1) 上级来访,接待要周到。对领导交代的工作要认真听、记;领导了解情况,要如实回答;如领导是来慰问的,要表示诚挚的谢意。领导告辞时,要起身相送,互道"再见"。

(2) 下级来访,接待要亲切热情。除遵照一般来客礼节接待外,对反映的问题要认真听取,一时解答不了的要客气回复。来访结束时,要起身相送。

第三节　服务外包团队建设

【引导案例】

在一望无际的草原上，大雪过后，草地一片白茫茫，很多动物都已经进入冬眠。但是，狼群必须为自己的生存寻找食物。在这种艰难的环境下，想要找到食物简直就是一项不可能完成的任务。因此，狼群必须保存体力，因为在这样极端的环境下，根本坚持不了几天。

聪明的狼群想出了一个办法——接力捕猎，这样它们既能保持体力，又能延长生存时间。领头的狼体力消耗是最大的，因此它坚持一段时间就回到队伍的后面休息以养精蓄锐，然后接着投入到捕猎当中。

狼群捕猎时，有战略战术和各自的任务，每一匹狼都不能擅自离开团队。有的狼负责骚扰猎物，有的狼负责追赶猎物，有的狼负责捕获猎物，一切都分配得井井有条。

食肉动物们非常喜欢把动作敏捷的羚羊作为捕猎对象，究其原因是因为羚羊不知道集体作战，每当受到袭击，它们只会快速跑开。然而，即使羚羊的速度再快，也没办法突破敌人的围堵。团队精神让狼群度过严冬，而缺乏团队精神让羚羊成为别人嘴里的餐食。

案例思考：
你认为具备哪些特质的团队是员工最希望加入的？

现在是一个团队至上的年代，没有谁是一座孤岛。离开团队的个人，前途将是一片渺茫。世界著名管理大师彼得·德鲁克曾说："企业的成功靠团队，而不是个人。"在现代经济局势中，没有任何一个人能拥有全部资源并独立完成所有事情。只有团队才能爆发出令人震惊的力量，只有团队才能创造出令人惊叹的事业奇迹。一根筷子轻轻被折断，十双筷子牢牢抱成团；一个巴掌拍不响，万人鼓掌声震天。从来没有全能的个人，最完美的只能是每一个人都充分合作的团队，做好团队的建设与管理才是我们最佳的生存之道。

一、认识团队

（一）团队的含义

在中国古代，人们就已经认识到团队的意义，比如四大名著之一《西游记》中，唐僧师徒五人所组成的团队就是一个经典的成功团队。组成这个团队的目的是为了到西天取经。团队成员一共五个：唐僧是团队的核心，性格坚毅，不畏艰难；悟空本领超群，降妖伏魔；沙僧忠厚老实,做好挑担等后勤工作;小白龙是脚力;八戒虽然没什么能力,却是团队里的"润滑油"。

西方学者曾从不同角度对团队下了定义。

斯蒂芬·P.罗宾斯认为,团队是指一种为了实现某一目标而由相互协作的个体所组成的正式群体。

Lewis认为,团队是由一群认同并致力于去达成一共同结果而努力的组织。在这个定义中强调了三个重点:共同目标、工作相处愉快和高品质的结果。

沙勒斯等人认为,一个团队是由两个以上具有不同背景及特色的人所组成,他们被赋予特定的角色,表现出不同的功能,在有限的期间内紧密互动、相互依存,机动式地完成共同的目标或具有特别价值的任务。沙勒斯等人的定义,除了再度提到共同目标外,更提到了团队成员的相互依存性。

桑斯卓等人强调既相互依存又具有个性的个人,共同为其团队获得的结果向组织负责。夏克则从协调和共同目标的观点,将团队定义成两个以上的个人,一起协调他们的活动来完成共同的目标。

也有学者认为,一个团队是由少数具有技能互补的人所组成,他们认同于一个共同目标和一个能使他们彼此担任责任的程序。

(二) 团队的特征

结合团队的定义,我们可以看出团队具有以下特征:

1. 团队成员超过两人,但是人员规模必须受到限制

一般来说,人员规模最好在8~12人之间。因为如果团队规模过大,团队就不可避免会出现分化和等级,最后出现"目标替代",使得团队的目标被上层精英的个人目标所替代。

【小案例】

团队规模与团队目标是紧密联系在一起的,当团队规模过大时就无法保证团队目标的纯正,团队发展到一定规模时就不再是严格意义上的团队,而是形成了集团,集团中有几个团队在发挥作用。

《水浒传》中水泊梁山的规模变迁可以很好地解释团队规模与团队目标的关系。水泊梁山刚刚建立时,只有晁盖和其他一些好汉,团队的目标和成员的价值观高度统一:杀富济贫,与官府对抗。但是随着梁山规模的不断扩大,直到108个好汉时,组织中逐渐出现分权,宋江和卢俊义等高层管理者用个人的价值观改造整个梁山组织的价值观,于是,梁山团队目标发生了大的转移,从原先的"替天行道"、对抗官府,转变为接受招安。

2. 团队成员具有不同的技能、知识和经验,每个成员都能对这个团队做出不同的贡献

成员之间了解彼此个性、特长,他们在团队中分工合作、分享信息、交换信息,并相互接纳。比如唐僧取经团队中，四个人相互依存，缺一不可。唐僧能把握大局、信念坚定，并得到上司的直接授权，同时有广泛的社会资源。可以说唐僧是团队的核心人物，在项目小组中起到凝聚和完善的作用。孙悟空本领超强，冲锋陷阵，在团队中起创新和推进的作用，是组织实现目标的关键人物。猪八戒虽然本事不大，又好吃懒做，但是具有乐观主义精神，能屈能伸，在团队中起润滑油的作用和信息沟通、监督作用；沙和尚言语不多，任劳任怨，承担了项目中挑担等粗笨的工作，起到了协调和实干的作用。可以说，唐僧师徒几人的技能相互补充，相得益彰，这是团队成功的关键。

3. 团队成员共同承担团队成败的责任

团队成员的责任分担有两个层面：第一个层面，团队成员在平常的团队运作过程中共同分摊团队的工作。第二个层面是针对团队的最后成果而言。当团队顺利完成既定目标时，全体团队成员将分享成果，共同接受组织奖励；当团队无法顺利完成任务时，则团队成员将共同承担失败的责任，而非由团队的领导者独自承担。

4. 团队的建立是以完成团队的共同目标为主要任务

只有当团队成员团结一致，为了共同的团队目标在一起时，团队才有可能产生丰厚的集体成果。只有当设定了适当的目标以及实现目标的方式之后，或者在团队成员一起共同承担责任之后，团队才有可能成为一支高效的团队。比如唐僧师徒团队的目标就十分明确，去西天取经。

（三）团队的组建

1. 团队的领导者

【小案例】

《福布斯》杂志对马云的形容是：深凹的颧骨，扭曲的头发，淘气的露齿笑，一个5英尺高、100磅重的顽童模样的人。

就是这样一个马云，却让很多人在见到他第一面的时候就喜欢上他，为什么？一个仰慕马云的韩国女记者曾说过，马云是她看到过的第一个可以用流利英语演讲、有内容又有幽默感的中国企业家。而她以往采访的中国演讲者，无不是"看着没有内容的稿子，一句一句念出来"。

这就是领袖的魅力。虽然马云不懂网络技术，但他照样可以用个人魅力打造出属于自己的"十八罗汉"团队，打造出"拿着望远镜也找不到竞争对手"的阿里巴巴。

具有同样领袖魅力的还有史玉柱、牛根生等人。在"巨人"倒塌后，史玉柱欠债十多个亿，但即使是这样，仍有大批的人愿意跟随他。之所以如此，关键就在于这些人相信史玉柱有"咸鱼翻身"的能力，这是史玉柱作为"强人"的魅力，而且恰好也是这种魅力，使史玉柱能够轻松地东山再起。

牛根生从伊利辞职后，同样有大批人跟随出来，甚至有一些跟他并不是非常熟悉的人也来投奔他。而当时的牛根生连工作都找不到。如果不是牛根生在伊利的时候就懂得"散财聚人"，懂得经营人心，怎么可能有如此大的个人魅力？

作为团队的领导人,需要提升自己的魅力,身先士卒,用自己的热情、努力和无畏感染团队成员,为团队提供源源不断的动力。

(1)经常向团队传递令人激动的愿景和蓝图。

有魅力的领导者会给团队提供一个令人兴奋的愿景。这样的传达会激发下属的热情,增强团队的凝聚力。

(2)树立威信,激发下属的信任和信心。

团队领导需要树立自己的权威。站立的时候,应保持良好的姿势;快速走路,但不要显得惊慌失措;穿着时尚,得体大方。表达意见时应直截了当,如果想要寻求帮助,不要说"你忙吗?"应当直接说:"你能帮我解决这个问题吗?"有魅力的领导者说话绝不含糊,而且应当是言出必行,他们很自然地展现自己的荣耀,并让别人意识到他们的能力与重要性,这是领导者赢得团队信任、激发团队成员信心的方法。

(3)以身作则,当好团队榜样。

如果团队领导能够以身作则地努力工作,那么这种热情就会影响员工,让团队整体形成积极向上的态度和热情正向的工作氛围。

(4)展现积极正面的情绪和热情。

有领导魅力的领导者经常采用丰富多彩的语言来激励周围的人,使他们感到干劲十足,在工作中充满自豪感。

(5)勇于承担责任。

有魅力的领导者通常是冒险主义者,而冒险行为通常也会带来很多后果,这种时候,领导者就需要勇于承担,必要时替下属分担。这不仅体现了一个领导者的品质和领导水平,而且会大大提升自己在下属心中的权威魅力。

2. 团队成员的类型

(1)实现者:这种类型的成员比较保守,做事尽心尽责,喜欢按部就班地工作。其优点是具备一定的组织能力和实践经验,自我约束能力强,但是缺乏灵活性。

(2)合作者:这种类型的成员做事比较镇定、自信。合作者能够从别人的优点出发,不带偏见地接纳,做事的目标性很强,但往往智力和创造力一般。

(3)塑造者:这种类型的成员有很强的组织能力,对人友好,思维敏捷。塑造者有一种向习惯势力、效率低下、安于现状的现象挑战的动力,但这种人急躁易怒,容易引起团队冲突。

(4)高智商者:这种类型的成员个人主义明显,智商高,却比较自负,漠视团队纪律。

(5)协调者:这种类型的人性格外向,待人热情,好奇心强,善于与人交流。他能够把大家集中起来去探究新事物,能够对外界的变化做出及时反应。但如果工作的魅力一旦削弱,他对工作也会丧失兴趣。

(6)监控执行者:这种类型的人做事比较冷静谨慎,不带有任何感情色彩。往往具有很强的判断力,做事脚踏实地,但缺乏灵感或启发别人的能力。

(7)团队的建造者:这种类型的人有一定社会地位,能够起导向作用,性格温和,同时比较敏感。这种人对团队成员和出现的情况能够做出及时的响应,能够鼓舞整个团队的精神,但是在关键时刻会犹豫不决。

（8）完美主义者:这种类型的人做事有秩序,尽心尽责,并且渴望工作。这种人的优点在于追求十全十美,缺点在于过于拘泥小节。

二、高效团队建设

要想真正发挥团队作用,达成组织的愿望,就必须建设高效的团队,解决团队管理中存在的问题,不断调整和完善,使团队成熟。高效团队的建设需要从如下几方面着手:

（一）确立团队目标

制定团队目标是提高团队绩效的一种有效方法,因为只有明确的目标才能给团队成员指出明确的努力方向。如果团队成员都理解了团队的目标,就会朝着同一个方向努力,并加强成员之间的相互协作。

1. **对团队进行调查分析**

与团队成员谈话互动,让他们表达自己对团队的意见和看法。这样可以增强员工的归属感,并让领导者获取团队成员的信任。在完成调查后,综合大家的意见,进行分析与思考,将盲目冲动带来的影响降到最低,三思而后行。

2. **与团队成员共同制定团队目标**

在制定具体目标时,应当遵循 SMART 原则,即具体的(Specific)、可衡量的(Measurable)、可实现的(Attainable)、相关的(Relevant)、有时限的（Time-based）。

（1）具体的(Specific):是指目标的设定要针对具体的人、事、物,不能模棱两可,在工作过程中将共同目标转化为具体的工作要求。比如,将销售商的退货率减少50%。再比如,目标是"增强客户意识"。这种对目标的描述就很不明确,因为增强客户意识有许多具体做法,如减少客户投诉,过去客户投诉率是3%,把它降低到1.5%或者1%;提升服务的速度,使用规范礼貌的用语,采用规范的服务流程。有这么多增强客户意识的做法,目标是"增强客户意识"到底指哪一块? 不明确就没有办法评判、衡量。

（2）可衡量的(Measurable):是指目标应当是明确可量化的,而不是模糊的。需要明确衡量的方法、时间段以及由谁来衡量与跟踪这些问题。比如,"为所有的员工安排进一步的管理培训"。"进一步"是一个既不明确也不容易衡量的概念,到底指什么? 是不是只要安排了这个培训,不管谁讲,也不管效果好坏都叫"进一步"? 因此,应当这样修改:在什么时间完成对所有员工关于某个主题的培训,并且在这个课程结束后,学员的评分须在85分以上,低于85分就认为效果不理想,高于85分就是所期待的结果。这样目标变得可以衡量。

（3）可实现的(Attainable):是指目标在付出努力的情况下可以实现,避免设立过高或过低的目标。目标设置要坚持员工参与、上下左右沟通,使拟定的工作目标在组织及个人之间达成一致。既要使工作内容饱满,也要具有可达性。可以制定出跳起来"摘桃"的目标,不能制定出跳起来"摘星星"的目标。

(4) 相关的(Relevant)：是指设定的目标要与其他目标具有一定的相关性。如果实现了这个目标，但对其他目标完全不相关，或者相关度很低，那这个目标即使达到了，意义也不是很大。

(5) 有时限的（Time-based）：是指目标应该是在一定时间内完成，不可能无休止地花时间实现目标。

按照 SMART 原则来制定具体目标，能够增进团队内部明晰的沟通和建设性的碰撞，同时能够帮助团队集中精力于如何获得结果。

（二）确立适当的团队规模

为了使团队成员之间能够充分了解并互相发生影响，保证团队结构的简单化和组织目标的纯正，应当严格控制团队成员人数，一般不要超过 12 人。适当的团队规模，容易形成较强的团队凝聚力、忠诚感和相互信赖感。

（三）选择合适的领导和团队结构

团队应选择合适的领导和结构来协调团队成员的不同意见并解决团队中的日常问题。要挑选一名有效的团队领导，领导者需要担负制定正确的团队发展方向、完成团队的目标等职责，还需要具备竞争意识、进取意识和学习意识。蒙牛的掌门人牛根生曾说过："凡系统，开放则生，封闭则死。人亦如此。"因此，作为一个团队的领导者，必须要时刻吸取新的知识，让自己知识储备库处于实时更新的状态，不断改变现有思维模式，获得竞争优势。

（四）选择适合团队要求的合适成员

首先要考虑成员的能力、性格、角色之间的合理搭配，实现个人能力的优化组合，达到团队系统功用最大化。一个团队需要三种不同技能类型的人：具有技术专长的成员，具有发现问题、解决问题和决策技能的成员，善于聆听、反馈，拥有解决冲突及调和人际关系技能的成员。

其次，要考察个人的价值观是否与团队相同，以减少和避免录用后"搭便车"行为的出现。

第三，要求团队成员有良好的个人教育培训背景、技术能力以及与人沟通的能力。

最后，要对不合格的人员设立有效的淘汰机制，并准备充足的后备力量，以保证人员补充的可持续性。

【小案例】

曾国藩"面试"选人

晚清中兴四大名臣中的曾国藩善于识人用人,有一次,李鸿章带着三个人去见曾国藩,碰巧曾国藩外出散步,李鸿章便让此三人在门口等候。

当曾国藩回来的时候,看到门口有三个人,他左边看一眼,右边看一眼,中间看一眼,什么话也没说就走了进去。李鸿章问他对此三人的评价,曾国藩回答说:左侧之人可用,但只可小用;右侧之人万万不可用;中间之人可用,可大用。李鸿章对老师"一眼识英雄"非常敬佩,问其原因。曾国藩答道:"左侧这个人,我看他一眼,他也看我一眼,我再看他一眼,他就把眼皮顺了下来,不敢再与我对眼神了。这说明他心地比较善良,但是气魄不够展开,所以可用,但只可小用,授予营务处副处长足矣。右侧这个人,在我看他的时候,他不敢看我,当我不看他的时候,他又偷偷看我,很明显这个人心术不正,所以万万不可用。然而中间这个人,我看他一眼,他也看我一眼,我上上下下扫他一眼,他又堂堂正正打量了我一番。说明此人心胸坦荡,气魄宽广,可用,而且可以大用。"此时,李鸿章恍然大悟,并遵照老师的指点,为这三个人安排了职务。

在这三个人中,左右两人已经无从考究,但是,中间这个人就是被李鸿章重用并成为晚清淮军著名将领、台湾第一巡抚的刘铭传。

(五)建立合理的激励机制

团队内只有奖惩分明,才会使员工积极向上。每个团队的奖惩标准都要透明化,正是这样透明的奖惩标准,让每个员工看到了自己努力的意义。员工能很清晰地明白自己现在处于什么位置,应该受到什么样的奖励。同时,奖励过程也应该是完全公开的,哪位员工受到了什么奖励,为什么受奖励,奖励的形式是什么,这些情况都要向团队全体公布。

团队应建立平等明晰的评价标准,让每位团队成员的贡献都可以衡量。要改变传统的、以个人导向为基础的绩效评估与奖酬体系,除根据个人贡献进行评估和奖励外,还应当以群体为基础进行绩效评估和利润分享,鼓励合作而不是鼓励某一个优秀的个人。除了基本的个人薪酬系统之外,还可以设定一种以团队完成目标为前提的个人奖金。另外给员工的晋升、加薪以及其他各种激励都会以他们在团队合作中的表现为衡量标准。

(六)提供足够的培训让员工体会团队带来的满足感

通过培训不仅能够提升员工的业务能力,也能够用来保证员工价值观与团队价值观的一致。在团队培训中,成员对新知识和信息的接受非常重要。要让员工感觉到学习的紧迫性,并把每个学习的机会转变成交流和合作的机会。因此,必须制订周密的培训计划,来实现培训思路的根本转变。

（七）将团队文化建设贯穿到团队管理的各个环节

一个优秀的团队，必须用积极向上的团队文化来引导员工的行为。在团队运行过程中，要善于总结已有的工作经验，比如：团队使命、既定目标、团队精神等，然后通过完善团队制度、提升领导者管理能力等方式，传达给员工，塑造员工积极主动的工作态度，让员工带着饱满的热情开始一天的工作。

同时，要增强员工对团队的认同感，让每个员工都认识到他们之间的协作以及他们的贡献对于团队的成功是至关重要的。

团队文化建设可以贯穿到管理的各个环节。比如：在绩效考核和薪酬管理方面，充分体现团队的特点，以集体的成果来决定创造的价值；把团队价值观贯穿于培训的始终；在宽松的环境中，树立团队的榜样等。

本章小结

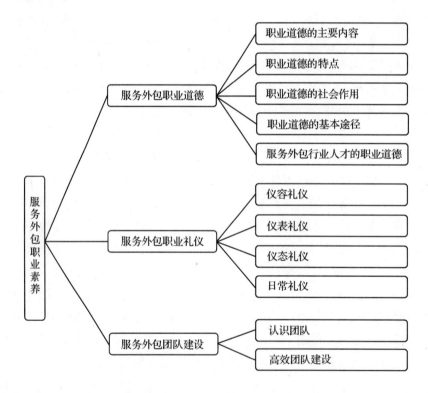

思考练习

一、单项选择题

1. 服务外包企业与发包企业签约的协议都会要求服务外包公司对客户信息予以保密，以下（　　）不属于保密信息。

A. 个人身份证号码　　　　　B. 客户的合同
C. 个人的可识别信息　　　　D. 公司名称

2. 服务外包企业从业人员应非常注意密码安全,以下关于密码设置正确的是(　　)。

A. 密码不应少于八个字符,且最好是大写、小写字母、数字等的组合
B. 如果密码已经泄露,可以隔一段时间再修改密码
C. 密码可以设置为出生日期
D. 为了避免忘记密码,最好记在纸上

3. TPO 原则,是有关服饰礼仪的最基本、最关键的要求。其中 P 代表的是(　　)。

A. 时间　　　　　　　　　　B. 场合
C. 目的　　　　　　　　　　D. 以上都不对

4. 以下关于着装的场景,不符合规范的是(　　)。

A. 在家接待客人时,为了表示尊重,也应当穿职业正装
B. 女士白天上班时穿正式套装,晚上出席宴会时换上晚礼服
C. 外出拜访要顾及当地的传统和风俗习惯
D. 着装应与环境相适应

5. 以下有关仪容礼仪的说法中,错误的一项是(　　)。

A. 商务人员化妆的基本原则是"自然、美化、独特"
B. 商务人员化妆的基本要求是"淡妆上岗"
C. 职业女性化妆的最高境界是"妆成有却无"
D. 化妆时不要当众表演

6. 下列关于商务男士发型要求不正确的是(　　)。

A. 男士头发要清洁,长度要适宜
B. 前发不附额、侧发不掩耳、后发不及领
C. 不能留长发
D. 可以留络腮胡子

7. 以下(　　)不符合 SPECIFIC 的要求。

A. 下季度要求将客户投诉率降低 5 个百分点
B. 明年实现产量翻番的目标
C. 下个月要求提升客户满意度至 90%
D. 要求员工增强客户意识

8. SMART 中的 M 指的是(　　)。

A. 目标可衡量
B. 目标可达到
C. 目标相关
D. 目标有时限

二、判断题

1. 人多力量大,团队成员越多越好。(　　)
2. 作为团队的领导者,凡事应亲力亲为。(　　)
3. 团队一般需要具有技术专长的人,具有发现问题、解决问题和决策技能的人。(　　)
4. 团队内部应当奖惩分明,完全根据个人贡献度进行评估与奖励,不应当以群体为基础进行利润分享。(　　)
5. 在服务外包场所工作时,需要注意进出必须携带实名制的门禁卡,不能够泄露任何带有客户信息的资料。(　　)
6. 进入外包项目场所时不能够使用手机、数码相机等电子设备。(　　)

三、简答题

1. 简述高效团队建设的几种方式。
2. 你认为作为一名服务外包从业人员,应当遵守哪些职业道德规定?
3. 简述你所了解的商务接待礼仪。

项目名称:

职业礼仪实训。

实训目的:

要求学生具备服务外包从业人员的基本礼仪素养。

实训内容:

根据职业礼仪的规定,分组情景演示商务拜访场景,角色建议设置为:客户、客户经理、办公室主任、秘书等。要求注意坐姿、站姿、走姿、电话礼仪、接待会务礼仪等方面。

实训成果形式:

拟写情景模拟剧本,并进行演示。

参考文献

[1] 托马斯·弗里德曼. 世界是平的[M]. 何帆,肖莹莹,郝正非,译. 长沙:湖南科学技术出版社,2006.
[2] 伊恩·本,吉尔·珀斯. 外包制胜:利用外部资源提高竞争优势[M]. 陈瑟,译. 北京:人民邮电出版社,2004.
[3] 江小涓. 服务全球化与服务外包:现状、趋势与理论分析[M]. 北京:人民出版社,2008.
[4] 白世贞,国彦平,陈化飞. 服务外包业务流程管理[M]. 北京:化学工业出版社,2012.
[5] 李勇. BPO基础理论与案例分析[M]. 北京:中国人民大学出版社,2012.
[6] 严世清. 服务外包概论[M]. 北京:中国人民大学出版社,2012.
[7] 黄立军,李旸. 印度国际服务外包经典案例[M]. 广州:暨南大学出版社,2017.
[8] 王晓红,张素龙,李庭辉. 中国服务外包产业发展报告(2016—2017)[M]. 北京:人民出版社,2018.
[9] 弗雷德·R. 戴维. 战略管理概念与案例[M]. 北京:清华大学出版社,2010.
[10] 迈克尔·A. 希特,R. 杜安·爱尔兰,罗伯特·E. 霍斯基森. 战略管理竞争与全球化(概念)[M]. 赵宏霞,张利强,等,译. 北京:机械工业出版社,2013.
[11] 雪莉R. 戈登. 供应商评估与卓越绩效[M]. 刘玉奇,译. 北京:中国财富出版社,2014.
[12] 陈永强. 服务外包管理[M]. 北京:清华大学出版社,2014.
[13] 刘莉,徐小平,王文利. 服务外包企业管理概论[M]. 北京:化学工业出版社,2014.
[14] 井然哲. 服务外包理论与实务[M]. 北京:清华大学出版社,2012.
[15] 刘波. 公共服务外包[M]. 北京:清华大学出版社,2016.
[16] 王浦劬. 政府向社会组织购买公共服务研究[M]. 北京:北京大学出版社,2010.
[17] 朱利安·勒·格兰特. 另一只无形的手:通过选择与竞争提升公共服务[M]. 韩波,译. 北京:新华出版社,2010.
[18] 唐纳德·凯特尔. 权力共享:公共治理与私人市场[M]. 孙迎春,译. 北京:北京大学出版社,2009.
[19] 柴小青. 服务管理教程[M]. 北京:中国人民大学出版社,2003.
[20] 法律出版社法规中心. 中华人民共和国知识产权法典[M]. 北京:法律出版社,2011.
[21] 崔忠武,等. 企业知识产权战略实务指南[M]. 北京:法律出版社,2016.
[22] 周友军. 侵权责任法专题讲座[M]. 北京:人民法院出版社,2011.
[23] 王利明. 侵权责任法研究[M]. 北京:中国人民大学出版社,2010.
[24] 李昊. 交易安全义务[M]. 北京:北京大学出版社,2008.
[25] 黄松有. 侵权法司法解释实例释解[M]. 北京:人民法院出版社,2006.
[26] 克雷斯蒂安·冯·巴尔. 欧洲比较侵权行为法[M]. 张新宝,译. 北京:法律出版社,2004.
[27] 陆宝华. 信息安全等级保护基本要求培训教程[M]. 北京:电子工业出版社,2010.
[28] 李剑,等. 信息安全概论[M]. 北京:机械工业出版社,2009.